TRANSLATED
Translated Language Learning

Siddhartha
سدھارتھا

An Indian Poem
ایک ہندوستانی نظم

Hermann Hesse
ہرمن ہیس

English / اردو

Copyright © 2024 Tranzlaty
All rights reserved
Published by Tranzlaty
Siddhartha – Eine Indische Dichtung
ISBN: 978-1-83566-701-9
Original text by Hermann Hesse
First published in German in 1922
www.tranzlaty.com

The Son of the Brahman
برہمن کا بیٹا

In the shade of the house

گھر کے سائے میں

in the sunshine of the riverbank

دریا کے کنارے کی دھوپ میں

near the boats

کشتیوں کے قریب

in the shade of the Sal-wood forest

سال لکڑی کے جنگل کے سائے میں

in the shade of the fig tree

انجیر کے درخت کے سائے میں

this is where Siddhartha grew up

یہ وہ جگہ ہے جہاں سدھارتھ پلے بڑھے۔

he was the handsome son of a Brahman, the young falcon

وہ ایک برہمن، جوان فالکن کا خوبصورت بیٹا تھا۔

he grew up with his friend Govinda

وہ اپنے دوست گووندا کے ساتھ پلا بڑھا

Govinda was also the son of a Brahman

گووندا بھی ایک برہمن کا بیٹا تھا۔

by the banks of the river the sun tanned his light shoulders

دریا کے کنارے سورج نے اس کے ہلکے کندھوں کو رنگ دیا۔

bathing, performing the sacred ablutions, making sacred offerings

غسل کرنا، مقدس وضو کرنا، مقدس نذرانہ دینا

In the mango garden, shade poured into his black eyes

آم کے باغ میں سایہ اس کی کالی آنکھوں میں انڈیلا

when playing as a boy, when his mother sang

جب لڑکا کھیلتا تھا، جب اس کی ماں گاتی تھی۔

when the sacred offerings were made

جب مقدس قربانیاں دی گئیں۔

when his father, the scholar, taught him

جب اس کے والد عالم نے اسے پڑھایا

when the wise men talked

جب عقلمند باتیں کرتے تھے۔

For a long time, Siddhartha had been partaking in the discussions of the wise men

ایک عرصے سے سدھارتھ دانشوروں کی بحثوں میں حصہ لے رہا تھا۔

he practiced debating with Govinda

اس نے گووندا کے ساتھ بحث کی مشق کی۔

he practiced the art of reflection with Govinda

اس نے گووندا کے ساتھ عکاسی کے فن کی مشق کی۔

and he practiced meditation

اور اس نے مراقبہ کی مشق کی۔

He already knew how to speak the Om silently

اوم کو خاموشی سے بولنا وہ پہلے ہی جانتا تھا۔

he knew the word of words

وہ لفظوں کا لفظ جانتا تھا۔

he spoke it silently into himself while inhaling

اس نے سانس لیتے ہوئے خاموشی سے اپنے اندر بولا۔

he spoke it silently out of himself while exhaling

اس نے سانس چھوڑتے ہوئے خاموشی سے اپنے آپ سے کہا

he did this with all the concentration of his soul

اس نے یہ کام اپنی روح کی پوری توجہ کے ساتھ کیا۔

his forehead was surrounded by the glow of the clear-thinking spirit

اس کی پیشانی صاف سوچنے والی روح کی چمک سے گھری ہوئی تھی۔

He already knew how to feel Atman in the depths of his being

وہ پہلے ہی جانتا تھا کہ اتمان کو اپنے وجود کی گہرائیوں میں کیسے محسوس کرنا ہے۔

he could feel the indestructible

وہ ناقابل تسخیر محسوس کر سکتا تھا۔

he knew what it was to be at one with the universe

وہ جانتا تھا کہ کائنات کے ساتھ ایک ہونا کیا ہے۔

Joy leapt in his father's heart

باپ کے دل میں خوشی کی لہر دوڑ گئی۔

because his son was quick to learn

کیونکہ اس کا بیٹا جلدی سیکھتا تھا۔

he was thirsty for knowledge

وہ علم کا پیاسا تھا۔

his father could see him growing up to become a great wise man

اس کے والد اسے بڑے ہو کر ایک عظیم عقلمند آدمی بنتے دیکھ سکتے تھے۔

he could see him becoming a priest

وہ اسے پادری بنتے دیکھ سکتا تھا۔

he could see him becoming a prince among the Brahmans

وہ اسے برہمنوں میں شہزادہ بنتے دیکھ سکتا تھا۔

Bliss leapt in his mother's breast when she saw him walking

خوشی اس کی ماں کی چھاتی میں اچھل پڑی جب اس نے اسے چلتے ہوئے دیکھا

Bliss leapt in her heart when she saw him sit down and get up

اسے بیٹھتے اور اٹھتے دیکھ کر اس کے دل میں خوشی کی لہر دوڑ گئی۔

Siddhartha was strong and handsome

سدھارتھ مضبوط اور خوبصورت تھا۔

he, who was walking on slender legs

وہ، جو پتلی ٹانگوں پر چل رہا تھا۔

he greeted her with perfect respect

اس نے اسے کامل احترام کے ساتھ سلام کیا۔

Love touched the hearts of the Brahmans' young daughters

برہمنوں کی جوان بیٹیوں کے دلوں کو محبت نے چھو لیا۔

they were charmed when Siddhartha walked through the lanes of the town

جب سدھارتھ شہر کی گلیوں میں سے گزرے تو وہ خوش ہو گئے۔

his luminous forehead, his eyes of a king, his slim hips

اس کی چمکیلی پیشانی، اس کی بادشاہ کی آنکھیں، اس کے پتلے کولہے

But most of all he was loved by Govinda

لیکن سب سے زیادہ وہ گووندا سے پیار کرتے تھے۔

Govinda, his friend, the son of a Brahman

گووندا، اس کا دوست، ایک برہمن کا بیٹا

He loved Siddhartha's eye and sweet voice

اسے سدھارتھ کی آنکھ اور پیاری آواز بہت پسند تھی۔

he loved the way he walked

وہ اپنے چلنے کے راستے سے محبت کرتا تھا

and he loved the perfect decency of his movements

اور اسے اپنی حرکات کی کامل شائستگی پسند تھی۔

he loved everything Siddhartha did and said

وہ سدھارتھ کی ہر بات سے محبت کرتا تھا اور کہتا تھا۔

but what he loved most was his spirit

لیکن جو چیز اسے سب سے زیادہ عزیز تھی وہ اس کی روح تھی۔

he loved his transcendent, fiery thoughts

وہ اپنے ماورائی، آتشی خیالات سے محبت کرتا تھا۔

he loved his ardent will and high calling

وہ اپنے پرجوش ارادے اور بلند آواز سے محبت کرتا تھا۔

Govinda knew he would not become a common Brahman

گووندا جانتے تھے کہ وہ عام برہمن نہیں بنیں گے۔

no, he would not become a lazy official
نہیں، وہ ایک سست اہلکار نہیں بنے گا۔
no, he would not become a greedy merchant
نہیں، وہ لالچی سوداگر نہیں بنے گا۔
not a vain, vacuous speaker
بیکار نہیں، خالی اسپیکر
nor a mean, deceitful priest
اور نہ ہی کوئی مطلب، دھوکے باز پادری
and he also would not become a decent, stupid sheep
اور وہ بھی ایک مہذب، بیوقوف بھیڑ نہیں بنے گا۔
a sheep in the herd of the many
بہت سے لوگوں کے ریوڑ میں ایک بھیڑ
and he did not want to become one of those things
اور وہ ان چیزوں میں سے ایک نہیں بننا چاہتا تھا۔
he did not want to be one of those tens of thousands of Brahmans
وہ ان دسیوں ہزار برہمنوں میں سے ایک نہیں بننا چاہتا تھا۔
He wanted to follow Siddhartha; the beloved, the splendid
وہ سدھارتھ کی پیروی کرنا چاہتا تھا۔ محبوب، شاندار
in days to come, when Siddhartha would become a god, he would be there
آنے والے دنوں میں، جب سدھارتھ دیوتا بنے گا، وہ وہاں ہوگا۔
when he would join the glorious, he would be there
جب وہ جلال میں شامل ہوگا، وہ وہاں ہوگا۔
Govinda wanted to follow him as his friend
گووندا اسے اپنے دوست کی طرح فالو کرنا چاہتے تھے۔
he was his companion and his servant
وہ اس کا ساتھی اور اس کا خادم تھا۔
he was his spear-carrier and his shadow
وہ اس کا نیزہ بردار اور اس کا سایہ تھا۔
Siddhartha was loved by everyone
سدھارتھ کو ہر کوئی پسند کرتا تھا۔
He was a source of joy for everybody
وہ سب کے لیے خوشی کا باعث تھا۔
he was a delight for them all
وہ ان سب کے لیے خوشی کا باعث تھا۔
But he, Siddhartha, was not a source of joy for himself
لیکن وہ، سدھارتھا، اپنے لیے خوشی کا باعث نہیں تھا۔
he found no delight in himself

اس نے اپنے آپ میں کوئی خوشی نہیں پائی

he walked the rosy paths of the fig tree garden

وہ انجیر کے درخت کے باغ کے گلابی راستوں پر چل پڑا

he sat in the bluish shade in the garden of contemplation

وہ غور و فکر کے باغ میں نیلے سائے میں بیٹھ گیا۔

he washed his limbs daily in the bath of repentance

اس نے توبہ کے غسل میں روزانہ اپنے اعضاء کو دھویا

he made sacrifices in the dim shade of the mango forest

اس نے آم کے جنگل کے مدھم سایہ میں قربانیاں دیں۔

his gestures were of perfect decency

اس کے اشارے کامل شائستگی کے تھے۔

he was everyone's love and joy

وہ سب کی محبت اور خوشی تھی۔

but he still lacked all joy in his heart

لیکن اس کے دل میں اب بھی خوشی کی کمی تھی۔

Dreams and restless thoughts came into his mind

اس کے ذہن میں خواب اور بے چین خیالات آئے

his dreams flowed from the water of the river

اس کے خواب دریا کے پانی سے بہتے تھے۔

his dreams sparked from the stars of the night

اس کے خواب رات کے ستاروں سے چمکتے تھے۔

his dreams melted from the beams of the sun

اس کے خواب سورج کی کرنوں سے پگھل گئے۔

dreams came to him, and a restlessness of the soul came to him

اس کے پاس خواب آئے، اور روح کی بے چینی اس کے پاس آئی

his soul was fuming from the sacrifices

اس کی روح قربانیوں سے تڑپ رہی تھی۔

he breathed forth from the verses of the Rig-Veda

اس نے رگ وید کی آیات سے پھونک ماری۔

the verses were infused into him, drop by drop

آیات قطرہ قطرہ اس میں گھل مل گئیں۔

the verses from the teachings of the old Brahmans

پرانے برہمنوں کی تعلیمات سے آیات

Siddhartha had started to nurse discontent in himself

سدھارتھ نے اپنے آپ میں بے اطمینانی پیدا کرنا شروع کر دی تھی۔

he had started to feel doubt about the love of his father

اسے اپنے باپ کی محبت پر شک ہونے لگا تھا۔

he doubted the love of his mother

اسے اپنی ماں کی محبت پر شک تھا۔

and he doubted the love of his friend, Govinda

اور اسے اپنے دوست گووندا کی محبت پر شک تھا۔

he doubted if their love could bring him joy forever and ever

اسے شک تھا کہ کیا ان کی محبت اسے ہمیشہ کے لیے خوشی دے سکتی ہے۔

their love could not nurse him

ان کی محبت اسے پال نہیں سکتی تھی۔

their love could not feed him

ان کی محبت اسے کھلا نہیں سکتی تھی۔

their love could not satisfy him

ان کی محبت اسے مطمئن نہ کر سکی

he had started to suspect his father's teachings

اسے اپنے والد کی تعلیمات پر شک ہونے لگا تھا۔

perhaps he had shown him everything he knew

شاید اس نے اسے وہ سب کچھ دکھایا جو وہ جانتا تھا۔

there were his other teachers, the wise Brahmans

اس کے دوسرے استاد بھی تھے، عقلمند برہمن

perhaps they had already revealed to him the best of their wisdom

شاید وہ پہلے ہی اس پر اپنی بہترین حکمت ظاہر کر چکے تھے۔

he feared that they had already filled his expecting vessel

اسے خدشہ تھا کہ وہ پہلے ہی اس کے متوقع برتن کو بھر چکے ہیں۔

despite the richness of their teachings, the vessel was not full

ان کی تعلیمات کی دولت کے باوجود برتن بھرا نہیں تھا۔

the spirit was not content

روح مطمئن نہیں تھی۔

the soul was not calm

روح پرسکون نہیں تھی

the heart was not satisfied

دل مطمئن نہیں تھا

the ablutions were good, but they were water

وضو اچھے تھے لیکن وہ پانی تھے۔

the ablutions did not wash off the sin

وضو سے گناہ نہیں دھلتے تھے۔

they did not heal the spirit's thirst

انہوں نے روح کی پیاس نہیں بجھائی

they did not relieve the fear in his heart

انہوں نے اس کے دل کا خوف دور نہیں کیا۔

The sacrifices and the invocation of the gods were excellent

قربانیاں اور دیوتاؤں کی دعا بہت عمدہ تھی۔

but was that all there was?

لیکن کیا یہ سب کچھ تھا؟

did the sacrifices give a happy fortune?

کیا قربانیوں نے خوش قسمتی دی؟

and what about the gods?

اور دیوتاؤں کے بارے میں کیا؟

Was it really Prajapati who had created the world?

کیا واقعی پرجاپتی ہی تھا جس نے دنیا بنائی تھی؟

Was it not the Atman who had created the world?

کیا یہ اتمان نہیں تھا جس نے دنیا کو بنایا تھا؟

Atman, the only one, the singular one

اتمان، واحد، واحد

Were the gods not creations?

کیا دیوتا مخلوق نہیں تھے؟

were they not created like me and you?

کیا وہ میری اور تمہاری طرح پیدا نہیں ہوئے تھے؟

were the Gods not subject to time?

کیا خدا وقت کے تابع نہیں تھے؟

were the Gods mortal? Was it good?

کیا خدا فانی تھے؟ کیا یہ اچھا تھا؟

was it right? was it meaningful?

کیا یہ صحیح تھا؟ کیا یہ معنی خیز تھا؟

was it the highest occupation to make offerings to the gods?

کیا دیوتاؤں کو نذرانہ پیش کرنا سب سے بڑا کام تھا؟

For whom else were offerings to be made?

اور کس کے لیے نذرانے پیش کیے جانے تھے؟

who else was to be worshipped?

اور کس کی عبادت کرنی تھی؟

who else was there, but Him?

اُس کے سوا اور کون تھا؟

The only one, the Atman

واحد، اتمان

And where was Atman to be found?

اور اتمان کو کہاں ملنا تھا؟

where did He reside?

وہ کہاں رہتا تھا؟

where did His eternal heart beat?

اس کا ابدی دل کہاں دھڑکتا تھا؟

where else but in one's own self?

اپنی ذات کے علاوہ اور کہاں

in its innermost indestructible part

اس کے سب سے اندرونی حصے میں

could he be that which everyone had in himself?

کیا وہ وہ ہو سکتا ہے جو ہر ایک اپنے اندر رکھتا ہے؟

But where was this self?

لیکن یہ نفس کہاں تھا؟

where was this innermost part?

یہ اندرونی حصہ کہاں تھا؟

where was this ultimate part?

یہ حتمی حصہ کہاں تھا؟

It was not flesh and bone

یہ گوشت اور ہڈی نہیں تھی۔

it was neither thought nor consciousness

یہ نہ سوچا تھا نہ شعور

this is what the wisest ones taught

یہ وہی ہے جو عقلمندوں نے سکھایا ہے۔

So where was it?

تو کہاں تھا؟

the self, myself, the Atman

خود، خود، اتمان

To reach this place, there was another way

اس مقام تک پہنچنے کے لیے ایک اور راستہ تھا۔

was this other way worth looking for?

کیا یہ دوسرا راستہ تلاش کرنے کے قابل تھا؟

Alas, nobody showed him this way

افسوس، کسی نے اسے یہ راستہ نہیں دکھایا

nobody knew this other way

کوئی بھی اس دوسرے طریقے سے نہیں جانتا تھا

his father did not know it

اس کے والد کو یہ معلوم نہیں تھا۔

and the teachers and wise men did not know it

اور اساتذہ اور دانشمندوں کو اس کا علم نہ تھا۔

They knew everything, the Brahmans

وہ سب کچھ جانتے تھے، برہمن

and their holy books knew everything

اور ان کی مقدس کتابیں سب کچھ جانتی تھیں۔

they had taken care of everything

انہوں نے سب کچھ سنبھال لیا تھا

they took care of the creation of the world

انہوں نے دنیا کی تخلیق کا خیال رکھا

they described origin of speech, food, inhaling, exhaling

انہوں نے تقریر، خوراک، سانس لینے، سانس چھوڑنے کی اصل بیان کی۔

they described the arrangement of the senses

انہوں نے حواس کی ترتیب بیان کی۔

they described the acts of the gods

انہوں نے دیوتاؤں کے کاموں کو بیان کیا۔

their books knew infinitely much

ان کی کتابیں بہت کچھ جانتی تھیں۔

but was it valuable to know all of this?

لیکن کیا یہ سب جاننا قیمتی تھا؟

was there not only one thing to be known?

کیا صرف ایک ہی چیز معلوم نہیں تھی؟

was there still not the most important thing to know?

کیا اب بھی سب سے اہم چیز جاننے کی ضرورت نہیں تھی؟

many verses of the holy books spoke of this innermost, ultimate thing

مقدس کتابوں کی بہت سی آیات اس باطنی، حتمی چیز کے بارے میں بتاتی ہیں۔

it was spoken of particularly in the Upanishades of Samaveda

اس کا ذکر خاص طور پر ساموید کے اپنشیدوں میں کیا گیا تھا۔

they were wonderful verses

وہ شاندار آیات تھے

"Your soul is the whole world", this was written there

"تمہاری روح پوری دنیا ہے" یہ وہاں لکھا ہوا تھا۔

and it was written that man in deep sleep would meet with his innermost part

اور لکھا تھا کہ گہری نیند میں آدمی اپنے باطن سے ملے گا۔

and he would reside in the Atman

اور وہ اتمان میں قیام کرے گا۔

Marvellous wisdom was in these verses

حیرت انگیز حکمت ان آیات میں تھی۔

all knowledge of the wisest ones had been collected here in magic words

عقلمندوں کا تمام علم یہاں جادوئی الفاظ میں جمع کیا گیا تھا۔

it was as pure as honey collected by bees
یہ شہد کی مکھیوں کی طرح خالص تھا۔
No, the verses were not to be looked down upon
نہیں، آیات کو حقارت کی نگاہ سے نہیں دیکھا جانا تھا۔
they contained tremendous amounts of enlightenment
ان میں روشن خیالی کی زبردست مقدار موجود تھی۔
they contained wisdom which lay collected and preserved
ان میں حکمت تھی جو جمع اور محفوظ تھی۔
wisdom collected by innumerable generations of wise Brahmans
دانشمند برہمنوں کی لاتعداد نسلوں کے ذریعہ جمع کی گئی حکمت
But where were the Brahmans?
لیکن برہمن کہاں تھے؟
where were the priests?
پادری کہاں تھے؟
where the wise men or penitents?
کہاں عقلمند یا توبہ کرنے والے؟
where were those that had succeeded?
وہ کہاں تھے جو کامیاب ہوئے؟
where were those who knew more than deepest of all knowledge?
وہ لوگ کہاں تھے جو تمام علم سے زیادہ گہرے علم رکھتے تھے؟
where were those that also lived out the enlightened wisdom?
وہ لوگ کہاں تھے جو روشن خیالی سے بھی محروم تھے؟
Where was the knowledgeable one who brought Atman out of his sleep?
اتمان کو نیند سے نکالنے والا علم والا کہاں تھا؟
who had brought this knowledge into the day?
یہ علم کس نے لایا تھا؟
who had taken this knowledge into their life?
یہ علم کس نے اپنی زندگی میں لیا؟
who carried this knowledge with every step they took?
اس علم کو ہر قدم کے ساتھ کس نے اٹھایا؟
who had married their words with their deeds?
کس نے اپنی باتوں کو ان کے کرتوتوں سے نکاح کیا؟
Siddhartha knew many venerable Brahmans
سدھارتھ بہت سے قابل احترام برہمنوں کو جانتا تھا۔
his father, the pure one

اس کا باپ، خالص

the scholar, the most venerable one

عالم، سب سے زیادہ قابل احترام

His father was worthy of admiration

اس کا باپ قابل تعریف تھا۔

quiet and noble were his manners

اس کے اخلاق خاموش اور شریف تھے۔

pure was his life, wise were his words

اُس کی زندگی پاکیزہ تھی، اُس کے الفاظ عقلمند تھے۔

delicate and noble thoughts lived behind his brow

نازک اور عمدہ خیالات اس کی پیشانی کے پیچھے رہتے تھے۔

but even though he knew so much, did he live in blissfulness?

لیکن اس کے باوجود وہ اتنا جانتا تھا، کیا وہ خوشی میں رہتا تھا؟

despite all his knowledge, did he have peace?

اپنے تمام علم کے باوجود کیا اسے سکون ملا؟

was he not also just a searching man?

کیا وہ صرف تلاش کرنے والا آدمی نہیں تھا؟

was he still not a thirsty man?

کیا وہ اب بھی پیاسا آدمی نہیں تھا؟

Did he not have to drink from holy sources again and again?

کیا اسے بار بار مقدس ذرائع سے پینے کی ضرورت نہیں تھی؟

did he not drink from the offerings?

کیا اس نے قربانیوں میں سے نہیں پیا؟

did he not drink from the books?

کیا اس نے کتابوں سے نہیں پیا؟

did he not drink from the disputes of the Brahmans?

کیا وہ برہمنوں کے جھگڑوں سے نہیں پیتا تھا؟

Why did he have to wash off sins every day?

اسے ہر روز گناہوں کو دھونے کی کیا ضرورت تھی؟

must he strive for a cleansing every day?

کیا اسے ہر روز صفائی کی کوشش کرنی چاہئے؟

over and over again, every day

بار بار، ہر روز

Was Atman not in him?

کیا اتمان اس میں نہیں تھا؟

did not the pristine source spring from his heart?

کیا اس کے دل سے قدیم ماخذ نہیں نکلا؟

the pristine source had to be found in one's own self

قدیم ماخذ کو اپنی ذات میں تلاش کرنا تھا۔
the pristine source had to be possessed!
قدیم ماخذ پر قبضہ کرنا پڑا!
doing anything else else was searching
کچھ اور کرنا تلاش کر رہا تھا۔
taking any other pass is a detour
کوئی اور پاس لینا ایک چکر ہے۔
going any other way leads to getting lost
کسی اور طریقے سے جانا گمشدہ ہو جاتا ہے۔
These were Siddhartha's thoughts
یہ سدھارتھ کے خیالات تھے۔
this was his thirst, and this was his suffering
یہ اس کی پیاس تھی، اور یہ اس کی تکلیف تھی۔
Often he spoke to himself from a Chandogya-Upanishad:
اکثر وہ خود سے چندوگیا اپنشد سے بات کرتے تھے:
"Truly, the name of the Brahman is Satyam"
"حقیقت میں، برہمن کا نام ستیم ہے"
"he who knows such a thing, will enter the heavenly world every day"
"جو اس چیز کو جانتا ہے وہ ہر روز آسمانی دنیا میں داخل ہو گا"
Often the heavenly world seemed near
اکثر آسمانی دنیا قریب نظر آتی تھی۔
but he had never reached the heavenly world completely
لیکن وہ مکمل طور پر آسمانی دنیا تک کبھی نہیں پہنچا تھا۔
he had never quenched the ultimate thirst
اس نے کبھی آخری پیاس نہیں بجھائی تھی۔
And among all the wise and wisest men, none had reached it
اور تمام عقلمندوں اور دانشمندوں میں سے کوئی بھی اس تک نہیں پہنچا تھا۔
he received instructions from them
اس نے ان سے ہدایات حاصل کیں۔
but they hadn't completely reached the heavenly world
لیکن وہ مکمل طور پر آسمانی دنیا تک نہیں پہنچے تھے۔
they hadn't completely quenched their thirst
انہوں نے اپنی پیاس پوری طرح نہیں بجائی تھی۔
because this thirst is an eternal thirst
کیونکہ یہ پیاس ابدی پیاس ہے۔

"Govinda" Siddhartha spoke to his friend
"گووندا "سدھارتھ نے اپنے دوست سے بات کی۔

"Govinda, my dear, come with me under the Banyan tree"

"گووندا، میرے پیارے، میرے ساتھ برگد کے درخت کے نیچے آؤ"

"let's practise meditation"

"آئیے مراقبہ کی مشق کریں"

They went to the Banyan tree

وہ برگد کے درخت کے پاس گئے۔

under the Banyan tree they sat down

وہ برگد کے درخت کے نیچے بیٹھ گئے۔

Siddhartha was right here

سدھارتھ یہیں تھے۔

Govinda was twenty paces away

گووندا بیس قدم دور تھا۔

Siddhartha seated himself and he repeated murmuring the verse

سدھارتھ خود بیٹھ گیا اور اس نے آیت کو دہرایا

Om is the bow, the arrow is the soul

اوم کمان ہے، تیر روح ہے۔

The Brahman is the arrow's target

برہمن تیر کا نشانہ ہے۔

the target that one should incessantly hit

وہ ہدف جسے لگاتار مارنا چاہیے۔

the usual time of the exercise in meditation had passed

مراقبہ میں ورزش کا معمول کا وقت گزر چکا تھا۔

Govinda got up, the evening had come

گووندا اٹھا، شام ہو چکی تھی۔

it was time to perform the evening's ablution

شام کے وضو کا وقت ہو گیا تھا۔

He called Siddhartha's name, but Siddhartha did not answer

اس نے سدھارتھ کا نام پکارا، لیکن سدھارتھ نے کوئی جواب نہیں دیا۔

Siddhartha sat there, lost in thought

سدھارتھ سوچوں میں گم وہیں بیٹھ گیا۔

his eyes were rigidly focused towards a very distant target

اس کی آنکھیں سختی سے ایک بہت دور ہدف کی طرف مرکوز تھیں۔

the tip of his tongue was protruding a little between the teeth

اس کی زبان کی نوک دانتوں کے درمیان تھوڑی سی پھیلی ہوئی تھی۔

he seemed not to breathe

ایسا لگتا تھا کہ وہ سانس نہیں لے رہا ہے۔

Thus sat he, wrapped up in contemplation

یوں وہ بیٹھا، سوچ میں لپٹا
he was deep in thought of the Om
وہ اوم کی سوچ میں گھرا تھا۔
his soul sent after the Brahman like an arrow
اس کی روح نے برہمن کے پیچھے تیر کی طرح بھیجا۔
Once, Samanas had travelled through Siddhartha's town
ایک بار، سمن سدھارتھ کے شہر سے گزرے تھے۔
they were ascetics on a pilgrimage
وہ ایک حج پر سنیاسی تھے
three skinny, withered men, neither old nor young
تین پتلے، مرجھائے ہوئے آدمی، نہ بوڑھے اور نہ جوان
dusty and bloody were their shoulders
خاک آلود اور خون آلود ان کے کندھے تھے۔
almost naked, scorched by the sun, surrounded by loneliness
تقریباً ننگا، سورج سے جھلس گیا، تنہائی میں گھرا ہوا ہے۔
strangers and enemies to the world
دنیا کے لیے اجنبی اور دشمن
strangers and jackals in the realm of humans
انسانوں کے دائرے میں اجنبی اور گیدڑ
Behind them blew a hot scent of quiet passion
ان کے پیچھے خاموش جذبے کی گرم خوشبو اڑا رہی تھی۔
a scent of destructive service
تباہ کن خدمت کی خوشبو
a scent of merciless self-denial
بے رحمانہ خود انکاری کی خوشبو
the evening had come
شام آ چکی تھی
after the hour of contemplation, Siddhartha spoke to Govinda
غور و فکر کے ایک گھنٹے کے بعد، سدھارتھ نے گووندا سے بات کی۔
"Early tomorrow morning, my friend, Siddhartha will go to the Samanas"
"کل صبح سویرے، میرا دوست، سدھارتھ سمناس جائے گا"
"He will become a Samana"
"وہ سمانہ بنے گا"
Govinda turned pale when he heard these words
یہ الفاظ سن کر گووندا پیلا ہو گیا۔
and he read the decision in the motionless face of his friend

اور اس نے اپنے دوست کے بے حرکت چہرے پر فیصلہ پڑھا۔

the determination was unstoppable, like the arrow shot from the bow

عزم رکا نہیں تھا، کمان سے تیر کی طرح

Govinda realized at first glance; now it is beginning

گووندا کو پہلی نظر میں احساس ہوا؛ اب یہ شروع ہو رہا ہے

now Siddhartha is taking his own way

اب سدھارتھ اپنا راستہ اختیار کر رہے ہیں۔

now his fate is beginning to sprout

اب اس کی قسمت پھوٹنے لگی ہے۔

and because of Siddhartha, Govinda's fate is sprouting too

اور سدھارتھ کی وجہ سے، گووندا کی قسمت بھی پھوٹ رہی ہے۔

he turned pale like a dry banana-skin

وہ خشک کیلے کی کھال کی طرح پیلا ہو گیا۔

"Oh Siddhartha," he exclaimed

"اوہ سدھارتھ،" اس نے چیخ کر کہا

"will your father permit you to do that?"

"کیا آپ کے والد آپ کو ایسا کرنے کی اجازت دیں گے؟"

Siddhartha looked over as if he was just waking up

سدھارتھ نے اس طرح دیکھا جیسے وہ ابھی جاگ رہا ہو۔

like an Arrow he read Govinda's soul

تیر کی طرح اس نے گووندا کی روح کو پڑھا۔

he could read the fear and the submission in him

وہ اس میں خوف اور تسلیم کو پڑھ سکتا تھا۔

"Oh Govinda," he spoke quietly, "let's not waste words"

"اوہ گووندا،" وہ خاموشی سے بولا،" چلو الفاظ ضائع نہیں کرتے"

"Tomorrow at daybreak I will begin the life of the Samanas"

"کل سحری میں سمن کی زندگی شروع کروں گا"

"let us speak no more of it"

"اس پر مزید بات نہ کریں"

Siddhartha entered the chamber where his father was sitting

سدھارتھ چیمبر میں داخل ہوا جہاں اس کے والد بیٹھے تھے۔

his father was was on a mat of bast

اس کا باپ ایک چٹائی پر تھا۔

Siddhartha stepped behind his father

سدھارتھ اپنے والد کے پیچھے چلا گیا۔

and he remained standing behind him

اور وہ اس کے پیچھے کھڑا رہا۔

he stood until his father felt that someone was standing behind him

وہ اس وقت تک کھڑا رہا جب تک کہ اس کے والد کو محسوس ہوا کہ کوئی اس کے پیچھے کھڑا ہے۔

Spoke the Brahman: "Is that you, Siddhartha?"

برہمن بولا: "کیا یہ تم ہو، سدھارتھ؟"

"Then say what you came to say"

"پھر بولو جو کہنے آئے ہو"

Spoke Siddhartha: "With your permission, my father"

سدھارتھ نے کہا: "آپ کی اجازت سے، میرے والد"

"I came to tell you that it is my longing to leave your house tomorrow"

"میں آپ کو بتانے آیا ہوں کہ کل آپ کے گھر سے نکلنے کی خواہش ہے"

"I wish to go to the ascetics"

"میں سنیاسیوں کے پاس جانا چاہتا ہوں"

"My desire is to become a Samana"

"میری خواہش سمانہ بننے کی ہے"

"May my father not oppose this"

"میرے والد اس کی مخالفت نہ کریں"

The Brahman fell silent, and he remained so for long

برہمن خاموش ہو گیا اور وہ دیر تک ایسا ہی رہا۔

the stars in the small window wandered

چھوٹی کھڑکی میں ستارے گھوم رہے تھے۔

and they changed their relative positions

اور انہوں نے اپنی رشتہ دار پوزیشنیں بدل دیں۔

Silent and motionless stood the son with his arms folded

خاموش اور بے حرکت بیٹا بازو باندھے کھڑا تھا۔

silent and motionless sat the father on the mat

خاموش اور بے حرکت باپ چٹائی پر بیٹھ گیا۔

and the stars traced their paths in the sky

اور ستاروں نے اپنی راہیں آسمان میں تلاش کیں۔

Then spoke the father

پھر باپ بولا۔

"it is not proper for a Brahman to speak harsh and angry words"

"برہمن کے لیے سخت اور غصے میں بولنا مناسب نہیں ہے"

"But indignation is in my heart"

"لیکن غصہ میرے دل میں ہے"

"I wish not to hear this request for a second time"

"میری خواہش ہے کہ یہ درخواست دوسری بار نہ سنوں"

Slowly, the Brahman rose

آہستہ آہستہ برہمن اٹھ کھڑا ہوا۔

Siddhartha stood silently, his arms folded

سدھارتھ خاموشی سے کھڑا رہا، اس کے بازو جوڑ لیے

"What are you waiting for?" asked the father

"تم کس چیز کا انتظار کر رہے ہو؟ "باپ نے پوچھا

Spoke Siddhartha, "You know what I'm waiting for"

سدھارتھ نے کہا،" تم جانتے ہو کہ میں کس چیز کا انتظار کر رہا ہوں"

Indignant, the father left the chamber

باپ ناراض ہو کر چیمبر سے چلا گیا۔

indignant, he went to his bed and lay down

ناراض ہو کر وہ اپنے بستر پر جا کر لیٹ گیا۔

an hour passed, but no sleep had come over his eyes

ایک گھنٹہ گزر گیا لیکن اس کی آنکھوں میں نیند نہیں آئی

the Brahman stood up and he paced to and fro

برہمن کھڑا ہو گیا اور اس نے ادھر ادھر کی رفتار کی۔

and he left the house in the night

اور وہ رات کو گھر سے نکل گیا۔

Through the small window of the chamber he looked back inside

چیمبر کی چھوٹی سی کھڑکی سے اس نے پیچھے مڑ کر اندر دیکھا

and there he saw Siddhartha standing

اور وہاں اس نے سدھارتھ کو کھڑے دیکھا

his arms were folded and he had not moved from his spot

اس کے بازو بند تھے اور وہ اپنی جگہ سے نہیں ہلا تھا۔

Pale shimmered his bright robe

پیلے نے اپنے روشن لباس کو چمکایا

With anxiety in his heart, the father returned to his bed

دل میں اضطراب لیے باپ اپنے بستر پر لوٹ آیا

another sleepless hour passed

ایک اور بے خوابی کا گھنٹہ گزر گیا۔

since no sleep had come over his eyes, the Brahman stood up again

چونکہ اس کی آنکھوں پر نیند نہیں آئی تھی اس لیے برہمن دوبارہ کھڑا ہو گیا۔

he paced to and fro, and he walked out of the house

وہ تیزی سے آگے بڑھا اور گھر سے باہر نکل گیا۔

and he saw that the moon had risen

اور اس نے دیکھا کہ چاند طلوع ہو گیا ہے۔

Through the window of the chamber he looked back inside
چیمبر کی کھڑکی سے اس نے پیچھے مڑ کر دیکھا

there stood Siddhartha, unmoved from his spot
وہیں کھڑا سدھارتھ اپنی جگہ سے بے حرکت تھا۔

his arms were folded, as they had been
اس کے بازو بندھے ہوئے تھے، جیسا کہ وہ تھے۔

moonlight was reflecting from his bare shins
اس کی ننگی پنڈلیوں سے چاندنی جھلک رہی تھی۔

With worry in his heart, the father went back to bed
دل ہی دل میں فکر لے کر باپ واپس بستر پر چلا گیا۔

he came back after an hour
وہ ایک گھنٹے کے بعد واپس آیا

and he came back again after two hours
اور وہ دو گھنٹے بعد واپس آیا

he looked through the small window
اس نے چھوٹی کھڑکی سے دیکھا

he saw Siddhartha standing in the moon light
اس نے سدھارتھ کو چاند کی روشنی میں کھڑا دیکھا

he stood by the light of the stars in the darkness
وہ تاریکی میں ستاروں کی روشنی کے ساتھ کھڑا رہا

And he came back hour after hour
اور وہ گھنٹے بعد واپس آیا

silently, he looked into the chamber
خاموشی سے اس نے چیمبر میں دیکھا

he saw him standing in the same place
اس نے اسے اسی جگہ کھڑا دیکھا

it filled his heart with anger
اس نے اس کا دل غصے سے بھر دیا۔

it filled his heart with unrest
اس نے اس کے دل کو بے چینی سے بھر دیا۔

it filled his heart with anguish
اس نے اس کا دل غم سے بھر دیا۔

it filled his heart with sadness
اس نے اس کا دل اداسی سے بھر دیا۔

the night's last hour had come
رات کی آخری گھڑی آ گئی تھی۔

his father returned and stepped into the room
اس کا باپ واپس آیا اور کمرے میں قدم رکھا

he saw the young man standing there

اس نے نوجوان کو وہاں کھڑا دیکھا

he seemed tall and like a stranger to him

وہ لمبا اور اس کے لیے اجنبی لگ رہا تھا۔

"Siddhartha," he spoke, "what are you waiting for?"

"سدھارتھ،" وہ بولا، "تم کس چیز کا انتظار کر رہے ہو؟"

"You know what I'm waiting for"

"تم جانتے ہو میں کس چیز کا انتظار کر رہا ہوں"

"Will you always stand that way and wait?

"کیا تم ہمیشہ اسی طرح کھڑے رہو گے اور انتظار کرو گے؟

"I will always stand and wait"

"میں ہمیشہ کھڑا رہوں گا اور انتظار کروں گا"

"will you wait until it becomes morning, noon, and evening?"

"کیا تم صبح، دوپہر اور شام ہونے تک انتظار کرو گے؟"

"I will wait until it become morning, noon, and evening"

"میں صبح، دوپہر اور شام ہونے تک انتظار کروں گا"

"You will become tired, Siddhartha"

"تم تھک جاؤ گے سدھارتھ"

"I will become tired"

"میں تھک جاؤں گا"

"You will fall asleep, Siddhartha"

"تم سو جاؤ گے سدھارتھ"

"I will not fall asleep"

"مجھے نیند نہیں آئے گی"

"You will die, Siddhartha"

"تم مر جاؤ گے سدھارتھ"

"I will die," answered Siddhartha

"میں مر جاؤں گا،" سدھارتھ نے جواب دیا۔

"And would you rather die, than obey your father?"

"اور کیا تم اپنے باپ کی بات ماننے کے بجائے مرنا پسند کرو گے؟"

"Siddhartha has always obeyed his father"

"سدھارتھ نے ہمیشہ اپنے والد کی بات مانی ہے"

"So will you abandon your plan?"

"تو کیا تم اپنا منصوبہ ترک کر دو گے؟"

"Siddhartha will do what his father will tell him to do"

"سدھارتھ وہی کرے گا جو اس کے والد اسے کرنے کو کہیں گے"

The first light of day shone into the room

دن کی پہلی روشنی کمرے میں چمکی۔

The Brahman saw that Siddhartha knees were softly trembling

برہمن نے دیکھا کہ سدھارتھ کے گھٹنے ہلکے سے کانپ رہے تھے۔

In Siddhartha's face he saw no trembling

سدھارتھ کے چہرے پر اس نے کوئی لرزش نہیں دیکھی۔

his eyes were fixed on a distant spot

اس کی نظریں دور جگہ پر جمی ہوئی تھیں۔

This was when his father realized

یہ تب تھا جب اس کے والد کو ہوش آیا

even now Siddhartha no longer dwelt with him in his home

یہاں تک کہ اب سدھارتھ اس کے ساتھ اپنے گھر میں نہیں رہتا تھا۔

he saw that he had already left him

اس نے دیکھا کہ وہ پہلے ہی اسے چھوڑ چکا ہے۔

The Father touched Siddhartha's shoulder

باپ نے سدھارتھ کے کندھے کو چھوا۔

"You will," he spoke, "go into the forest and be a Samana"

"تم کرو گے" وہ بولا، "جنگل میں جا کر سمانا بنو گے"

"When you find blissfulness in the forest, come back"

"جب آپ کو جنگل میں خوشی ملے تو واپس آ جانا"

"come back and teach me to be blissful"

"واپس آؤ اور مجھے خوش رہنا سکھاؤ"

"If you find disappointment, then return"

"مایوس ہو تو لوٹ آؤ"

"return and let us make offerings to the gods together, again"

"واپس آئیں اور ہم ایک بار پھر دیوتاؤں کو نذرانے پیش کریں"

"Go now and kiss your mother"

"اب جاؤ اور اپنی ماں کو چوم لو"

"tell her where you are going"

"اسے بتاؤ تم کہاں جا رہے ہو"

"But for me it is time to go to the river"

"لیکن میرے لیے دریا پر جانے کا وقت ہے"

"it is my time to perform the first ablution"

"یہ میرا پہلا وضو کرنے کا وقت ہے"

He took his hand from the shoulder of his son, and went outside

اس نے بیٹے کے کندھے سے ہاتھ لیا اور باہر نکل گیا۔

Siddhartha wavered to the side as he tried to walk

سدھارتھ نے چلنے کی کوشش کرتے ہوئے ایک طرف ہلایا

He put his limbs back under control and bowed to his father

اس نے اپنے اعضاء کو قابو میں رکھا اور اپنے باپ کے سامنے جھک گیا.

he went to his mother to do as his father had said

وہ اپنی ماں کے پاس گیا جیسا کہ اس کے باپ نے کہا تھا.

As he slowly left on stiff legs a shadow rose near the last hut

جب وہ دھیرے دھیرے اکڑی ہوئی ٹانگوں پر چلا گیا تو آخری جھونپڑی کے قریب ایک سایہ اٹھ کھڑا ہوا.

who had crouched there, and joined the pilgrim?

کون وہاں بیٹھا تھا، اور حجاج میں شامل ہوا تھا؟

"Govinda, you have come" said Siddhartha and smiled

''گووندا تم آگئے ''سدھارتھ نے مسکراتے ہوئے کہا

"I have come," said Govinda

"میں آ گیا ہوں، "گووندا نے کہا

With the Samanas

سمانوں کے ساتھ

In the evening of this day they caught up with the ascetics

اس دن کی شام میں انہوں نے سنیاسیوں سے ملاقات کی۔

the ascetics; the skinny Samanas

سنیاسی پتلی سمناس

they offered them their companionship and obedience

انہوں نے انہیں اپنی صحبت اور اطاعت کی پیشکش کی۔

Their companionship and obedience were accepted

ان کی صحبت اور اطاعت قبول ہوئی۔

Siddhartha gave his garments to a poor Brahman in the street

سدھارتھ نے اپنا لباس گلی میں ایک غریب برہمن کو دے دیا۔

He wore nothing more than a loincloth and earth-coloured, unsown cloak

اس نے ایک لنگوٹی اور زمینی رنگ کی، غیر بوئی ہوئی چادر کے علاوہ کچھ نہیں پہنا تھا۔

He ate only once a day, and never anything cooked

وہ دن میں صرف ایک بار کھاتا تھا، اور کبھی کچھ نہیں پکاتا تھا۔

He fasted for fifteen days, he fasted for twenty-eight days

اس نے پندرہ روزے رکھے، اٹھائیس روزے رکھے

The flesh waned from his thighs and cheeks

اس کی رانوں اور گالوں سے گوشت اڑ گیا۔

Feverish dreams flickered from his enlarged eyes

اس کی پھیلی ہوئی آنکھوں سے تیز خواب جھلک رہے تھے۔

long nails grew slowly on his parched fingers

اس کی سوکھی انگلیوں پر لمبے ناخن آہستہ آہستہ بڑھ رہے تھے۔

and a dry, shaggy beard grew on his chin

اور اس کی ٹھوڑی پر خشک، شگفتہ داڑھی بڑھ گئی۔

His glance turned to ice when he encountered women

جب اس کا سامنا عورتوں سے ہوا تو اس کی نظر برف میں بدل گئی۔

he walked through a city of nicely dressed people

وہ اچھے لباس پہنے لوگوں کے شہر سے گزرا۔

his mouth twitched with contempt for them

اس کا منہ ان کے لیے حقارت سے مروڑ گیا۔

He saw merchants trading and princes hunting

اس نے تاجروں کو تجارت کرتے اور شہزادوں کو شکار کرتے دیکھا

he saw mourners wailing for their dead

اس نے سوگواروں کو اپنے مرنے والوں کے لیے روتے دیکھا
and he saw whores offering themselves
اور اس نے کسبیوں کو اپنے آپ کو پیش کرتے دیکھا
physicians trying to help the sick
ڈاکٹر بیماروں کی مدد کرنے کی کوشش کر رہے ہیں۔
priests determining the most suitable day for seeding
بوائی کے لیے موزوں ترین دن کا تعین کرنے والے پادری
lovers loving and mothers nursing their children
محبت کرنے والے پیار کرنے والے اور مائیں اپنے بچوں کی پرورش کرتی ہیں۔
and all of this was not worthy of one look from his eyes
اور یہ سب اس کی آنکھوں سے دیکھنے کے لائق نہیں تھا۔
it all lied, it all stank, it all stank of lies
یہ سب جھوٹ ہے، یہ سب بدبودار ہے، یہ سب جھوٹ کا داغ ہے۔
it all pretended to be meaningful and joyful and beautiful
یہ سب معنی خیز اور خوش کن اور خوبصورت ہونے کا بہانہ کیا۔
and it all was just concealed putrefaction
اور یہ سب صرف چھپا ہوا تھا
the world tasted bitter; life was torture
دنیا نے کڑوا چکھ لیا زندگی اذیت تھی

A single goal stood before Siddhartha
سدھارتھ کے سامنے ایک ہی گول کھڑا تھا۔
his goal was to become empty
اس کا مقصد خالی ہونا تھا
his goal was to be empty of thirst
اس کا مقصد پیاس سے خالی ہونا تھا۔
empty of wishing and empty of dreams
خواہشوں سے خالی اور خوابوں سے خالی
empty of joy and sorrow
خوشی اور غم سے خالی
his goal was to be dead to himself
اس کا مقصد خود کو مرنا تھا
his goal was not to be a self any more
اس کا مقصد اب خود نہیں بننا تھا۔
his goal was to find tranquillity with an emptied heart
اس کا مقصد خالی دل کے ساتھ سکون حاصل کرنا تھا۔
his goal was to be open to miracles in unselfish thoughts
اس کا مقصد بے لوث خیالات میں معجزات کے لیے کھلا ہونا تھا۔
to achieve this was his goal
اس کو حاصل کرنا اس کا مقصد تھا۔

when all of his self was overcome and had died
جب اس کا تمام نفس مغلوب ہو چکا تھا اور مر چکا تھا۔
when every desire and every urge was silent in the heart
جب دل میں ہر خواہش اور ہر خواہش خاموش تھی۔
then the ultimate part of him had to awake
پھر اس کے آخری حصے کو بیدار ہونا پڑا
the innermost of his being, which is no longer his self
اس کے وجود کا سب سے باطن، جو اب اس کی ذات نہیں ہے۔
this was the great secret
یہ بہت بڑا راز تھا

Silently, Siddhartha exposed himself to the burning rays of the sun
خاموشی سے، سدھارتھ نے خود کو سورج کی جلتی شعاعوں سے روشناس کرایا
he was glowing with pain and he was glowing with thirst
وہ درد سے چمک رہا تھا اور وہ پیاس سے چمک رہا تھا۔
and he stood there until he neither felt pain nor thirst
اور وہ وہیں کھڑا رہا یہاں تک کہ اسے نہ درد محسوس ہوا نہ پیاس
Silently, he stood there in the rainy season
وہ خاموشی سے بارش کے موسم میں وہیں کھڑا رہا۔
from his hair the water was dripping over freezing shoulders
اس کے بالوں سے پانی جمے ہوئے کندھوں پر ٹپک رہا تھا۔
the water was dripping over his freezing hips and legs
پانی اس کے جمے ہوئے کولہوں اور ٹانگوں سے ٹپک رہا تھا۔
and the penitent stood there
اور توبہ کرنے والا وہیں کھڑا رہا۔
he stood there until he could not feel the cold any more
وہ وہیں کھڑا رہا جب تک کہ اسے مزید سردی محسوس نہ ہوئی۔
he stood there until his body was silent
وہ وہیں کھڑا رہا جب تک کہ اس کا جسم خاموش نہ ہو گیا۔
he stood there until his body was quiet
وہ وہیں کھڑا رہا جب تک کہ اس کا جسم خاموش نہ ہو گیا۔
Silently, he cowered in the thorny bushes
خاموشی سے وہ کانٹے دار جھاڑیوں میں دب گیا۔
blood dripped from the burning skin
جلتی ہوئی جلد سے خون ٹپکا۔
blood dripped from festering wounds
زخموں سے ٹپکنے والا خون

and Siddhartha stayed rigid and motionless
اور سدھارتھ سخت اور بے حرکت رہے۔

he stood until no blood flowed any more
وہ اس وقت تک کھڑا رہا جب تک خون نہ بہنے لگے

he stood until nothing stung any more
وہ اس وقت تک کھڑا رہا جب تک کسی چیز نے مزید ڈنک نہ ڈالا۔

he stood until nothing burned any more
وہ اس وقت تک کھڑا رہا جب تک کہ مزید کچھ نہ جلے۔

Siddhartha sat upright and learned to breathe sparingly
سدھارتھ سیدھا بیٹھا اور تھوڑا سا سانس لینا سیکھا۔

he learned to get along with few breaths
اس نے کچھ سانسوں کے ساتھ ملنا سیکھا۔

he learned to stop breathing
اس نے سانس روکنا سیکھا۔

He learned, beginning with the breath, to calm the beating of his heart
اس نے اپنے دل کی دھڑکن کو پرسکون کرنے کے لیے، سانس سے شروع کرنا سیکھا۔

he learned to reduce the beats of his heart
اس نے اپنے دل کی دھڑکنوں کو کم کرنا سیکھا۔

he meditated until his heartbeats were only a few
اس نے مراقبہ کیا یہاں تک کہ اس کے دل کی دھڑکن صرف چند تھی۔

and then his heartbeats were almost none
اور پھر اس کے دل کی دھڑکنیں تقریباً نہیں تھیں۔

Instructed by the oldest of the Samanas, Siddhartha practised self-denial
سمن کے سب سے قدیم کی ہدایت پر، سدھارتھ نے خود سے انکار کی مشق کی۔

he practised meditation, according to the new Samana rules
سمانا کے نئے قوانین کے مطابق اس نے مراقبہ کی مشق کی۔

A heron flew over the bamboo forest
ایک بگلا بانس کے جنگل پر اڑ گیا۔

Siddhartha accepted the heron into his soul
سدھارتھ نے بگلا کو اپنی روح میں قبول کر لیا

he flew over forest and mountains
اس نے جنگل اور پہاڑوں پر پرواز کی۔

he was a heron, he ate fish
وہ بگلا تھا، مچھلی کھاتا تھا۔

he felt the pangs of a heron's hunger
اسے بگلے کی بھوک کی تکلیف محسوس ہوئی۔

he spoke the heron's croak
وہ بگلا کی کروٹ بولا۔

he died a heron's death
وہ ایک بگلے کی موت مر گیا

A dead jackal was lying on the sandy bank
ریتیلے کنارے پر ایک مردہ گیدڑ پڑا تھا۔

Siddhartha's soul slipped inside the body of the dead jackal
سدھارتھ کی روح مردہ گیدڑ کے جسم کے اندر پھسل گئی۔

he was the dead jackal laying on the banks and bloated
وہ مردہ گیدڑ تھا کنارے پر پڑا اور پھولا ہوا تھا۔

he stank and decayed and was dismembered by hyenas
وہ بدبودار اور بوسیدہ ہو گیا اور اسے ہیناس نے ٹکڑے ٹکڑے کر دیا۔

he was skinned by vultures and turned into a skeleton
اسے گدھوں نے کھال دیا تھا اور ایک کنکال میں بدل گیا تھا۔

he was turned to dust and blown across the fields
وہ مٹی میں بدل گیا اور کھیتوں میں اڑا دیا گیا۔

And Siddhartha's soul returned
اور سدھارتھ کی روح لوٹ آئی

it had died, decayed, and was scattered as dust
وہ مر گیا تھا، بوسیدہ ہو گیا تھا، اور خاک کی طرح بکھر گیا تھا۔

it had tasted the gloomy intoxication of the cycle
اس نے سائیکل کا اداس نشہ چکھ لیا تھا۔

it awaited with a new thirst, like a hunter in the gap
اس کا انتظار ایک نئی پیاس کے ساتھ تھا، جیسے خلا میں شکاری

in the gap where he could escape from the cycle
اس خلا میں جہاں وہ سائیکل سے بچ سکتا تھا۔

in the gap where an eternity without suffering began
اس خلا میں جہاں تکلیف کے بغیر ایک ابدیت کا آغاز ہوا۔

he killed his senses and his memory
اس نے اپنے حواس اور یادداشت کو مار ڈالا۔

he slipped out of his self into thousands of other forms
وہ اپنی ذات سے نکل کر ہزاروں دوسری شکلوں میں چلا گیا۔

he was an animal, a carrion, a stone
وہ ایک جانور، مردار، پتھر تھا۔

he was wood and water
وہ لکڑی اور پانی تھا۔

and he awoke every time to find his old self again
اور وہ ہر بار اپنے پرانے نفس کو دوبارہ تلاش کرنے کے لیے بیدار ہوا۔

whether sun or moon, he was his self again

سورج ہو یا چاند، وہ پھر سے اپنا تھا۔

he turned round in the cycle

وہ سائیکل میں گھوم گیا

he felt thirst, overcame the thirst, felt new thirst

اس نے پیاس محسوس کی، پیاس پر قابو پایا، نئی پیاس محسوس کی۔

Siddhartha learned a lot when he was with the Samanas

جب وہ سمن کے ساتھ تھے تو سدھارتھ نے بہت کچھ سیکھا۔

he learned many ways leading away from the self

اس نے خود سے دور ہونے کے بہت سے طریقے سیکھے۔

he learned how to let go

اس نے جانے کا طریقہ سیکھا۔

He went the way of self-denial by means of pain

اس نے درد کے ذریعے خود انکاری کی راہ اختیار کی۔

he learned self-denial through voluntarily suffering and overcoming pain

اس نے رضاکارانہ طور پر تکلیف اور درد پر قابو پانے کے ذریعے خود سے انکار سیکھا۔

he overcame hunger, thirst, and tiredness

اس نے بھوک، پیاس اور تھکاوٹ پر قابو پالیا

He went the way of self-denial by means of meditation

اس نے مراقبہ کے ذریعہ خود انکاری کی راہ اختیار کی۔

he went the way of self-denial through imagining the mind to be void of all conceptions

اس نے ذہن کو تمام تصورات سے خالی تصور کرکے خود انکاری کی راہ اختیار کی۔

with these and other ways he learned to let go

ان اور دیگر طریقوں سے اس نے جانے دینا سیکھا۔

a thousand times he left his self

ہزار بار اس نے اپنے آپ کو چھوڑ دیا۔

for hours and days he remained in the non-self

گھنٹوں اور دنوں تک وہ بے خودی میں رہا۔

all these ways led away from the self

یہ تمام راستے خود سے دور ہو گئے۔

but their path always led back to the self

لیکن ان کا راستہ ہمیشہ خود کی طرف جاتا ہے۔

Siddhartha fled from the self a thousand times

سدھارتھ خود سے ہزار بار بھاگا۔

but the return to the self was inevitable

لیکن نفس کی طرف واپسی ناگزیر تھی۔

although he stayed in nothingness, coming back was inevitable

اگرچہ وہ بے ہوشی میں رہا، واپس آنا ناگزیر تھا۔

although he stayed in animals and stones, coming back was inevitable

اگرچہ وہ جانوروں اور پتھروں میں رہا، واپس آنا ناگزیر تھا۔

he found himself in the sunshine or in the moonlight again

اس نے خود کو سورج کی روشنی میں یا پھر چاند کی روشنی میں پایا

he found himself in the shade or in the rain again

اس نے اپنے آپ کو دوبارہ سایہ یا بارش میں پایا

and he was once again his self; Siddhartha

اور وہ ایک بار پھر اپنا نفس تھا۔ سدھارتھا

and again he felt the agony of the cycle which had been forced upon him

اور اس نے دوبارہ اس سائیکل کی اذیت کو محسوس کیا جو اس پر مجبور کیا گیا تھا۔

by his side lived Govinda, his shadow

اس کے پہلو میں گووندا رہتا تھا، اس کا سایہ

Govinda walked the same path and undertook the same efforts

گووندا نے اسی راستے پر چلتے ہوئے وہی کوششیں کیں۔

they spoke to one another no more than the exercises required

انہوں نے ایک دوسرے سے ضروری مشقوں سے زیادہ بات نہیں کی۔

occasionally the two of them went through the villages

کبھی کبھار وہ دونوں گاؤں سے گزرتے تھے۔

they went to beg for food for themselves and their teachers

وہ اپنے اور اپنے اساتذہ کے لیے کھانا مانگنے گئے۔

"How do you think we have progressed, Govinda" he asked

"آپ کو کیسے لگتا ہے کہ ہم نے ترقی کی ہے، گووندا؟" اس نے پوچھا

"Did we reach any goals?" Govinda answered

"کیا ہم کسی مقصد تک پہنچے؟" گووندا نے جواب دیا۔

"We have learned, and we'll continue learning"

"ہم نے سیکھا ہے، اور ہم سیکھتے رہیں گے"

"You'll be a great Samana, Siddhartha"

"تم بہت اچھی ہو گی سمانا، سدھارتھ"

"Quickly, you've learned every exercise"

"جلدی، آپ نے ہر مشق سیکھ لی ہے"

"often, the old Samanas have admired you"

"اکثر پرانے سمانوں نے تیری تعریف کی ہے"

"One day, you'll be a holy man, oh Siddhartha"

"ایک دن، تم ایک مقدس آدمی بنو گے، اوہ سدھارتھ"

Spoke Siddhartha, "I can't help but feel that it is not like this, my friend"

سدھارتھا نے کہا، " میں مدد نہیں کر سکتا لیکن محسوس کرتا ہوں کہ ایسا نہیں ہے، میرے دوست"

"What I've learned being among the Samanas could have been learned more quickly"

"میں نے سمن میں رہ کر جو کچھ سیکھا ہے وہ زیادہ تیزی سے سیکھا جا سکتا تھا"

"it could have been learned by simpler means"

"یہ آسان طریقوں سے سیکھا جا سکتا تھا"

"it could have been learned in any tavern"

"یہ کسی بھی ہوٹل میں سیکھا جا سکتا تھا"

"it could have been learned where the whorehouses are"

"یہ سیکھا جا سکتا تھا کہ کسبی گھر کہاں ہیں"

"I could have learned it among carters and gamblers"

"میں اسے کارٹروں اور جواریوں کے درمیان سیکھ سکتا تھا"

Spoke Govinda, "Siddhartha is joking with me"

گووندا بولے،" سدھارتھ میرے ساتھ مذاق کر رہے ہیں"

"How could you have learned meditation among wretched people?"

"تم نے بدبخت لوگوں میں مراقبہ کیسے سیکھا ہوگا؟"

"how could whores have taught you about holding your breath?"

"کسبیوں نے آپ کو سانس روکنا کیسے سکھایا ہوگا؟"

"how could gamblers have taught you insensitivity against pain?"

"جواریوں نے آپ کو درد کے خلاف بے حسی کیسے سکھائی ہوگی؟"

Siddhartha spoke quietly, as if he was talking to himself

سدھارتھ خاموشی سے بولا، جیسے وہ خود سے بات کر رہا ہو.

"What is meditation?"

"مراقبہ کیا ہے؟"

"What is leaving one's body?"

"کسی کے جسم کو چھوڑنا کیا ہے؟"

"What is fasting?"

"روزہ کیا ہے؟"
"What is holding one's breath?"

"کسی کی سانس روکنا کیا ہے؟"
"It is fleeing from the self"

"یہ نفس سے بھاگ رہا ہے"
"it is a short escape of the agony of being a self"

"یہ خود ہونے کی اذیت سے ایک مختصر فرار ہے"
"it is a short numbing of the senses against the pain"

"یہ درد کے خلاف حواس کا ایک چھوٹا سا بے حسی ہے"
"it is avoiding the pointlessness of life"

"یہ زندگی کی بے مقصدیت سے بچ رہا ہے"
"The same numbing is what the driver of an ox-cart finds in the inn"

"وہی بے حسی ہے جو بیل گاڑی کے ڈرائیور کو سرائے میں ملتی ہے"
"drinking a few bowls of rice-wine or fermented coconut-milk"

"چند پیالے چاول کی شراب یا خمیر شدہ ناریل کا دودھ پینا"
"Then he won't feel his self anymore"

"پھر وہ خود کو محسوس نہیں کرے گا"
"then he won't feel the pains of life anymore"

"پھر وہ زندگی کے درد کو محسوس نہیں کرے گا"
"then he finds a short numbing of the senses"

"پھر اسے حواس کی ایک چھوٹی سی بے حسی نظر آتی ہے"
"When he falls asleep over his bowl of rice-wine, he'll find the same what we find"

"جب وہ چاول کی شراب کے اپنے پیالے پر سو جائے گا، تو اسے وہی ملے گا جو ہمیں ملتا ہے"
"he finds what we find when we escape our bodies through long exercises"

"جب ہم اپنے جسموں کو لمبی مشقوں کے ذریعے باہر نکالتے ہیں تو وہ وہی پاتا ہے جو ہمیں ملتا ہے"
"all of us are staying in the non-self"

"ہم سب غیر میں رہتے ہیں"
"This is how it is, oh Govinda"

"ایسا ہی ہے اوہ گووندا"
Spoke Govinda, "You say so, oh friend"

گووندا بولے،" تم کہتے ہو، اوہ دوست"
"and yet you know that Siddhartha is no driver of an ox-cart"
"اور پھر بھی آپ جانتے ہیں کہ سدھارتھ بیل گاڑی کا ڈرائیور نہیں ہے"
"and you know a Samana is no drunkard"
"اور تمہیں پتا ہے سمانا شرابی نہیں ہوتا"
"it's true that a drinker numbs his senses"
"یہ سچ ہے کہ پینے والا اپنے حواس کو بے حس کر دیتا ہے"
"it's true that he briefly escapes and rests"
"یہ سچ ہے کہ وہ تھوڑی دیر کے لیے بچ کر آرام کرتا ہے"
"but he'll return from the delusion and finds everything to be unchanged"
"لیکن وہ فریب سے واپس آنے گا اور ہر چیز کو غیر تبدیل شدہ پائے گا"
"he has not become wiser"
"وہ سمجھدار نہیں ہوا"
"he has gathered any enlightenment"
"اس نے کوئی روشن خیالی جمع کی ہے"
"he has not risen several steps"
"وہ کئی قدم نہیں بڑھا"
And Siddhartha spoke with a smile
اور سدھارتھ مسکراتے ہوئے بولا۔
"I do not know, I've never been a drunkard"
"میں نہیں جانتا، میں کبھی شرابی نہیں رہا"
"I know that I find only a short numbing of the senses"
"میں جانتا ہوں کہ مجھے حواس کا صرف ایک چھوٹا سا بے حسی ملتا ہے"
"I find it in my exercises and meditations"
"میں اسے اپنی مشقوں اور مراقبہ میں پاتا ہوں"
"and I find I am just as far removed from wisdom as a child in the mother's womb"
"اور مجھے لگتا ہے کہ میں عقل سے اتنا ہی دور ہوں جتنا ماں کے پیٹ میں بچہ"
"this I know, oh Govinda"
"یہ میں جانتا ہوں، اوہ گووندا"

And once again, another time, Siddhartha began to speak
اور ایک بار پھر سدھارتھ نے بولنا شروع کیا۔
Siddhartha had left the forest, together with Govinda
سدھارتھ نے گووندا کے ساتھ جنگل چھوڑ دیا تھا۔
they left to beg for some food in the village

وہ گاؤں میں کچھ کھانے کے لیے بھیک مانگنے چلے گئے۔

he said, "What now, oh Govinda?"

اس نے کہا،" اب کیا، اے گووندا؟"

"are we on the right path?"

"کیا ہم صحیح راستے پر ہیں؟"

"are we getting closer to enlightenment?"

"کیا ہم روشن خیالی کے قریب ہو رہے ہیں؟"

"are we getting closer to salvation?"

"کیا ہم نجات کے قریب آ رہے ہیں؟"

"Or do we perhaps live in a circle?"

"یا شاید ہم ایک دائرے میں رہتے ہیں؟"

"we, who have thought we were escaping the cycle"

"ہم، جنہوں نے سوچا ہے کہ ہم سائیکل سے بچ رہے ہیں"

Spoke Govinda, "We have learned a lot"

گووندا بولے،" ہم نے بہت کچھ سیکھا ہے"

"Siddhartha, there is still much to learn"

"سدھارتھا، ابھی بہت کچھ سیکھنا باقی ہے"

"We are not going around in circles"

"ہم حلقوں میں نہیں جا رہے ہیں"

"we are moving up; the circle is a spiral"

"ہم اوپر جا رہے ہیں، دائرہ ایک سرپل ہے"

"we have already ascended many levels"

"ہم پہلے ہی کئی درجے چڑھ چکے ہیں"

Siddhartha answered, "How old would you think our oldest Samana is?"

سدھارتھ نے جواب دیا،" آپ کے خیال میں ہمارا سب سے پرانا سمانا کتنی عمر کا ہے؟"

"how old is our venerable teacher?"

"ہمارے قابل احترام استاد کی عمر کتنی ہے؟"

Spoke Govinda, "Our oldest one might be about sixty years of age"

گووندا بولے،" ہمارے سب سے بوڑھے کی عمر ساٹھ سال کے لگ بھگ ہو سکتی ہے"

Spoke Siddhartha, "He has lived for sixty years"

سدھارتھ نے کہا،" وہ ساٹھ سال سے زندہ ہے"۔

"and yet he has not reached the nirvana"

"اور ابھی تک وہ نروان تک نہیں پہنچا ہے"

"He'll turn seventy and eighty"

"وہ ستر اور اسی سال کا ہو جائے گا"

"you and me, we will grow just as old as him"

"میں اور تم، ہم اس کی طرح بوڑھے ہو جائیں گے"

"and we will do our exercises"

"اور ہم اپنی مشقیں کریں گے"

"and we will fast, and we will meditate"

"اور ہم روزہ رکھیں گے، اور ہم مراقبہ کریں گے"

"But we will not reach the nirvana"

"لیکن ہم نروان تک نہیں پہنچ پائیں گے"

"he won't reach nirvana and we won't"

"وہ نروان تک نہیں پہنچے گا اور ہم نہیں پہنچیں گے"

"there are uncountable Samanas out there"

"وہاں بے شمار سامان موجود ہیں"

"perhaps not a single one will reach the nirvana"

"شاید ایک بھی نروان تک نہیں پہنچے گا"

"We find comfort, we find numbness, we learn feats"

"ہمیں سکون ملتا ہے، ہمیں بے حسی ملتی ہے، ہم کارنامے سیکھتے ہیں"

"we learn these things to deceive others"

"ہم یہ چیزیں دوسروں کو دھوکہ دینے کے لیے سیکھتے ہیں"

"But the most important thing, the path of paths, we will not find"

"لیکن سب سے اہم بات، راستوں کا راستہ، ہمیں نہیں ملے گا"

Spoke Govinda "If you only wouldn't speak such terrible words, Siddhartha!"

گووندا بولا" اگر تم ایسے خوفناک الفاظ نہ بولتے، سدھارتھ"!

"there are so many learned men"

"بہت سارے عالم ہیں"

"how could not one of them not find the path of paths?"

"کیونکر ان میں سے کسی کو راہوں کا راستہ نہیں ملتا؟"

"how can so many Brahmans not find it?"

"اتنے برہمن اسے کیسے نہیں ڈھونڈ سکتے؟"

"how can so many austere and venerable Samanas not find it?"

"اتنے سادگی پسند اور قابل احترام سمان کیسے نہیں مل سکتے؟"

"how can all those who are searching not find it?"

"جو لوگ تلاش کر رہے ہیں وہ کیسے نہیں مل سکتے؟"
"how can the holy men not find it?"
"مقدس لوگ اسے کیسے نہیں پا سکتے؟"
But Siddhartha spoke with as much sadness as mockery
لیکن سدھارتھ نے طنز کی طرح اداسی سے بات کی۔
he spoke with a quiet, a slightly sad, a slightly mocking voice
وہ خاموش، قدرے اداس، قدرے طنزیہ لہجے میں بولا۔
"Soon, Govinda, your friend will leave the path of the Samanas"
"جلد ہی گووندا تیرا دوست سمن کا راستہ چھوڑ دے گا"
"he has walked along your side for so long"
"وہ اتنی دیر سے تمہارے ساتھ ساتھ چل رہا ہے"
"I'm suffering of thirst"
"میں پیاس کا شکار ہوں"
"on this long path of a Samana, my thirst has remained as strong as ever"
"سمانا کے اس لمبے راستے پر، میری پیاس ہمیشہ کی طرح مضبوط ہے"
"I always thirsted for knowledge"
"میں ہمیشہ علم کا پیاسا تھا"
"I have always been full of questions"
"میں ہمیشہ سوالات سے بھرا ہوا ہوں"
"I have asked the Brahmans, year after year"
"میں نے برہمنوں سے سال بہ سال پوچھا"
"and I have asked the holy Vedas, year after year"
"اور میں نے سال بہ سال مقدس ویدوں سے پوچھا ہے"
"and I have asked the devoted Samanas, year after year"
"اور میں نے سال بہ سال عقیدت مند سمانوں سے پوچھا ہے"
"perhaps I could have learned it from the hornbill bird"
"شاید میں اسے ہارن بل برڈ سے سیکھ سکتا تھا"
"perhaps I should have asked the chimpanzee"
"شاید مجھے چمپینزی سے پوچھنا چاہیے تھا"
"It took me a long time"
"مجھے کافی وقت لگا"
"and I am not finished learning this yet"
"اور میں نے ابھی یہ سیکھنا مکمل نہیں کیا ہے"

"oh Govinda, I have learned that there is nothing to be learned!"

"اوہ گووندا، میں نے سیکھا ہے کہ سیکھنے کے لیے کچھ نہیں ہے!"

"There is indeed no such thing as learning"

"درحقیقت سیکھنے جیسی کوئی چیز نہیں ہے"

"There is just one knowledge"

"صرف ایک علم ہے"

"this knowledge is everywhere, this is Atman"

"یہ علم ہر جگہ ہے، یہ اتمان ہے"

"this knowledge is within me and within you"

"یہ علم میرے اور تمہارے اندر ہے"

"and this knowledge is within every creature"

"اور یہ علم ہر مخلوق کے اندر ہے"

"this knowledge has no worse enemy than the desire to know it"

"اس علم کا اس کو جاننے کی خواہش سے بڑا کوئی دشمن نہیں"

"that is what I believe"

"میں یہی مانتا ہوں"

At this, Govinda stopped on the path

اس پر گووندا راستے میں رک گئے۔

he rose his hands, and spoke

وہ ہاتھ اٹھا کر بولا۔

"If only you would not bother your friend with this kind of talk"

"کاش آپ اپنے دوست کو اس قسم کی باتوں سے پریشان نہ کریں"

"Truly, your words stir up fear in my heart"

"واقعی تمہاری باتیں میرے دل میں خوف پیدا کرتی ہیں"

"consider, what would become of the sanctity of prayer?"

"غور کرو، نماز کی حرمت کا کیا بنے گا؟"

"what would become of the venerability of the Brahmans' caste?"

"برہمنوں کی ذات کی تعظیم کا کیا بنے گا؟"

"what would happen to the holiness of the Samanas?

سمن کے تقدس کا کیا ہوگا؟

"What would then become of all of that is holy"

"پھر اس سب کا کیا بنے گا"

"what would still be precious?"

"اب بھی کیا قیمتی ہوگا؟"

And Govinda mumbled a verse from an Upanishad to himself

اور گووندا نے ایک اپنشد کی ایک آیت کو خود سے بڑبڑا دیا۔

"He who ponderingly, of a purified spirit, loses himself in the meditation of Atman"

"جو پاکیزہ روح کے ساتھ غور و فکر کرتا ہے، خود کو اتمان کے مراقبے میں کھو دیتا ہے"

"inexpressible by words is the blissfulness of his heart"

"اس کے دل کی خوشی لفظوں سے ناقابل بیان ہے"

But Siddhartha remained silent

لیکن سدھارتھ خاموش رہا۔

He thought about the words which Govinda had said to him

اس نے ان الفاظ کے بارے میں سوچا جو گووندا نے اس سے کہے تھے۔

and he thought the words through to their end

اور اس نے الفاظ کو ان کے آخر تک سوچا۔

he thought about what would remain of all that which seemed holy

اس نے سوچا کہ ان تمام چیزوں میں سے کیا باقی رہے گا جو مقدس معلوم ہوتا ہے۔

What remains? What can stand the test?

باقی کیا ہے؟ کیا امتحان برداشت کر سکتا ہے؟

And he shook his head

اور اس نے سر ہلایا

the two young men had lived among the Samanas for about three years

دونوں نوجوان تقریباً تین سال سے سمن کے درمیان رہ رہے تھے۔

some news, a rumour, a myth reached them

کوئی خبر، کوئی افواہ، کوئی افسانہ ان تک پہنچا

the rumour had been retold many times

افواہ کئی بار دوبارہ سنائی گئی تھی۔

A man had appeared, Gotama by name

ایک آدمی نمودار ہوا، گوتم نام کا

the exalted one, the Buddha

اعلیٰ ترین، بدھا

he had overcome the suffering of the world in himself

اس نے اپنے آپ میں دنیا کے دکھوں پر قابو پالیا تھا۔

and he had halted the cycle of rebirths

اور اس نے پنر جنم کے چکر کو روک دیا تھا۔

He was said to wander through the land, teaching
اس کے بارے میں کہا جاتا تھا کہ وہ زمین میں گھومتے پھرتے، تعلیم دیتے

he was said to be surrounded by disciples
کہا جاتا تھا کہ وہ شاگردوں میں گھرا ہوا تھا۔

he was said to be without possession, home, or wife
اس کے بارے میں کہا جاتا تھا کہ وہ کسی کے پاس، گھر یا بیوی کے بغیر ہے۔

he was said to be in just the yellow cloak of an ascetic
اس کے بارے میں کہا جاتا ہے کہ وہ صرف ایک سنیاسی کی پیلی چادر میں ہے۔

but he was with a cheerful brow
لیکن وہ ایک خوش پیشانی کے ساتھ تھا

and he was said to be a man of bliss
اور کہا جاتا تھا کہ وہ خوش مزاج آدمی ہے۔

Brahmans and princes bowed down before him
برہمن اور شہزادے اس کے آگے جھک گئے۔

and they became his students
اور وہ اس کے شاگرد بن گئے۔

This myth, this rumour, this legend resounded
یہ افسانہ، یہ افواہ، یہ افسانہ گونجا۔

its fragrance rose up, here and there, in the towns
اِدھر اُدھر، بستیوں میں اُس کی خوشبو اُٹھتی ہے۔

the Brahmans spoke of this legend
برہمنوں نے اس افسانے کی بات کی۔

and in the forest, the Samanas spoke of it
اور جنگل میں سمن نے اس کے بارے میں بات کی۔

again and again, the name of Gotama the Buddha reached the ears of the young men
بار بار گوتم بدھ کا نام نوجوانوں کے کانوں تک پہنچا

there was good and bad talk of Gotama
گوتم کی اچھی اور بری بات ہو رہی تھی۔

some praised Gotama, others defamed him
کچھ نے گوتم کی تعریف کی، دوسروں نے اسے بدنام کیا۔

It was as if the plague had broken out in a country
گویا کسی ملک میں طاعون پھوٹ پڑا

news had been spreading around that in one or another place there was a man
چاروں طرف خبریں پھیل رہی تھیں کہ کسی نہ کسی جگہ کوئی آدمی موجود ہے۔

a wise man, a knowledgeable one
ایک عقلمند آدمی، ایک علم والا

a man whose word and breath was enough to heal everyone

وہ شخص جس کا لفظ اور سانس ہر ایک کو شفا دینے کے لیے کافی تھا۔

his presence could heal anyone who had been infected with the pestilence

اس کی موجودگی کسی بھی شخص کو شفا دے سکتی ہے جو وبا سے متاثر ہوا تھا۔

such news went through the land, and everyone would talk about it

اس طرح کی خبریں ملک میں پھیل گئیں، اور ہر کوئی اس کے بارے میں بات کرے گا۔

many believed the rumours, many doubted them

بہت سے لوگوں نے افواہوں پر یقین کیا، بہت سے لوگوں نے ان پر شک کیا۔

but many got on their way as soon as possible

لیکن بہت سے لوگ جلد از جلد اپنے راستے پر آ گئے۔

they went to seek the wise man, the helper

وہ عقلمند آدمی، مددگار کو ڈھونڈنے گئے۔

the wise man of the family of Sakya

ساکیا کے خاندان کا عقلمند آدمی

He possessed, so the believers said, the highest enlightenment

اس کے پاس تھا، تو مومنوں نے کہا، اعلیٰ ترین روشن خیالی۔

he remembered his previous lives; he had reached the nirvana

اسے اپنی پچھلی زندگی یاد آئی۔ وہ نروان تک پہنچ چکا تھا۔

and he never returned into the cycle

اور وہ کبھی سائیکل میں واپس نہیں آیا

he was never again submerged in the murky river of physical forms

وہ پھر کبھی جسمانی شکلوں کے گہرے دریا میں نہیں ڈوبا تھا۔

Many wonderful and unbelievable things were reported of him

ان کے بارے میں بہت سی حیرت انگیز اور ناقابل یقین باتیں سنائی گئیں۔

he had performed miracles

اس نے معجزے کیے تھے۔

he had overcome the devil

اس نے شیطان پر قابو پالیا تھا۔

he had spoken to the gods

اس نے دیوتاؤں سے بات کی تھی۔

But his enemies and disbelievers said Gotama was a vain seducer

لیکن اس کے دشمنوں اور کافروں نے کہا کہ گوتم ایک بیکار بہکانے والا تھا۔

they said he spent his days in luxury
ان کا کہنا تھا کہ اس نے اپنے دن عیش و عشرت میں گزارے۔
they said he scorned the offerings
اُنہوں نے کہا کہ اُس نے پیشکشوں کو ٹھکرایا
they said he was without learning
انہوں نے کہا کہ وہ سیکھے بغیر تھا۔
they said he knew neither meditative exercises nor self-castigation
ان کا کہنا تھا کہ وہ نہ تو مراقبہ کی مشقیں جانتا ہے اور نہ ہی خود پر تنقید کرنا
The myth of Buddha sounded sweet
بدھا کا افسانہ میٹھا لگتا تھا۔
The scent of magic flowed from these reports
ان خبروں سے جادو کی خوشبو آتی تھی۔
After all, the world was sick, and life was hard to bear
آخر کار، دنیا بیمار تھی، اور زندگی کو برداشت کرنا مشکل تھا۔
and behold, here a source of relief seemed to spring forth
اور دیکھو، یہاں راحت کا ایک ذریعہ نکلتا ہوا نظر آیا
here a messenger seemed to call out
یہاں ایک قاصد پکار رہا تھا۔
comforting, mild, full of noble promises
آرام دہ، ہلکا، عظیم وعدوں سے بھرا ہوا
Everywhere where the rumour of Buddha was heard, the young men listened up
ہر جگہ جہاں مہاتما بدھ کی افواہ سنائی دیتی تھی، نوجوان سنتے تھے۔
everywhere in the lands of India they felt a longing
ہندوستان کی سرزمین میں ہر جگہ انہیں ایک آرزو محسوس ہوئی۔
everywhere where the people searched, they felt hope
ہر جگہ جہاں لوگوں نے تلاش کیا، انہوں نے امید محسوس کی۔
every pilgrim and stranger was welcome when he brought news of him
ہر حاجی اور اجنبی جب اس کی خبر لے کر آئے تو اس کا استقبال کیا گیا۔
the exalted one, the Sakyamuni
سربلند، ساکیمونی
The myth had also reached the Samanas in the forest
افسانہ جنگل میں سمن تک بھی پہنچ گیا تھا۔
and Siddhartha and Govinda heard the myth too
اور سدھارتھ اور گووندا نے بھی افسانہ سنا
slowly, drop by drop, they heard the myth
آہستہ آہستہ، قطرہ قطرہ، انہوں نے افسانہ سنا

every drop was laden with hope
ہر قطرہ امید سے لدا ہوا تھا۔
every drop was laden with doubt
ہر قطرہ شک سے بھرا ہوا تھا۔
They rarely talked about it
وہ اس کے بارے میں کم ہی بات کرتے تھے۔
because the oldest one of the Samanas did not like this myth
کیونکہ سمن کے سب سے پرانے کو یہ افسانہ پسند نہیں تھا۔
he had heard that this alleged Buddha used to be an ascetic
اس نے سنا تھا کہ یہ مبینہ بدھا سنیاسی ہوا کرتا تھا۔
he heard he had lived in the forest
اس نے سنا ہے کہ وہ جنگل میں رہتا تھا۔
but he had turned back to luxury and worldly pleasures
لیکن وہ عیش و عشرت اور دنیاوی لذتوں کی طرف پلٹ گیا تھا۔
and he had no high opinion of this Gotama
اور اس کی اس گوتم کے بارے میں کوئی اعلیٰ رائے نہیں تھی۔

"Oh Siddhartha," Govinda spoke one day to his friend
"اوہ سدھارتھ،" گووندا نے ایک دن اپنے دوست سے بات کی۔
"Today, I was in the village"
"آج میں گاؤں میں تھا"
"and a Brahman invited me into his house"
"اور ایک برہمن نے مجھے اپنے گھر بلایا"
"and in his house, there was the son of a Brahman from Magadha"
"اور اس کے گھر میں مگدھ کے ایک برہمن کا بیٹا تھا"
"he has seen the Buddha with his own eyes"
"اس نے بدھ کو اپنی آنکھوں سے دیکھا ہے"
"and he has heard him teach"
"اور اس نے اسے پڑھاتے سنا ہے"
"Verily, this made my chest ache when I breathed"
"بے شک، جب میں سانس لیتا تھا تو میرے سینے میں درد ہوتا تھا"
"and I thought this to myself:"
"اور میں نے اپنے آپ سے یہ سوچا":
"if only we heard the teachings from the mouth of this perfected man!"
"کاش ہم نے اس کامل آدمی کے منہ سے تعلیمات سنی"!
"Speak, friend, wouldn't we want to go there too"

"بولو دوست، کیا ہم بھی وہاں نہیں جانا چاہیں گے؟"

"wouldn't it be good to listen to the teachings from the Buddha's mouth?"

"کیا یہ اچھا نہیں ہوگا کہ بدھ کے منہ سے تعلیمات سنیں؟"

Spoke Siddhartha, "I had thought you would stay with the Samanas"

سدھارتھ نے کہا، " میں نے سوچا تھا کہ تم سمن کے ساتھ رہو گے".

"I always had believed your goal was to live to be seventy"

"مجھے ہمیشہ یقین تھا کہ آپ کا مقصد ستر سال تک جینا ہے"

"I thought you would keep practising those feats and exercises"

"میں نے سوچا کہ آپ ان کارناموں اور مشقوں کی مشق کرتے رہیں گے"

"and I thought you would become a Samana"

"اور میں نے سوچا تم سمانہ بن جاؤ گی"

"But behold, I had not known Govinda well enough"

"لیکن دیکھو، میں گووندا کو اچھی طرح سے نہیں جانتا تھا."

"I knew little of his heart"

"میں اس کے دل کے بارے میں بہت کم جانتا تھا"

"So now you want to take a new path"

"تو اب تم ایک نیا راستہ اختیار کرنا چاہتے ہو"

"and you want to go there where the Buddha spreads his teachings"

"اور آپ وہاں جانا چاہتے ہیں جہاں مہاتما بدھ اپنی تعلیمات پھیلاتے ہیں"

Spoke Govinda, "You're mocking me"

گووندا بولے،" تم میرا مذاق اڑا رہے ہو"

"Mock me if you like, Siddhartha!"

"اگر آپ چاہیں تو میرا مذاق اڑائیں، سدھارتھ"!

"But have you not also developed a desire to hear these teachings?"

"لیکن کیا آپ میں بھی ان تعلیمات کو سننے کی خواہش پیدا نہیں ہوئی؟"

"have you not said you would not walk the path of the Samanas for much longer?"

"کیا تم نے نہیں کہا تم سمن کے راستے پر زیادہ دیر نہیں چلو گے؟"

At this, Siddhartha laughed in his very own manner

اس پر سدھارتھ اپنے ہی انداز میں ہنس دیا.

the manner in which his voice assumed a touch of sadness

جس انداز میں اس کی آواز میں اداسی کا لمس تھا.

but it still had that touch of mockery

لیکن اس میں پھر بھی طنز کا وہ لمس تھا۔

Spoke Siddhartha, "Govinda, you've spoken well"

سدھارتھ نے کہا،" گووندا، تم نے اچھی بات کی ہے"

"you've remembered correctly what I said"

"تم نے صحیح یاد کیا جو میں نے کہا تھا"

"If only you remembered the other thing you've heard from me"

"اگر آپ کو دوسری بات یاد ہے جو آپ نے مجھ سے سنی ہے"

"I have grown distrustful and tired against teachings and learning"

"میں تعلیمات اور سیکھنے کے خلاف بے اعتمادی اور تھک گیا ہوں"۔

"my faith in words, which are brought to us by teachers, is small"

"الفاظ پر میرا یقین، جو اساتذہ ہمارے پاس لائے ہیں، چھوٹا ہے"

"But let's do it, my dear"

"لیکن چلو یہ کرتے ہیں، میرے پیارے"

"I am willing to listen to these teachings"

"میں ان تعلیمات کو سننے کے لیے تیار ہوں"

"though in my heart I do not have hope"

"حالانکہ میرے دل میں امید نہیں ہے"

"I believe that we've already tasted the best fruit of these teachings"

"مجھے یقین ہے کہ ہم پہلے ہی ان تعلیمات کا بہترین پھل چکھ چکے ہیں"

Spoke Govinda, "Your willingness delights my heart"

گووندا بولے،" آپ کی رضامندی سے میرا دل خوش ہوتا ہے"

"But tell me, how should this be possible?"

"لیکن بتاؤ یہ کیسے ممکن ہو؟"

"How can the Gotama's teachings have already revealed their best fruit to us?"

"گوتما کی تعلیمات نے پہلے ہی اپنے بہترین پھل کو ہم پر کیسے ظاہر کیا ہے؟"

"we have not heard his words yet"

"ہم نے ابھی تک اس کے الفاظ نہیں سنے ہیں"

Spoke Siddhartha, "Let us eat this fruit"

سدھارتھ نے کہا،" آئیے یہ پھل کھائیں"

"and let us wait for the rest, oh Govinda!"

"اور ہم باقی کا انتظار کرتے ہیں، اوہ گووندا"!

"But this fruit consists in him calling us away from the Samanas"

"لیکن یہ پھل ہمیں سمن سے دور بلاتا ہے"

"and we have already received it thanks to the Gotama!"

"اور ہم نے اسے پہلے ہی گوتاما کی بدولت حاصل کر لیا ہے"!

"Whether he has more, let us await with calm hearts"

"چاہے اس کے پاس اور بھی ہو، آئیے پرسکون دل سے انتظار کریں"

On this very same day Siddhartha spoke to the oldest Samana

اسی دن سدھارتھ نے سب سے پرانی سمانا سے بات کی۔

he told him of his decision to leaves the Samanas

اس نے اسے سمن چھوڑنے کے اپنے فیصلے کے بارے میں بتایا

he informed the oldest one with courtesy and modesty

اس نے سب سے بوڑھے کو شائستگی اور شائستگی سے آگاہ کیا۔

but the Samana became angry that the two young men wanted to leave him

لیکن سمانہ کو غصہ آیا کہ دونوں نوجوان اسے چھوڑنا چاہتے ہیں۔

and he talked loudly and used crude words

اور اس نے اونچی آواز میں بات کی اور کچے الفاظ کا استعمال کیا۔

Govinda was startled and became embarrassed

گووندا چونک گیا اور شرمندہ ہوگیا۔

But Siddhartha put his mouth close to Govinda's ear

لیکن سدھارتھ نے اپنا منہ گووندا کے کان کے قریب کر دیا۔

"Now, I want to show the old man what I've learned from him"

"اب، میں بوڑھے کو دکھانا چاہتا ہوں کہ میں نے اس سے کیا سیکھا ہے"

Siddhartha positioned himself closely in front of the Samana

سدھارتھ نے اپنے آپ کو سمانا کے سامنے قریب سے کھڑا کیا۔

with a concentrated soul, he captured the old man's glance

ایک مرتکز روح کے ساتھ، اس نے بوڑھے آدمی کی نظر کو پکڑ لیا۔

he deprived him of his power and made him mute

اس نے اسے اس کی طاقت سے محروم کر دیا اور اسے گونگا کر دیا۔

he took away his free will

اس نے اپنی آزاد مرضی چھین لی

he subdued him under his own will, and commanded him

اُس نے اُسے اپنی مرضی کے تابع کیا، اور اُسے حکم دیا۔

his eyes became motionless, and his will was paralysed
اس کی آنکھیں بے حرکت ہوگئیں، اور اس کی مرضی مفلوج ہوگئی

his arms were hanging down without power
اس کے بازو بجلی کے بغیر لٹک رہے تھے۔

he had fallen victim to Siddhartha's spell
وہ سدھارتھ کے جادو کا شکار ہو گیا تھا۔

Siddhartha's thoughts brought the Samana under their control
سدھارتھ کے خیالات نے سمانا کو اپنے قابو میں کر لیا

he had to carry out what they commanded
اس نے جو حکم دیا تھا اسے پورا کرنا تھا۔

And thus, the old man made several bows
اور اس طرح بوڑھے نے کئی کمانیں بنائیں

he performed gestures of blessing
اس نے برکت کے اشارے کئے

he spoke stammeringly a godly wish for a good journey
اس نے ہکلاتے ہوئے کہا کہ اچھے سفر کی خدائی خواہش ہے۔

the young men returned the good wishes with thanks
جوانوں نے شکریہ کے ساتھ نیک خواہشات واپس کیں۔

they went on their way with salutations
وہ سلام کرتے ہوئے اپنے راستے پر چل پڑے

On the way, Govinda spoke again
راستے میں گووندا پھر بولا۔

"Oh Siddhartha, you have learned more from the Samanas than I knew"
"اوہ سدھارتھ، تم نے سمن سے اس سے زیادہ سیکھا ہے جتنا میں جانتا تھا۔"

"It is very hard to cast a spell on an old Samana"
پرانے سمانے پر جادو کرنا بہت مشکل ہے

"Truly, if you had stayed there, you would soon have learned to walk on water"
"واقعی، اگر تم وہاں ٹھہرتے تو جلد ہی پانی پر چلنا سیکھ جاتے"

"I do not seek to walk on water" said Siddhartha
"میں پانی پر چلنے کی کوشش نہیں کرتا۔" سدھارتھا نے کہا

"Let old Samanas be content with such feats!"
"پرانے سامانوں کو ایسے کارناموں سے راضی رہنے دو"!

Gotama
گوتما

In Savathi, every child knew the name of the exalted Buddha
ساوتھی میں، ہر بچہ بلند پایہ بدھ کا نام جانتا تھا۔
every house was prepared for his coming
ہر گھر اس کے آنے کے لیے تیار تھا۔
each house filled the alms-dishes of Gotama's disciples
ہر گھر گوتم کے شاگردوں کے خیرات کے برتنوں سے بھر جاتا تھا۔
Gotama's disciples were the silently begging ones
گوتم کے شاگرد خاموشی سے بھیک مانگنے والے تھے۔
Near the town was Gotama's favourite place to stay
قصبے کے قریب ہی گوتاما کے رہنے کے لیے پسندیدہ جگہ تھی۔
he stayed in the garden of Jetavana
وہ جیتاوانہ کے باغ میں ٹھہرا۔
the rich merchant Anathapindika had given the garden to Gotama
امیر سوداگر اناتھ پنڈیکا نے یہ باغ گوتم کو دیا تھا۔
he had given it to him as a gift
اس نے اسے تحفے کے طور پر دیا تھا۔
he was an obedient worshipper of the exalted one
وہ بلند مرتبہ کا فرمانبردار عبادت گزار تھا۔
the two young ascetics had received tales and answers
دو نوجوان سنیاسیوں کو کہانیاں اور جواب مل چکے تھے۔
all these tales and answers pointed them to Gotama's abode
ان تمام کہانیوں اور جوابات نے انہیں گوتم کے ٹھکانے کی طرف اشارہ کیا۔
they arrived in the town of Savathi
وہ ساوتھی کے قصبے میں پہنچے
they went to the very first door of the town
وہ شہر کے پہلے دروازے پر گئے۔
and they begged for food at the door
اور دروازے پر کھانا مانگنے لگے
a woman offered them food
ایک عورت نے انہیں کھانا پیش کیا۔
and they accepted the food
اور انہوں نے کھانا قبول کیا۔
Siddhartha asked the woman
سدھارتھ نے عورت سے پوچھا

"oh charitable one, where does the Buddha dwell?"

"اوہ خیراتی، بدھ کہاں رہتا ہے؟"

"we are two Samanas from the forest"

"ہم جنگل کے دو سمن ہیں"

"we have come to see the perfected one"

"ہم کامل کو دیکھنے آئے ہیں"

"we have come to hear the teachings from his mouth"

"ہم اس کے منہ سے تعلیم سننے آئے ہیں"

Spoke the woman, "you Samanas from the forest"

عورت سے بولی،" تم جنگل کے سمن"

"you have truly come to the right place"

"آپ واقعی صحیح جگہ پر آئے ہیں"

"you should know, in Jetavana, there is the garden of Anathapindika"

"تمہیں معلوم ہونا چاہئے، جیتاوانہ میں، انتھاپنڈیکا کا باغ ہے"

"that is where the exalted one dwells"

"وہی وہ جگہ ہے جہاں برگزیدہ بستا ہے"

"there you pilgrims shall spend the night"

"وہاں تم حاجی رات گزارو"

"there is enough space for the innumerable, who flock here"

"ان گنت لوگوں کے لیے کافی جگہ ہے، جو یہاں آتے ہیں"

"they too come to hear the teachings from his mouth"

"وہ بھی اس کے منہ سے تعلیم سننے آتے ہیں"

This made Govinda happy, and full of joy

اس سے گووندا خوش اور خوشی سے بھر گئے۔

he exclaimed, "we have reached our destination"

اس نے کہا ہم اپنی منزل پر پہنچ چکے ہیں

"our path has come to an end!"

"ہمارا راستہ ختم ہو گیا ہے"!

"But tell us, oh mother of the pilgrims"

"لیکن بتا تو اے حاجیوں کی ماں"

"do you know him, the Buddha?"

"کیا تم اسے جانتے ہو، بدھ کو؟"

"have you seen him with your own eyes?"

"کیا تم نے اسے اپنی آنکھوں سے دیکھا ہے؟"

Spoke the woman, "Many times I have seen him, the exalted one"

عورت نے کہا،" میں نے اسے کئی بار دیکھا ہے، وہ بزرگ ہے"
"On many days I have seen him"

"بہت دنوں سے میں نے اسے دیکھا ہے"
"I have seen him walking through the alleys in silence"

"میں نے اسے خاموشی سے گلیوں میں چلتے دیکھا ہے"
"I have seen him wearing his yellow cloak"

"میں نے اسے اپنی پیلی چادر پہنے دیکھا ہے"
"I have seen him presenting his alms-dish in silence"

"میں نے اسے خاموشی سے اپنی خیرات کی ڈش پیش کرتے دیکھا ہے"
"I have seen him at the doors of the houses"

"میں نے اسے گھروں کے دروازوں پر دیکھا ہے"
"and I have seen him leaving with a filled dish"

"اور میں نے اسے بھری ڈش لے کر جاتے دیکھا ہے"
Delightedly, Govinda listened to the woman

خوش ہو کر گووندا نے عورت کی بات سنی
and he wanted to ask and hear much more

اور وہ بہت کچھ پوچھنا اور سننا چاہتا تھا۔
But Siddhartha urged him to walk on

لیکن سدھارتھ نے اسے چلنے کی تاکید کی۔
They thanked the woman and left

انہوں نے خاتون کا شکریہ ادا کیا اور چلے گئے۔
they hardly had to ask for directions

انہیں شاید ہی ہدایت کے بارے میں پوچھنا پڑا
many pilgrims and monks were on their way to the Jetavana

بہت سے زائرین اور راہب جیتاوانہ جا رہے تھے۔
they reached it at night, so there were constant arrivals

وہ رات کو اس تک پہنچے، اس لیے وہاں مسلسل آمد و رفت تھی۔
and those who sought shelter got it

اور پناہ مانگنے والوں کو مل گئی۔
The two Samanas were accustomed to life in the forest

دونوں سمن جنگل میں زندگی گزارنے کے عادی تھے۔
so without making any noise they quickly found a place to stay

اس لیے بغیر کوئی شور مچائے انہوں نے جلدی سے ٹھہرنے کی جگہ ڈھونڈ لی
and they rested there until the morning

اور صبح تک وہیں آرام کیا۔

At sunrise, they saw with astonishment the size of the crowd

طلوع آفتاب کے وقت، انہوں نے حیرت سے بھیڑ کا حجم دیکھا

a great many number of believers had come

مومنین کی ایک بڑی تعداد آئی ہوئی تھی۔

and a great number of curious people had spent the night here

اور متجسس لوگوں کی بڑی تعداد نے یہاں رات گزاری۔

On all paths of the marvellous garden, monks walked in yellow robes

شاندار باغ کے تمام راستوں پر راہب پیلے لباس میں چلتے تھے۔

under the trees they sat here and there, in deep contemplation

درختوں کے نیچے وہ گہرے غور و فکر میں ادھر ادھر بیٹھ گئے۔

or they were in a conversation about spiritual matters

یا وہ روحانی معاملات کے بارے میں گفتگو کر رہے تھے۔

the shady gardens looked like a city

سایہ دار باغات کسی شہر کی طرح لگ رہے تھے۔

a city full of people, bustling like bees

لوگوں سے بھرا شہر، شہد کی مکھیوں کی طرح ہلچل

The majority of the monks went out with their alms-dish

راہبوں کی اکثریت اپنی خیرات کی ڈش لے کر باہر نکل گئی۔

they went out to collect food for their lunch

وہ اپنے دوپہر کے کھانے کے لیے کھانا اکٹھا کرنے نکلے تھے۔

this would be their only meal of the day

یہ دن کا ان کا واحد کھانا ہوگا۔

The Buddha himself, the enlightened one, also begged in the mornings

خود بدھا، روشن خیال، بھی صبح کے وقت بھیک مانگتا تھا۔

Siddhartha saw him, and he instantly recognised him

سدھارتھ نے اسے دیکھا، اور اس نے فوراً اسے پہچان لیا۔

he recognised him as if a God had pointed him out

اس نے اسے ایسے پہچان لیا جیسے کسی خدا نے اسے اشارہ کیا ہو۔

He saw him, a simple man in a yellow robe

اس نے اسے دیکھا، پیلے رنگ کے لباس میں ایک سادہ آدمی

he was bearing the alms-dish in his hand, walking silently

وہ اپنے ہاتھ میں بھیک کی تھیلی اٹھائے خاموشی سے چل رہا تھا۔

"Look here!" Siddhartha said quietly to Govinda

"یہاں دیکھو" سدھارتھ نے خاموشی سے گووندا سے کہا

"This one is the Buddha"

"یہ بدھا ہے"

Attentively, Govinda looked at the monk in the yellow robe
غور سے گووندا نے پیلے رنگ کے لباس میں بھکشو کی طرف دیکھا
this monk seemed to be in no way different from any of the others
یہ راہب کسی بھی طرح سے دوسروں سے مختلف نہیں لگتا تھا۔
but soon, Govinda also realized that this is the one
لیکن جلد ہی، گووندا کو بھی احساس ہوا کہ یہ وہی ہے۔
And they followed him and observed him
اور اُس کے پیچھے ہو کر اُس کا مشاہدہ کیا۔
The Buddha went on his way, modestly and deep in his thoughts
مہاتما بدھ اپنے راستے پر چلا گیا، معمولی اور اپنے خیالات میں گھرا
his calm face was neither happy nor sad
اس کے پرسکون چہرے پر نہ خوشی تھی نہ اداسی
his face seemed to smile quietly and inwardly
اس کا چہرہ خاموشی اور اندر سے مسکرا رہا تھا۔
his smile was hidden, quiet and calm
اس کی مسکراہٹ پوشیدہ، پرسکون اور پرسکون تھی۔
the way the Buddha walked somewhat resembled a healthy child
بدھا کے چلنے کا طریقہ کسی حد تک ایک صحت مند بچے سے مشابہت رکھتا تھا۔
he walked just as all of his monks did
وہ اسی طرح چلتا تھا جیسا کہ اس کے تمام راہبوں نے کیا تھا۔
he placed his feet according to a precise rule
اس نے اپنے پاؤں ایک خاص اصول کے مطابق رکھے
his face and his walk, his quietly lowered glance
اس کا چہرہ اور اس کا چلنا، اس کی خاموشی سے جھکی ہوئی نظر
his quietly dangling hand, every finger of it
اس کا خاموشی سے لٹکتا ہوا ہاتھ، اس کی ہر انگلی
all these things expressed peace
ان تمام چیزوں نے امن کا اظہار کیا۔
all these things expressed perfection
ان تمام چیزوں نے کمال کا اظہار کیا۔
he did not search, nor did he imitate
اس نے تلاش نہیں کی اور نہ ہی نقل کی۔
he softly breathed inwardly an unwhithering calm
اس نے آہستگی سے اندرونی طور پر ایک بے چین سکون کا سانس لیا۔
he shone outwardly an unwhithering light
وہ ظاہری طور پر ایک غیر متزلزل روشنی چمکا۔

he had about him an untouchable peace

اس کے بارے میں ایک اچھوت امن تھا۔

the two Samanas recognised him solely by the perfection of his calm

دونوں سمنوں نے اسے صرف اس کے سکون کے کمال سے پہچانا۔

they recognized him by the quietness of his appearance

انہوں نے اسے اس کی شکل کی خاموشی سے پہچان لیا۔

the quietness in his appearance in which there was no searching

اس کی شکل میں خاموشی جس میں کوئی تلاش نہیں تھی۔

there was no desire, nor imitation

نہ کوئی خواہش تھی اور نہ ہی تقلید

there was no effort to be seen

دیکھنے کی کوئی کوشش نہیں تھی

only light and peace was to be seen in his appearance

اس کی صورت میں صرف روشنی اور سکون نظر آتا تھا۔

"Today, we'll hear the teachings from his mouth" said Govinda

گووندا نے کہا،" آج ہم ان کے منہ سے تعلیمات سنیں گے۔"

Siddhartha did not answer

سدھارتھ نے کوئی جواب نہیں دیا۔

He felt little curiosity for the teachings

اس نے تعلیمات کے بارے میں تھوڑا سا تجسس محسوس کیا۔

he did not believe that they would teach him anything new

اسے یقین نہیں تھا کہ وہ اسے کچھ نیا سکھائیں گے۔

he had heard the contents of this Buddha's teachings again and again

اس نے بدھ کی اس تعلیمات کے مندرجات کو بار بار سنا تھا۔

but these reports only represented second hand information

لیکن یہ رپورٹس صرف سیکنڈ ہینڈ معلومات کی نمائندگی کرتی ہیں۔

But attentively he looked at Gotama's head

لیکن اس نے غور سے گوتم کے سر کی طرف دیکھا

his shoulders, his feet, his quietly dangling hand

اس کے کندھے، اس کے پاؤں، اس کا خاموشی سے لٹکتا ہوا ہاتھ

it was as if every finger of this hand was of these teachings

گویا اس ہاتھ کی ہر انگلی ان تعلیمات کی تھی۔

his fingers spoke of truth

اس کی انگلیاں سچ بول رہی تھیں۔

his fingers breathed and exhaled the fragrance of truth

اس کی انگلیوں نے سانس لی اور سچائی کی خوشبو نکالی۔

his fingers glistened with truth

اس کی انگلیاں سچائی سے چمک رہی تھیں۔

this Buddha was truthful down to the gesture of his last finger

یہ بدھ اپنی آخری انگلی کے اشارے تک سچا تھا۔

Siddhartha could see that this man was holy

سدھارتھ دیکھ سکتا تھا کہ یہ شخص مقدس ہے۔

Never before, Siddhartha had venerated a person so much

اس سے پہلے کبھی سدھارتھ نے کسی شخص کی اتنی عزت نہیں کی تھی۔

he had never before loved a person as much as this one

اس نے پہلے کبھی کسی شخص سے اتنی محبت نہیں کی تھی۔

They both followed the Buddha until they reached the town

وہ دونوں بدھ کی پیروی کرتے رہے یہاں تک کہ وہ قصبے پہنچ گئے۔

and then they returned to their silence

اور پھر وہ اپنی خاموشی کی طرف لوٹ گئے۔

they themselves intended to abstain on this day

انہوں نے خود اس دن پرہیز کرنے کا ارادہ کیا۔

They saw Gotama returning the food that had been given to him

انہوں نے گوتما کو وہ کھانا واپس کرتے دیکھا جو اسے دیا گیا تھا۔

what he ate could not even have satisfied a bird's appetite

اس نے جو کھایا اس سے پرندے کی بھوک بھی پوری نہیں ہو سکتی تھی۔

and they saw him retiring into the shade of the mango-trees

اور انہوں نے اسے آم کے درختوں کے سائے میں ریٹائر ہوتے دیکھا

in the evening the heat had cooled down

شام کو گرمی ٹھنڈی ہو گئی تھی۔

everyone in the camp started to bustle about and gathered around

کیمپ میں موجود سبھی لوگ ہلچل مچانے لگے اور ارد گرد جمع ہو گئے۔

they heard the Buddha teaching, and his voice

انہوں نے بدھ کی تعلیم اور اس کی آواز سنی

and his voice was also perfected

اور اس کی آواز بھی کامل تھی۔

his voice was of perfect calmness

اس کی آواز کامل سکون کی تھی۔

his voice was full of peace

اس کی آواز سکون سے بھری ہوئی تھی۔

Gotama taught the teachings of suffering

گوتم نے مصائب کی تعلیم دی۔

he taught of the origin of suffering

اس نے مصائب کی اصل کے بارے میں سکھایا

he taught of the way to relieve suffering

اس نے مصائب کو دور کرنے کا طریقہ سکھایا

Calmly and clearly his quiet speech flowed on

پرسکون اور واضح طور پر اس کی خاموش تقریر جاری تھی۔

Suffering was life, and full of suffering was the world

مصائب زندگی تھی، اور دکھوں سے بھری دنیا تھی۔

but salvation from suffering had been found

لیکن مصائب سے نجات مل گئی تھی۔

salvation was obtained by him who would walk the path of the Buddha

نجات اس کے ذریعہ حاصل ہوئی جو بدھ کے راستے پر چلے گا۔

With a soft, yet firm voice the exalted one spoke

ایک نرم لیکن مضبوط آواز کے ساتھ اعلیٰ نے کہا

he taught the four main doctrines

اس نے چار اہم عقائد سکھائے

he taught the eight-fold path

اس نے آٹھ گنا راستہ سکھایا

patiently he went the usual path of the teachings

صبر سے اس نے تعلیمات کے معمول کے راستے پر چل دیا۔

his teachings contained the examples

اس کی تعلیمات میں مثالیں موجود تھیں۔

his teaching made use of the repetitions

اس کی تعلیم نے تکرار کا استعمال کیا۔

brightly and quietly his voice hovered over the listeners

چمکدار اور خاموشی سے اس کی آواز سننے والوں پر منڈلا رہی تھی۔

his voice was like a light

اس کی آواز روشنی کی طرح تھی۔

his voice was like a starry sky

اس کی آواز تاروں سے بھرے آسمان کی طرح تھی۔

When the Buddha ended his speech, many pilgrims stepped forward

جب بدھا نے اپنی تقریر ختم کی تو بہت سے زائرین آگے بڑھے۔

they asked to be accepted into the community

انہوں نے کمیونٹی میں قبول کرنے کو کہا

they sought refuge in the teachings

انہوں نے تعلیمات میں پناہ مانگی۔

And Gotama accepted them by speaking

اور گوتم نے بول کر انہیں قبول کر لیا۔

"You have heard the teachings well"

"تم نے تعلیمات اچھی طرح سنی ہیں"

"join us and walk in holiness"

"ہمارے ساتھ شامل ہوں اور تقدس میں چلیں"

"put an end to all suffering"

"تمام دکھوں کو ختم کرو"

Behold, then Govinda, the shy one, also stepped forward and spoke

دیکھو، پھر شرمیلا گووندا بھی آگے بڑھا اور بولا۔

"I also take my refuge in the exalted one and his teachings"

"میں بھی اس کی پناہ اور اس کی تعلیمات میں پناہ لیتا ہوں"

and he asked to be accepted into the community of his disciples

اور اس نے اپنے شاگردوں کی جماعت میں قبول کرنے کو کہا

and he was accepted into the community of Gotama's disciples

اور اسے گوتم کے شاگردوں کی جماعت میں قبول کر لیا گیا۔

the Buddha had retired for the night

بدھ رات کے لیے ریٹائر ہو چکے تھے۔

Govinda turned to Siddhartha and spoke eagerly

گووندا سدھارتھ کی طرف متوجہ ہوا اور بے تابی سے بولا۔

"Siddhartha, it is not my place to scold you"

"سدھارتھا، یہ میری جگہ نہیں ہے کہ میں تمہیں ڈانٹوں۔"

"We have both heard the exalted one"

"ہم دونوں نے ایک اعلیٰ کو سنا ہے"

"we have both perceived the teachings"

"ہم دونوں نے تعلیمات کو سمجھ لیا ہے"

"Govinda has heard the teachings"

"گووندا نے تعلیمات سنی ہیں"

"he has taken refuge in the teachings"

"اس نے تعلیمات میں پناہ لی ہے"

"But, my honoured friend, I must ask you"

"لیکن، میرے معزز دوست، مجھے آپ سے پوچھنا چاہیے"

"don't you also want to walk the path of salvation?"

"کیا تم بھی نجات کی راہ پر نہیں چلنا چاہتے؟"
"Would you want to hesitate?"

"کیا آپ ہچکچانا چاہیں گے؟"
"do you want to wait any longer?"

"کیا آپ مزید انتظار کرنا چاہتے ہیں؟"
Siddhartha awakened as if he had been asleep
سدھارتھ ایسے بیدار ہوا جیسے وہ سو گیا ہو۔

For a long time, he looked into Govinda's face
کافی دیر تک وہ گووندا کے چہرے کو دیکھتا رہا۔

Then he spoke quietly, in a voice without mockery
پھر وہ خاموشی سے بولا، بغیر تمسخر کے آواز میں

"Govinda, my friend, now you have taken this step"
"گووندا، میرے دوست، اب تم نے یہ قدم اٹھایا ہے"

"now you have chosen this path"
"اب تم نے یہ راستہ چنا ہے"

"Always, oh Govinda, you've been my friend"
"ہمیشہ، اوہ گووندا، تم میرے دوست رہے ہو"

"you've always walked one step behind me"
"آپ ہمیشہ مجھ سے ایک قدم پیچھے چلی ہیں"

"Often I have thought about you"
"اکثر میں نے تمہارے بارے میں سوچا ہے"

"'Won't Govinda for once also take a step by himself'"
"کیا گووندا ایک بار بھی خود سے قدم نہیں اٹھائیں گے؟"

"'won't Govinda take a step without me?'"
"کیا گووندا میرے بغیر ایک قدم بھی نہیں اٹھائیں گے؟"

"'won't he take a step driven by his own soul?'"
"کیا وہ اپنی جان سے چلنے والا قدم نہیں اٹھائے گا؟"

"Behold, now you've turned into a man"
"دیکھو اب تم آدمی بن گئے ہو"

"you are choosing your path for yourself"
"آپ اپنا راستہ اپنے لیے چن رہے ہیں"

"I wish that you would go it up to its end"
"میری خواہش ہے کہ آپ اسے اس کے انجام تک لے جائیں"

"oh my friend, I hope that you shall find salvation!"
"اوہ میرے دوست، مجھے امید ہے کہ آپ نجات پا لیں گے"!

Govinda, did not completely understand it yet
گووندا، ابھی تک اسے پوری طرح سمجھ نہیں پایا

he repeated his question in an impatient tone
اس نے بے چین لہجے میں اپنا سوال دہرایا
"Speak up, I beg you, my dear!"
"بولو، میں تم سے التجا کرتا ہوں، میرے عزیز"!
"Tell me, since it could not be any other way"
"مجھے بتاؤ کیونکہ یہ کوئی اور طریقہ نہیں ہو سکتا"
"won't you also take your refuge with the exalted Buddha?"
"کیا تم بھی مہاتما بدھ کے پاس پناہ نہیں لیں گے"؟
Siddhartha placed his hand on Govinda's shoulder
سدھارتھ نے گووندا کے کندھے پر ہاتھ رکھا
"You failed to hear my good wish for you"
"آپ میری نیک خواہش سننے میں ناکام رہے"
"I'm repeating my wish for you"
"میں آپ کے لیے اپنی خواہش کو دہرا رہا ہوں"
"I wish that you would go this path"
"کاش تم اس راستے پر چلو"
"I wish that you would go up to this path's end"
"میری خواہش ہے کہ آپ اس راستے کے اختتام تک جائیں"
"I wish that you shall find salvation!"
"میری خواہش ہے کہ آپ کو نجات مل جائے"!
In this moment, Govinda realized that his friend had left him
اس لمحے گووندا کو احساس ہوا کہ اس کا دوست اسے چھوڑ چکا ہے۔
when he realized this he started to weep
جب اسے یہ معلوم ہوا تو وہ رونے لگا
"Siddhartha!" he exclaimed lamentingly
"سدھارتھا"!اس نے افسوس سے کہا
Siddhartha kindly spoke to him
سدھارتھ نے شفقت سے اس سے کہا
"don't forget, Govinda, who you are"
"گووندا مت بھولو، تم کون ہو"
"you are now one of the Samanas of the Buddha"
"اب تم بدھ کے سمانوں میں سے ہو"
"You have renounced your home and your parents"
"تم نے اپنا گھر اور اپنے والدین کو چھوڑ دیا ہے"
"you have renounced your birth and possessions"
"تم نے اپنی پیدائش اور مال ترک کر دیا ہے"

"you have renounced your free will"

"آپ نے اپنی آزاد مرضی کو ترک کر دیا ہے"

"you have renounced all friendship"

"تم نے ساری دوستی چھوڑ دی ہے"

"This is what the teachings require"

"یہ تعلیمات کا تقاضا ہے"

"this is what the exalted one wants"

"یہ وہی ہے جو اعلیٰ چاہتا ہے"

"This is what you wanted for yourself"

"یہ وہی ہے جو تم اپنے لیے چاہتے تھے"

"Tomorrow, oh Govinda, I will leave you"

"کل، اوہ گووندا، میں تمہیں چھوڑ دوں گا"

For a long time, the friends continued walking in the garden

کافی دیر تک دوست باغ میں چہل قدمی کرتے رہے۔

for a long time, they lay there and found no sleep

بہت دیر تک وہ وہاں پڑے رہے اور انہیں نیند نہ آئی

And over and over again, Govinda urged his friend

اور بار بار، گووندا نے اپنے دوست پر زور دیا۔

"why would you not want to seek refuge in Gotama's teachings?"

"تم گوتم کی تعلیمات میں پناہ کیوں نہیں لینا چاہتے؟"

"what fault could you find in these teachings?"

"تمہیں ان تعلیمات میں کیا خرابی مل سکتی ہے؟"

But Siddhartha turned away from his friend

لیکن سدھارتھ نے اپنے دوست سے منہ موڑ لیا۔

every time he said, "Be content, Govinda!"

ہر بار اس نے کہا،" خوش رہو، گووندا"!

"Very good are the teachings of the exalted one"

"بلند کی تعلیمات بہت اچھی ہیں"

"how could I find a fault in his teachings?"

"میں اس کی تعلیمات میں غلطی کیسے تلاش کر سکتا ہوں؟"

it was very early in the morning

یہ صبح بہت جلدی تھی

one of the oldest monks went through the garden

قدیم ترین راہبوں میں سے ایک باغ سے گزرا۔

he called to those who had taken their refuge in the teachings

اس نے ان لوگوں کو بلایا جنہوں نے تعلیمات میں پناہ لی تھی۔

he called them to dress them up in the yellow robe

اس نے انہیں بلایا کہ وہ انہیں پیلے رنگ کا لباس پہنائیں۔

and he instruct them in the first teachings and duties of their position

اور وہ ان کو ان کے مقام کی پہلی تعلیمات اور فرائض میں ہدایت کرتا ہے۔

Govinda once again embraced his childhood friend

گووندا نے ایک بار پھر اپنے بچپن کے دوست کو گلے لگا لیا۔

and then he left with the novices

اور پھر وہ نوزائیدہوں کے ساتھ چلا گیا۔

But Siddhartha walked through the garden, lost in thought

لیکن سدھارتھ سوچوں میں گم، باغ میں سے گزرا۔

Then he happened to meet Gotama, the exalted one

پھر اس کی ملاقات گوتم سے ہوئی، جو بلند پایہ ہے۔

he greeted him with respect

اس نے احترام سے اسے سلام کیا

the Buddha's glance was full of kindness and calm

مہاتما بدھ کی نظر شفقت اور سکون سے بھری ہوئی تھی۔

the young man summoned his courage

نوجوان نے اپنی ہمت کو بلایا

he asked the venerable one for the permission to talk to him

اس نے محترم سے بات کرنے کی اجازت طلب کی۔

Silently, the exalted one nodded his approval

خاموشی سے اعلیٰ نے اثبات میں سر ہلایا

Spoke Siddhartha, "Yesterday, oh exalted one"

سدھارتھ بولا،" کل، اوہ برگزیدہ"

"I had been privileged to hear your wondrous teachings"

"مجھے آپ کی حیرت انگیز تعلیمات سننے کا اعزاز حاصل ہوا"

"Together with my friend, I had come from afar, to hear your teachings"

"اپنے دوست کے ساتھ، میں دور سے آیا تھا، آپ کا درس سننے "

"And now my friend is going to stay with your people"

"اور اب میرا دوست آپ لوگوں کے ساتھ رہنے والا ہے "

"he has taken his refuge with you"

"اس نے آپ کے پاس پناہ لی ہے "

"But I will again start on my pilgrimage"

"لیکن میں پھر سے اپنے حج کا آغاز کروں گا"
"As you please," the venerable one spoke politely
"جیسا آپ چاہیں، "محترم نے شائستگی سے کہا
"Too bold is my speech," Siddhartha continued
سدھارتھ نے آگے کہا،" میری تقریر بہت بولڈ ہے۔
"but I do not want to leave the exalted on this note"
"لیکن میں اس نوٹ پر بزرگوں کو نہیں چھوڑنا چاہتا"
"I want to share with the most venerable one my honest thoughts"
"میں اپنے ایماندارانہ خیالات سب سے قابل احترام کے ساتھ بانٹنا چاہتا ہوں"
"Does it please the venerable one to listen for one moment longer?"
"کیا قابل احترام کو ایک لمحہ زیادہ سننا پسند ہے؟"
Silently, the Buddha nodded his approval
خاموشی سے، بدھ نے اپنی منظوری میں سر ہلایا
Spoke Siddhartha, "oh most venerable one"
سدھارتھ بولا،" اوہ سب سے قابل احترام"
"there is one thing I have admired in your teachings most of all"
"ایک چیز ہے جو میں نے آپ کی تعلیمات میں سب سے زیادہ تعریف کی ہے"
"Everything in your teachings is perfectly clear"
"آپ کی تعلیمات میں سب کچھ بالکل واضح ہے"
"what you speak of is proven"
"تم جو کہتے ہو وہ ثابت ہے"
"you are presenting the world as a perfect chain"
"آپ دنیا کو ایک بہترین زنجیر کے طور پر پیش کر رہے ہیں"
"a chain which is never and nowhere broken"
"ایک زنجیر جو نہ کبھی ٹوٹی ہے اور نہ کہیں ٹوٹی ہے"
"an eternal chain the links of which are causes and effects"
"ایک ابدی سلسلہ جس کے اسباب اور اثرات ہیں"
"Never before, has this been seen so clearly"
"پہلے کبھی نہیں، کیا یہ اتنا واضح طور پر دیکھا گیا ہے"
"never before, has this been presented so irrefutably"
"پہلے کبھی نہیں، کیا یہ اتنا ناقابل تردید انداز میں پیش کیا گیا ہے"
"truly, the heart of every Brahman has to beat stronger with love"
"واقعی، ہر برہمن کے دل کو محبت سے مضبوط دھڑکنا پڑتا ہے"

"he has seen the world through your perfectly connected teachings"

"اس نے آپ کی مکمل منسلک تعلیمات کے ذریعے دنیا کو دیکھا ہے"

"without gaps, clear as a crystal"

"خالی جگہ کے بغیر، ایک کرسٹل کی طرح صاف"

"not depending on chance, not depending on Gods"

"موقع پر منحصر نہیں، خدا پر منحصر نہیں"

"he has to accept it whether it may be good or bad"

"اسے قبول کرنا ہوگا چاہے وہ اچھا ہو یا برا"

"he has to live by it whether it would be suffering or joy"

"اسے اس کے ساتھ رہنا ہے چاہے وہ تکلیف ہو یا خوشی"

"but I do not wish to discuss the uniformity of the world"

"لیکن میں دنیا کی یکسانیت پر بات نہیں کرنا چاہتا"

"it is possible that this is not essential"

"یہ ممکن ہے کہ یہ ضروری نہ ہو"

"everything which happens is connected"

"جو کچھ ہوتا ہے وہ منسلک ہوتا ہے"

"the great and the small things are all encompassed"

"بڑی اور چھوٹی چیزیں سب گھیرے ہوئے ہیں"

"they are connected by the same forces of time"

"وہ وقت کی ایک ہی قوت سے جڑے ہوئے ہیں"

"they are connected by the same law of causes"

"وہ اسباب کے ایک ہی قانون سے جڑے ہوئے ہیں"

"the causes of coming into being and of dying"

"وجود میں آنے اور مرنے کے اسباب"

"this is what shines brightly out of your exalted teachings"

"یہ وہی ہے جو آپ کی اعلی تعلیمات سے چمکتا ہے"

"But, according to your very own teachings, there is a small gap"

"لیکن، آپ کی اپنی تعلیمات کے مطابق، ایک چھوٹا سا خلا ہے"

"this unity and necessary sequence of all things is broken in one place"

"یہ اتحاد اور تمام چیزوں کی ضروری ترتیب ایک جگہ ٹوٹ جاتی ہے"

"this world of unity is invaded by something alien"

"اتحاد کی اس دنیا پر کسی اجنبی چیز نے حملہ کیا ہے"

"there is something new, which had not been there before"

"کچھ نیا ہے، جو پہلے نہیں تھا"
"there is something which cannot be demonstrated"
"کوئی ایسی چیز ہے جس کا مظاہرہ نہیں کیا جا سکتا"
"there is something which cannot be proven"
"کوئی ایسی چیز ہے جسے ثابت نہیں کیا جا سکتا"
"these are your teachings of overcoming the world"
"یہ دنیا پر قابو پانے کی آپ کی تعلیمات ہیں"
"these are your teachings of salvation"
"یہ آپ کی نجات کی تعلیمات ہیں"
"But with this small gap, the eternal breaks apart again"
"لیکن اس چھوٹے سے وقفے کے ساتھ، ابدی دوبارہ ٹوٹ جاتا ہے"
"with this small breach, the law of the world becomes void"
"اس چھوٹی سی خلاف ورزی سے دنیا کا قانون باطل ہو جاتا ہے"
"Please forgive me for expressing this objection"
"اس اعتراض کے اظہار کے لیے مجھے معاف کر دیں"
Quietly, Gotama had listened to him, unmoved
گوتم نے خاموشی سے اس کی بات سنی، بے ساختہ
Now he spoke, the perfected one, with his kind and polite clear voice
اب وہ اپنی مہربان اور شائستہ صاف آواز کے ساتھ، کمال والا، بولا.
"You've heard the teachings, oh son of a Brahman"
"تم نے تعلیمات سنی ہیں، اے برہمن کے بیٹے"
"and good for you that you've thought about it this deeply"
"اور آپ کے لئے اچھا ہے کہ آپ نے اس کے بارے میں گہرائی سے سوچا ہے"
"You've found a gap in my teachings, an error"
"تم نے میری تعلیمات میں ایک خلا پایا ہے، ایک غلطی"
"You should think about this further"
"آپ کو اس بارے میں مزید سوچنا چاہیے"
"But be warned, oh seeker of knowledge, of the thicket of opinions"
"لیکن ہوشیار رہو، اے علم کے متلاشی، آراء کے جھنڈے سے"
"be warned of arguing about words"
"الفاظ کے بارے میں بحث کرنے سے خبردار کیا جائے"
"There is nothing to opinions"
"رائے کی کوئی بات نہیں"
"they may be beautiful or ugly"
"وہ خوبصورت یا بدصورت ہو سکتے ہیں"

"opinions may be smart or foolish"

"رائے ہوشیار یا بے وقوف ہوسکتی ہے "

"everyone can support opinions, or discard them"

"ہر کوئی رائے کی حمایت کر سکتا ہے، یا انہیں رد کر سکتا ہے "

"But the teachings, you've heard from me, are no opinion"

"لیکن تعلیمات، جو آپ نے مجھ سے سنی ہیں، کوئی رائے نہیں ہیں"

"their goal is not to explain the world to those who seek knowledge"

"ان کا مقصد علم حاصل کرنے والوں کو دنیا کی وضاحت کرنا نہیں ہے"

"They have a different goal"

"ان کا ایک مختلف مقصد ہے"

"their goal is salvation from suffering"

"ان کا مقصد مصائب سے نجات ہے "

"This is what Gotama teaches, nothing else"

"یہ وہی ہے جو گوتم سکھاتا ہے، اور کچھ نہیں"

"I wish that you, oh exalted one, would not be angry with me" said the young man

نوجوان نے کہا،'' کاش اے عالی شان، آپ مجھ سے ناراض نہ ہوں۔''

"I have not spoken to you like this to argue with you"

"میں نے تم سے بحث کرنے کے لیٔے اس طرح بات نہیں کی"

"I do not wish to argue about words"

"میں الفاظ پر بحث نہیں کرنا چاہتا"

"You are truly right, there is little to opinions"

"آپ واقعی درست ہیں، رائے میں بہت کم ہے"

"But let me say one more thing"

"لیکن ایک بات اور کہوں"

"I have not doubted in you for a single moment"

"میں نے ایک لمحے کے لیے بھی تم پر شک نہیں کیا"

"I have not doubted for a single moment that you are Buddha"

''میں نے ایک لمحے کے لیے بھی شک نہیں کیا کہ تم بدھ ہو۔''

"I have not doubted that you have reached the highest goal"

"مجھے شک نہیں ہے کہ آپ اعلیٰ ترین مقصد تک پہنچ گئے ہیں"

"the highest goal towards which so many Brahmans are on their way"

"اعلیٰ ترین مقصد جس کی طرف بہت سے برہمن اپنے راستے پر ہیں"

"You have found salvation from death"
"تم نے موت سے نجات پا لی ہے"
"It has come to you in the course of your own search"
"یہ آپ کے پاس آپ کی تلاش میں آیا ہے"
"it has come to you on your own path"
"یہ آپ کے اپنے راستے پر آپ کے پاس آیا ہے"
"it has come to you through thoughts and meditation"
"یہ آپ کے پاس خیالات اور مراقبہ کے ذریعے آیا ہے"
"it has come to you through realizations and enlightenment"
"یہ آپ کے پاس ادراک اور روشن خیالی کے ذریعے آیا ہے"
"but it has not come to you by means of teachings!"
"لیکن یہ آپ کے پاس تعلیمات کے ذریعہ نہیں آیا ہے"!
"And this is my thought"
"اور یہ میرا خیال ہے"
"nobody will obtain salvation by means of teachings!"
"تعلیم کے ذریعہ کوئی بھی نجات حاصل نہیں کرے گا"!
"You will not be able to convey your hour of enlightenment"
"آپ اپنی روشن خیالی کا وقت نہیں بتا سکیں گے"
"words of what has happened to you won't convey the moment!"
"آپ کے ساتھ کیا ہوا ہے اس کے الفاظ اس لمحے کو بیان نہیں کریں گے"!
"The teachings of the enlightened Buddha contain much"
"روشن خیال بدھ کی تعلیمات میں بہت کچھ ہے"
"it teaches many to live righteously"
"یہ بہت سے لوگوں کو راستی سے جینا سکھاتا ہے"
"it teaches many to avoid evil"
"یہ بہت سے لوگوں کو برائی سے بچنا سکھاتا ہے"
"But there is one thing which these teachings do not contain"
"لیکن ایک چیز ہے جو ان تعلیمات میں شامل نہیں ہے"
"they are clear and venerable, but the teachings miss something"
"وہ واضح اور قابل احترام ہیں، لیکن تعلیمات میں کچھ کمی ہے"
"the teachings do not contain the mystery"
"تعلیمات میں اسرار نہیں ہوتا"
"the mystery of what the exalted one has experienced for himself"

"اس کا بھید جو اس بزرگ نے اپنے لیے تجربہ کیا ہے"
"among hundreds of thousands, only he experienced it"
"ہزاروں کے درمیان، صرف اس نے اس کا تجربہ کیا"
"This is what I have thought and realized, when I heard the teachings"
"یہ وہی ہے جو میں نے تعلیمات کو سن کر سوچا اور محسوس کیا"
"This is why I am continuing my travels"
"اسی لیے میں اپنا سفر جاری رکھے ہوئے ہوں"
"this is why I do not to seek other, better teachings"
"اسی لیے میں دوسری بہتر تعلیمات کی تلاش نہیں کرتا"
"I know there are no better teachings"
"میں جانتا ہوں کہ اس سے بہتر کوئی تعلیم نہیں ہے"
"I leave to depart from all teachings and all teachers"
"میں تمام تعلیمات اور تمام اساتذہ سے رخصت ہو رہا ہوں"
"I leave to reach my goal by myself, or to die"
"میں اپنے مقصد تک پہنچنے کے لیے خود ہی نکلتا ہوں، یا مر جاؤں گا"
"But often, I'll think of this day, oh exalted one"
"لیکن اکثر، میں اس دن کے بارے میں سوچوں گا، اوہ اعلیٰ"
"and I'll think of this hour, when my eyes beheld a holy man"
"اور میں اس گھڑی کے بارے میں سوچوں گا، جب میری آنکھوں نے ایک مقدس آدمی کو دیکھا"

The Buddha's eyes quietly looked to the ground
بدھا کی آنکھیں خاموشی سے زمین کی طرف دیکھنے لگیں۔

quietly, in perfect equanimity, his inscrutable face was smiling
خاموشی سے، کامل ہم آہنگی کے ساتھ، اس کا غیر واضح چہرہ مسکرا رہا تھا۔

the venerable one spoke slowly
محترم دھیرے سے بولے۔

"I wish that your thoughts shall not be in error"
"میری خواہش ہے کہ آپ کے خیالات غلط نہ ہوں"
"I wish that you shall reach the goal!"
"میری خواہش ہے کہ آپ مقصد تک پہنچ جائیں"!
"But there is something I ask you to tell me"
"لیکن ایک بات ہے جو میں آپ سے پوچھ رہا ہوں کہ مجھے بتائیں"
"Have you seen the multitude of my Samanas?"
"کیا تم نے میرے سمانوں کی بھیڑ دیکھی ہے؟"

"they have taken refuge in the teachings"

"انہوں نے تعلیمات میں پناہ لی ہے"

"do you believe it would be better for them to abandon the teachings?"

"کیا آپ کو یقین ہے کہ ان کے لیے تعلیمات کو ترک کرنا بہتر ہوگا؟"

"should they to return into the world of desires?"

"کیا انہیں خواہشات کی دنیا میں واپس آنا چاہیے؟"

"Far is such a thought from my mind" exclaimed Siddhartha

"میرے ذہن سے ایسا خیال دور ہے" سدھارتھ نے کہا

"I wish that they shall all stay with the teachings"

"میری خواہش ہے کہ وہ سب تعلیمات کے ساتھ رہیں"

"I wish that they shall reach their goal!"

"کاش وہ اپنے مقصد تک پہنچ جائیں"!

"It is not my place to judge another person's life"

"کسی دوسرے کی زندگی کا فیصلہ کرنا میری جگہ نہیں ہے"

"I can only judge my own life"

"میں صرف اپنی زندگی کا فیصلہ کر سکتا ہوں"

"I must decide, I must chose, I must refuse"

"مجھے فیصلہ کرنا ہوگا، مجھے انتخاب کرنا ہوگا، مجھے انکار کرنا ہوگا"

"Salvation from the self is what we Samanas search for"

"نفس سے نجات وہی ہے جسے ہم سمن تلاش کرتے ہیں"

"oh exalted one, if only I were one of your disciples"

"اے عالی مقام، کاش میں تیرے شاگردوں میں سے ہوتا"

"I'd fear that it might happen to me"

"مجھے ڈر ہے کہ میرے ساتھ ایسا ہو جائے"

"only seemingly, would my self be calm and be redeemed"

"صرف بظاہر، کیا میرا نفس پرسکون ہوگا اور چھٹکارا پاوں گا"

"but in truth it would live on and grow"

"لیکن حقیقت میں یہ زندہ رہے گا اور بڑھے گا"

"because then I would replace my self with the teachings"

"کیونکہ تب میں اپنے آپ کو تعلیمات سے بدل دوں گا"

"my self would be my duty to follow you"

"آپ کی پیروی کرنا میرا فرض ہے"

"my self would be my love for you"

"میری ذات آپ کے لیے میری محبت ہوگی"

"and my self would be the community of the monks!"

"اور میرا نفس راہبوں کی جماعت ہو گا"!

With half of a smile Gotama looked into the stranger's eyes

گوتما نے آدھی مسکراہٹ کے ساتھ اجنبی کی آنکھوں میں دیکھا

his eyes were unwaveringly open and kind

اس کی آنکھیں غیر متزلزل کھلی اور مہربان تھیں۔

he bid him to leave with a hardly noticeable gesture

اس نے مشکل سے قابل توجہ اشارے سے اسے جانے کے لیے کہا

"You are wise, oh Samana" the venerable one spoke

"تم سمجھدار ہو، سمانہ۔ "عزت دار بولا"

"You know how to talk wisely, my friend"

"تم سمجھداری سے بات کرنا جانتے ہو، میرے دوست"

"Be aware of too much wisdom!"

"بہت زیادہ حکمت سے آگاہ رہو"!

The Buddha turned away

بدھا نے منہ پھیر لیا۔

Siddhartha would never forget his glance

سدھارتھ اس کی نظر کو کبھی نہیں بھولے گا۔

his half smile remained forever etched in Siddhartha's memory

اس کی آدھی مسکراہٹ سدھارتھ کی یاد میں ہمیشہ کے لیے نقش رہی

Siddhartha thought to himself

سدھارتھ نے اپنے آپ کو سوچا

"I have never before seen a person glance and smile this way"

"میں نے پہلے کبھی کسی شخص کو اس طرح مسکراتے ہوئے نہیں دیکھا"

"no one else sits and walks like he does"

"کوئی اور نہیں بیٹھتا اور چلتا ہے جیسا کہ وہ کرتا ہے"

"truly, I wish to be able to glance and smile this way"

"واقعی، میں چاہتا ہوں کہ اس طرح دیکھوں اور مسکرا سکوں"

"I wish to be able to sit and walk this way, too"

"میری خواہش ہے کہ اس طرح بیٹھ کر چل سکوں۔"

"liberated, venerable, concealed, open, childlike and mysterious"

"آزاد، قابل احترام، مخفی، کھلا، بچوں جیسا اور پراسرار"

"he must have succeeded in reaching the innermost part of his self"

"وہ اپنے نفس کے باطن تک پہنچنے میں کامیاب ہوا ہوگا"

"only then can someone glance and walk this way"

"تب ہی کوئی اس طرف دیکھ سکتا ہے اور چل سکتا ہے"

"I will also seek to reach the innermost part of my self"

"میں بھی اپنے نفس کے باطن تک پہنچنے کی کوشش کروں گا"

"I saw a man" Siddhartha thought

"میں نے ایک آدمی کو دیکھا۔ "سدھارتھ نے سوچا۔

"a single man, before whom I would have to lower my glance"

"ایک اکیلا آدمی، جس کے سامنے مجھے اپنی نظر نیچی کرنی پڑے گی"

"I do not want to lower my glance before anyone else"

"میں کسی اور کے سامنے اپنی نظر نیچی نہیں کرنا چاہتا"

"No teachings will entice me more anymore"

"اب کوئی تعلیم مجھے مزید راغب نہیں کرے گی"

"because this man's teachings have not enticed me"

"کیونکہ اس آدمی کی تعلیمات نے مجھے آمادہ نہیں کیا"

"I am deprived by the Buddha" thought Siddhartha

سدھارتھ نے سوچا" میں بدھا سے محروم ہوں"

"I am deprived, although he has given so much"

"میں محروم ہوں، حالانکہ اس نے بہت کچھ دیا ہے"

"he has deprived me of my friend"

"اس نے مجھے میرے دوست سے محروم کر دیا ہے"

"my friend who had believed in me"

"میرا دوست جس نے مجھ پر یقین کیا تھا"

"my friend who now believes in him"

"میرا دوست جو اب اس پر یقین رکھتا ہے"

"my friend who had been my shadow"

"میرا دوست جو میرا سایہ تھا"

"and now he is Gotama's shadow"

"اور اب وہ گوتم کا سایہ ہے"

"but he has given me Siddhartha"

"لیکن اس نے مجھے سدھارتھ دیا ہے"

"he has given me myself"

"اس نے مجھے خود دیا ہے"

Awakening
بیداری

Siddhartha left the mango grove behind him
سدھارتھ نے آم کے باغ کو اپنے پیچھے چھوڑ دیا۔
but he felt his past life also stayed behind
لیکن اسے لگا کہ اس کی پچھلی زندگی بھی پیچھے رہ گئی ہے۔
the Buddha, the perfected one, stayed behind
مہاتما بدھ، جو کامل تھا، پیچھے رہ گیا۔
and Govinda stayed behind too
اور گووندا بھی پیچھے رہ گئے۔
and his past life had parted from him
اور اس کی پچھلی زندگی اس سے جدا ہوگئی تھی۔
he pondered as he was walking slowly
اس نے سوچا جب وہ آہستہ آہستہ چل رہا تھا۔
he pondered about this sensation, which filled him completely
اس نے اس احساس کے بارے میں سوچا، جس نے اسے پوری طرح سے بھر دیا۔
He pondered deeply, like diving into a deep water
اس نے گہرا غور کیا، جیسے گہرے پانی میں غوطہ لگا رہا ہو۔
he let himself sink down to the ground of the sensation
اس نے خود کو احساس کی زمین پر دھنسنے دیا۔
he let himself sink down to the place where the causes lie
اس نے خود کو اس جگہ پر ڈوبنے دیا جہاں اسباب موجود ہیں۔
to identify the causes is the very essence of thinking
وجوہات کی نشاندہی سوچ کا نچوڑ ہے۔
this was how it seemed to him
یہ اسے اس طرح لگ رہا تھا
and by this alone, sensations turn into realizations
اور صرف اسی کے ذریعے، احساسات احساس میں بدل جاتے ہیں۔
and these sensations are not lost
اور یہ احساسات ضائع نہیں ہوتے
but the sensations become entities
لیکن احساسات ہستی بن جاتے ہیں۔
and the sensations start to emit what is inside of them
اور احساسات خارج ہونے لگتے ہیں جو ان کے اندر ہے۔
they show their truths like rays of light
وہ اپنی سچائیوں کو روشنی کی کرنوں کی طرح دکھاتے ہیں۔
Slowly walking along, Siddhartha pondered

آہستہ آہستہ چلتے ہوئے سدھارتھ نے سوچا۔

He realized that he was no youth any more

اسے احساس ہوا کہ وہ اب جوان نہیں رہا۔

he realized that he had turned into a man

اس نے محسوس کیا کہ وہ ایک آدمی میں بدل گیا ہے۔

He realized that something had left him

اسے احساس ہوا کہ کچھ اس کا ساتھ چھوڑ گیا ہے۔

the same way a snake is left by its old skin

اسی طرح سانپ کو اس کی پرانی کھال چھوڑ دی جاتی ہے۔

what he had throughout his youth no longer existed in him

جوانی کے دوران اس کے پاس جو تھا وہ اب اس میں موجود نہیں رہا۔

it used to be a part of him; the wish to have teachers

یہ اس کا ایک حصہ ہوا کرتا تھا۔ اساتذہ رکھنے کی خواہش

the wish to listen to teachings

تعلیمات سننے کی خواہش

He had also left the last teacher who had appeared on his path

اس نے آخری استاد کو بھی چھوڑ دیا تھا جو اس کی راہ پر نمودار ہوا تھا۔

he had even left the highest and wisest teacher

یہاں تک کہ اس نے سب سے بڑے اور عقلمند استاد کو بھی چھوڑ دیا تھا۔

he had left the most holy one, Buddha

اس نے سب سے مقدس، بدھا کو چھوڑ دیا تھا۔

he had to part with him, unable to accept his teachings

اسے اس سے الگ ہونا پڑا، اس کی تعلیمات کو قبول کرنے سے قاصر تھا۔

Slower, he walked along in his thoughts

دھیرے دھیرے وہ اپنے خیالوں میں ساتھ چل پڑا

and he asked himself, "But what is this?"

اور اس نے اپنے آپ سے پوچھا،" لیکن یہ کیا ہے؟"

"what have you sought to learn from teachings and from teachers?"

"آپ نے تعلیمات اور اساتذہ سے کیا سیکھنے کی کوشش کی ہے؟"

"and what were they, who have taught you so much?"

"اور وہ کیا تھے، جنھوں نے تمہیں اتنا سکھایا؟"

"what are they if they have been unable to teach you?"

"اگر وہ آپ کو سکھانے سے قاصر ہیں تو وہ کیا ہیں؟"

And he found, "It was the self"

اور اس نے پایا،" یہ خود تھا"

"it was the purpose and essence of which I sought to learn"

"یہ وہ مقصد اور جوہر تھا جس کے بارے میں میں نے سیکھنا چاہا"
"It was the self I wanted to free myself from"
"یہ وہ نفس تھا جس سے میں خود کو آزاد کرنا چاہتا تھا"
"the self which I sought to overcome"
"خود جس پر میں نے قابو پانے کی کوشش کی"
"But I was not able to overcome it"
"لیکن میں اس پر قابو نہیں پا سکا"
"I could only deceive it"
"میں اسے صرف دھوکہ دے سکتا ہوں"
"I could only flee from it"
"میں صرف اس سے بھاگ سکتا تھا"
"I could only hide from it"
"میں صرف اس سے چھپا سکتا تھا"
"Truly, no thing in this world has kept my thoughts so busy"
"واقعی، اس دنیا میں کسی چیز نے میرے خیالات کو اتنا مصروف نہیں رکھا"
"I have been kept busy by the mystery of me being alive"
"میرے زندہ ہونے کے اسرار نے مجھے مصروف رکھا ہے"
"the mystery of me being one"
"میرے ایک ہونے کا راز"
"the mystery if being separated and isolated from all others"
"اسرار اگر سب سے الگ اور الگ تھلگ کیا جانے"
"the mystery of me being Siddhartha!"
"میرے سدھارتھ ہونے کا راز"!
"And there is no thing in this world I know less about"
"اور اس دنیا میں ایسی کوئی چیز نہیں جس کے بارے میں میں کم جانتا ہوں"
he had been pondering while slowly walking along
آہستہ آہستہ چلتے ہوئے وہ سوچ رہا تھا۔
he stopped as these thoughts caught hold of him
جب ان خیالات نے اسے اپنی لپیٹ میں لے لیا تو وہ رک گیا۔
and right away another thought sprang forth from these thoughts
اور فوراً ان خیالات سے ایک اور خیال ابھرا۔
"there's one reason why I know nothing about myself"
"ایک وجہ ہے کہ میں اپنے بارے میں کچھ نہیں جانتا ہوں"
"there's one reason why Siddhartha has remained alien to me"
"اس کی ایک وجہ ہے کہ سدھارتھ میرے لیے اجنبی رہے ہیں"

"all of this stems from one cause"

"یہ سب ایک وجہ سے پیدا ہوتا ہے"

"I was afraid of myself, and I was fleeing"

"میں اپنے آپ سے ڈرتا تھا، اور میں بھاگ رہا تھا"

"I have searched for both Atman and Brahman"

"میں نے اتمان اور برہمن دونوں کو تلاش کیا ہے"

"for this I was willing to dissect my self"

"اس کے لیے میں اپنے آپ کو جدا کرنے کو تیار تھا"

"and I was willing to peel off all of its layers"

"اور میں اس کی تمام پرتوں کو چھیلنے کو تیار تھا"

"I wanted to find the core of all peels in its unknown interior"

"میں اس کے نامعلوم اندرونی حصے میں تمام چھلکوں کا بنیادی حصہ تلاش کرنا چاہتا تھا"

"the Atman, life, the divine part, the ultimate part"

"آتمان، زندگی، الہی حصہ، حتمی حصہ"

"But I have lost myself in the process"

"لیکن میں نے خود کو اس عمل میں کھو دیا ہے"

Siddhartha opened his eyes and looked around

سدھارتھ نے آنکھیں کھول کر چاروں طرف دیکھا

looking around, a smile filled his face

ادھر ادھر دیکھا تو اس کے چہرے پر مسکراہٹ پھیل گئی۔

a feeling of awakening from long dreams flowed through him

لمبے خوابوں سے بیداری کا احساس اس کے اندر بہہ رہا تھا۔

the feeling flowed from his head down to his toes

احساس اس کے سر سے نیچے انگلیوں تک بہتا تھا۔

And it was not long before he walked again

اور اسے دوبارہ چلنے میں زیادہ دیر نہیں گزری تھی۔

he walked quickly, like a man who knows what he has got to do

وہ تیزی سے چل پڑا، اس آدمی کی طرح جو جانتا ہو کہ اسے کیا کرنا ہے۔

"now I will not let Siddhartha escape from me again!"

"اب میں سدھارتھ کو دوبارہ اپنے سے فرار نہیں ہونے دوں گا"!

"I no longer want to begin my thoughts and my life with Atman"

"میں اب اپنے خیالات اور اپنی زندگی کا آغاز Atman کے ساتھ نہیں کرنا چاہتا"

"nor do I want to begin my thoughts with the suffering of the world"

"اور نہ ہی میں اپنے خیالات کا آغاز دنیا کے مصائب سے کرنا چاہتا ہوں"

"I do not want to kill and dissect myself any longer"

"میں مزید اپنے آپ کو مارنا اور الگ نہیں کرنا چاہتا"

"Yoga-Veda shall not teach me anymore"

"یوگا وید اب مجھے نہیں سکھائے گا"

"nor Atharva-Veda, nor the ascetics"

"نہ اتھروا وید، نہ سنیاسی"

"there will not be any kind of teachings"

"کسی قسم کی تعلیمات نہیں ہوں گی"

"I want to learn from myself and be my student"

"میں خود سے سیکھنا چاہتا ہوں اور اپنا طالب علم بننا چاہتا ہوں"

"I want to get to know myself; the secret of Siddhartha"

"میں اپنے آپ کو جاننا چاہتا ہوں؛ سدھارتھ کا راز"

He looked around, as if he was seeing the world for the first time

اس نے چاروں طرف دیکھا، جیسے وہ دنیا کو پہلی بار دیکھ رہا ہو۔

Beautiful and colourful was the world

خوبصورت اور رنگین دنیا تھی۔

strange and mysterious was the world

عجیب اور پراسرار دنیا تھی۔

Here was blue, there was yellow, here was green

یہاں نیلا تھا، یہاں پیلا تھا، یہاں سبز تھا۔

the sky and the river flowed

آسمان اور دریا بہہ گئے۔

the forest and the mountains were rigid

جنگل اور پہاڑ سخت تھے۔

all of the world was beautiful

تمام دنیا خوبصورت تھی

all of it was mysterious and magical

یہ سب پراسرار اور جادوئی تھا۔

and in its midst was he, Siddhartha, the awakening one

اور اس کے درمیان وہ تھا، سدھارتھ، بیدار ہونے والا

and he was on the path to himself

اور وہ اپنے راستے پر تھا۔

all this yellow and blue and river and forest entered Siddhartha

یہ سب پیلے اور نیلے اور ندی اور جنگل سدھارتھ میں داخل ہوئے۔

for the first time it entered through the eyes

پہلی بار آنکھوں میں داخل ہوا۔

it was no longer a spell of Mara

اب یہ مارا کا جادو نہیں تھا۔

it was no longer the veil of Maya

اب یہ مایا کا پردہ نہیں رہا۔

it was no longer a pointless and coincidental

یہ اب ایک بے معنی اور اتفاق نہیں تھا

things were not just a diversity of mere appearances

چیزیں صرف ظاہری شکل کا تنوع نہیں تھیں۔

appearances despicable to the deeply thinking Brahman

گہرائی سے سوچنے والے برہمن کے لیے قابل نفرت شکل

the thinking Brahman scorns diversity, and seeks unity

سوچ برہمن تنوع کو ٹھکراتی ہے، اور اتحاد کی تلاش میں ہے۔

Blue was blue and river was river

نیلا نیلا تھا اور دریا دریا تھا۔

the singular and divine lived hidden in Siddhartha

واحد اور الہی سدھارتھ میں پوشیدہ رہتے تھے۔

divinity's way and purpose was to be yellow here, and blue there

الوہیت کا طریقہ اور مقصد یہاں پیلا اور وہاں نیلا ہونا تھا۔

there sky, there forest, and here Siddhartha

وہاں آسمان، وہاں جنگل اور یہاں سدھارتھ

The purpose and essential properties was not somewhere behind the things

مقصد اور ضروری خواص کہیں پیچھے نہیں تھے۔

the purpose and essential properties was inside of everything

مقصد اور ضروری خصوصیات ہر چیز کے اندر تھی۔

"How deaf and stupid have I been!" he thought

"میں کتنا بہرا اور بیوقوف ہو گیا ہوں "!اس نے سوچا

and he walked swiftly along

اور وہ تیزی سے ساتھ چل دیا۔

"When someone reads a text he will not scorn the symbols and letters"

"جب کوئی متن پڑھے گا تو وہ علامتوں اور حروف کی تحقیر نہیں کرے گا"

"he will not call the symbols deceptions or coincidences"
"وہ علامتوں کو دھوکہ یا اتفاق نہیں کہے گا"
"but he will read them as they were written"
"لیکن وہ ان کو پڑھے گا جیسا کہ لکھا گیا تھا"
"he will study and love them, letter by letter"
"وہ ان کا مطالعہ کرے گا اور ان سے محبت کرے گا، حرف بہ حرف"
"I wanted to read the book of the world and scorned the letters"
"میں دنیا کی کتاب پڑھنا چاہتا تھا اور خطوط کو ٹھکرایا"
"I wanted to read the book of myself and scorned the symbols"
"میں اپنی کتاب پڑھنا چاہتا تھا اور علامتوں کو ٹھکرایا"
"I called my eyes and my tongue coincidental"
"میں نے اپنی آنکھوں اور زبان کو اتفاقیہ کہا"
"I said they were worthless forms without substance"
"میں نے کہا کہ وہ مادہ کے بغیر بیکار شکلیں ہیں"
"No, this is over, I have awakened"
"نہیں، یہ ختم ہو گیا، میں بیدار ہو گیا ہوں"
"I have indeed awakened"
"میں واقعی بیدار ہو گیا ہوں"
"I had not been born before this very day"
"میں آج سے پہلے پیدا نہیں ہوا تھا"

In thinking these thoughts, Siddhartha suddenly stopped once again
یہ سوچتے سوچتے سدھارتھ اچانک ایک بار پھر رک گئے۔
he stopped as if there was a snake lying in front of him
وہ اس طرح رک گیا جیسے اس کے سامنے کوئی سانپ پڑا ہو۔
suddenly, he had also become aware of something else
اچانک اسے کسی اور چیز کا بھی علم ہو گیا تھا۔
He was indeed like someone who had just woken up
وہ واقعی کسی ایسے شخص کی طرح تھا جو ابھی بیدار ہوا تھا۔
he was like a new-born baby starting life anew
وہ ایک نوزائیدہ بچے کی طرح تھا جو نئے سرے سے زندگی شروع کر رہا تھا۔
and he had to start again at the very beginning
اور اسے شروع میں ہی دوبارہ شروع کرنا پڑا۔
in the morning he had had very different intentions
صبح اس کے بہت مختلف ارادے تھے۔
he had thought to return to his home and his father

اس نے اپنے گھر اور اپنے والد کے پاس واپس جانے کا سوچا تھا۔

But now he stopped as if a snake was lying on his path

لیکن اب وہ اس طرح رک گیا جیسے اس کے راستے میں سانپ پڑا ہو۔

he made a realization of where he was

اسے احساس ہوا کہ وہ کہاں ہے۔

"I am no longer the one I was"

"میں اب وہ نہیں رہا جو میں تھا"

"I am no ascetic anymore"

"میں اب کوئی سنیاسی نہیں ہوں"

"I am not a priest anymore"

"میں اب پادری نہیں ہوں"

"I am no Brahman anymore"

"میں اب برہمن نہیں رہا"

"Whatever should I do at my father's place?"

"میں اپنے والد کی جگہ پر کیا کروں؟"

"Study? Make offerings? Practise meditation?"

"مطالعہ کریں؟ نذرانہ دیں؟ مراقبہ کی مشق کریں؟"

"But all this is over for me"

"لیکن یہ سب میرے لیے ختم ہو گیا ہے"

"all of this is no longer on my path"

"یہ سب اب میرے راستے پر نہیں ہے"

Motionless, Siddhartha remained standing there

بے حرکت، سدھارتھ وہیں کھڑا رہا۔

and for the time of one moment and breath, his heart felt cold

اور ایک لمحے اور سانس کے لیے اس کا دل ٹھنڈا ہو گیا۔

he felt a coldness in his chest

اس نے اپنے سینے میں ٹھنڈک محسوس کی۔

the same feeling a small animal feels when it sees how alone it is

وہی احساس جو ایک چھوٹا جانور محسوس کرتا ہے جب وہ دیکھتا ہے کہ وہ کتنا تنہا ہے۔

For many years, he had been without home and had felt nothing

کئی سالوں سے، وہ گھر کے بغیر تھا اور اسے کچھ محسوس نہیں ہوا تھا۔

Now, he felt he had been without a home

اب، اس نے محسوس کیا کہ وہ گھر کے بغیر تھا

Still, even in the deepest meditation, he had been his father's son

پھر بھی، گہرے دھیان میں بھی، وہ اپنے باپ کا بیٹا تھا۔

he had been a Brahman, of a high caste

وہ ایک اعلیٰ ذات کا برہمن تھا۔

he had been a cleric

وہ ایک مولوی تھا

Now, he was nothing but Siddhartha, the awoken one

اب وہ بیدار سدھارتھ کے سوا کچھ نہیں تھا۔

nothing else was left of him

اس کے علاوہ کچھ نہیں بچا تھا

Deeply, he inhaled and felt cold

اس نے گہری سانس لی اور ٹھنڈک محسوس کی۔

a shiver ran through his body

اس کے جسم میں کپکپی سی دوڑ گئی۔

Nobody was as alone as he was

کوئی بھی اس کی طرح تنہا نہیں تھا۔

There was no nobleman who did not belong to the noblemen

کوئی رئیس ایسا نہ تھا جس کا تعلق رئیسوں سے نہ ہو۔

there was no worker that did not belong to the workers

کوئی کارکن ایسا نہیں تھا جس کا تعلق مزدوروں سے نہ ہو۔

they had all found refuge among themselves

ان سب نے آپس میں پناہ لی تھی۔

they shared their lives and spoke their languages

انہوں نے اپنی زندگیاں بانٹیں اور اپنی زبانیں بولیں۔

there are no Brahman who would not be regarded as Brahmans

کوئی برہمن نہیں ہے جسے برہمن نہ سمجھا جائے۔

and there are no Brahmans that didn't live as Brahmans

اور کوئی برہمن ایسا نہیں ہے جو برہمن کے طور پر زندہ نہ رہا ہو۔

there are no ascetic who could not find refuge with the Samanas

کوئی سنیاسی نہیں ہے جو سمن کے پاس پناہ نہ پا سکے۔

and even the most forlorn hermit in the forest was not alone

اور یہاں تک کہ جنگل میں سب سے زیادہ مظلوم بھی اکیلا نہیں تھا۔

he was also surrounded by a place he belonged to

وہ بھی اس جگہ سے گھرا ہوا تھا جس سے اس کا تعلق تھا۔

he also belonged to a caste in which he was at home

اس کا تعلق بھی اس ذات سے تھا جس میں وہ گھر پر تھا۔

Govinda had left him and became a monk

گووندا اسے چھوڑ کر راہب بن گیا تھا۔

and a thousand monks were his brothers

اور ایک ہزار راہب اس کے بھائی تھے۔

they wore the same robe as him

وہ اُس جیسا لباس پہنتے تھے۔

they believed in his faith and spoke his language

وہ اس کے ایمان پر یقین رکھتے تھے اور اس کی زبان بولتے تھے۔

But he, Siddhartha, where did he belong to?

لیکن وہ، سدھارتھ، اس کا تعلق کہاں سے تھا؟

With whom would he share his life?

وہ اپنی زندگی کس کے ساتھ بانٹتا؟

Whose language would he speak?

وہ کس کی زبان بولے گا؟

the world melted away all around him

دنیا اس کے چاروں طرف پگھل گئی۔

he stood alone like a star in the sky

وہ آسمان پر ایک ستارے کی طرح اکیلا کھڑا تھا۔

cold and despair surrounded him

سردی اور مایوسی نے اسے گھیر لیا۔

but Siddhartha emerged out of this moment

لیکن سدھارتھ اس لمحے سے باہر نکل آئے

Siddhartha emerged more his true self than before

سدھارتھ پہلے سے کہیں زیادہ اپنی حقیقی شخصیت کے طور پر ابھرے۔

he was more firmly concentrated than he had ever been

وہ پہلے سے کہیں زیادہ مضبوطی سے مرکوز تھا۔

He felt; "this had been the last tremor of the awakening"

اس نے محسوس کیا؛" یہ بیداری کا آخری جھٹکا تھا"

"the last struggle of this birth"

"اس جنم کی آخری جدوجہد"

And it was not long until he walked again in long strides

اور زیادہ دیر نہیں گزری تھی کہ وہ دوبارہ لمبے لمبے قدموں پر چل پڑا

he started to proceed swiftly and impatiently

وہ تیزی سے اور بے صبری سے آگے بڑھنے لگا

he was no longer going home

وہ اب گھر نہیں جا رہا تھا

he was no longer going to his father

وہ اب اپنے باپ کے پاس نہیں جا رہا تھا۔

Part Two
حصہ دو

***

Kamala
کملا

Siddhartha learned something new on every step of his path
سدھارتھ نے اپنے راستے کے ہر قدم پر کچھ نیا سیکھا۔
because the world was transformed and his heart was enchanted
کیونکہ دنیا بدل گئی تھی اور اس کا دل مسحور ہو گیا تھا۔
He saw the sun rising over the mountains
اس نے سورج کو پہاڑوں پر طلوع ہوتے دیکھا
and he saw the sun setting over the distant beach
اور اس نے سورج کو دور ساحل پر غروب ہوتے دیکھا
At night, he saw the stars in the sky in their fixed positions
رات کے وقت اس نے آسمان پر ستاروں کو اپنی مقررہ پوزیشنوں پر دیکھا
and he saw the crescent of the moon floating like a boat in the blue
اور اس نے چاند کا ہلال نیلے رنگ میں کشتی کی طرح تیرتا ہوا دیکھا
He saw trees, stars, animals, and clouds
اس نے درختوں، ستاروں، جانوروں اور بادلوں کو دیکھا
rainbows, rocks, herbs, flowers, streams and rivers
قوس قزح، چٹانیں، جڑی بوٹیاں، پھول، نہریں اور ندیاں
he saw the glistening dew in the bushes in the morning
اس نے صبح جھاڑیوں میں چمکتی شبنم کو دیکھا
he saw distant high mountains which were blue
اس نے دور دراز بلند پہاڑوں کو دیکھا جو نیلے تھے۔
wind blew through the rice-field
چاول کے کھیت میں ہوا چل رہی تھی۔
all of this, a thousand-fold and colourful, had always been there
یہ سب، ہزار گنا اور رنگین، ہمیشہ سے موجود تھا۔
the sun and the moon had always shone
سورج اور چاند ہمیشہ چمکتے تھے۔
rivers had always roared and bees had always buzzed
ندیاں ہمیشہ گرجتی تھیں اور شہد کی مکھیاں ہمیشہ گونجتی تھیں۔

but in former times all of this had been a deceptive veil
لیکن پہلے زمانے میں یہ سب ایک فریب پردہ تھا۔

to him it had been nothing more than fleeting
اس کے لیے یہ لمحہ فکریہ سے زیادہ کچھ نہیں تھا۔

it was supposed to be looked upon in distrust
اسے بے اعتمادی سے دیکھا جانا چاہیے تھا۔

it was destined to be penetrated and destroyed by thought
یہ سوچ کے ذریعے گھسنا اور تباہ ہونا مقدر تھا۔

since it was not the essence of existence
چونکہ یہ وجود کا جوہر نہیں تھا۔

since this essence lay beyond, on the other side of, the visible
چونکہ یہ جوہر نظر آنے والے کے دوسری طرف ہے۔

But now, his liberated eyes stayed on this side
لیکن اب اس کی آزاد نگاہیں اسی طرف جمی ہوئی تھیں۔

he saw and became aware of the visible
اس نے دیکھا اور ظاہر سے واقف ہو گیا۔

he sought to be at home in this world
وہ اس دنیا میں گھر میں رہنا چاہتا تھا۔

he did not search for the true essence
اس نے حقیقی جوہر کی تلاش نہیں کی۔

he did not aim at a world beyond
اس نے ایک دنیا سے باہر کا مقصد نہیں کیا

this world was beautiful enough for him
یہ دنیا اس کے لیے کافی خوبصورت تھی۔

looking at it like this made everything childlike
اسے اس طرح دیکھ کر سب کچھ بچوں جیسا ہو گیا۔

Beautiful were the moon and the stars
چاند اور ستارے خوبصورت تھے۔

beautiful was the stream and the banks
ندی اور کنارے خوبصورت تھے۔

the forest and the rocks, the goat and the gold-beetle
جنگل اور چٹانیں، بکری اور سونے کی چقندر

the flower and the butterfly; beautiful and lovely it was
پھول اور تتلی؛ خوبصورت اور پیارا تھا

to walk through the world was childlike again
دنیا میں چلنا پھر سے بچوں جیسا تھا۔

this way he was awoken
اس طرح وہ بیدار ہوا

this way he was open to what is near
اس طرح وہ اس کے لیے کھلا تھا جو قریب ہے۔

this way he was without distrust
اس طرح وہ بے اعتمادی کا شکار تھا۔

differently the sun burnt the head
مختلف طریقے سے سورج نے سر جلا دیا

differently the shade of the forest cooled him down
مختلف طرح سے جنگل کی چھاؤں نے اسے ٹھنڈا کر دیا۔

differently the pumpkin and the banana tasted
کدو اور کیلے کا ذائقہ مختلف ہے۔

Short were the days, short were the nights
دن چھوٹے تھے، راتیں چھوٹی تھیں۔

every hour sped swiftly away like a sail on the sea
ہر گھنٹہ سمندر پر بادبان کی طرح تیزی سے دور ہوتا ہے۔

and under the sail was a ship full of treasures, full of joy
اور بحری جہاز کے نیچے خزانوں سے بھرا ہوا، خوشی سے بھرا ہوا تھا۔

Siddhartha saw a group of apes moving through the high canopy
سدھارتھ نے بندروں کے ایک گروہ کو اونچی چھتری سے گزرتے دیکھا

they were high in the branches of the trees
وہ درختوں کی شاخوں میں اونچے تھے۔

and he heard their savage, greedy song
اور اس نے ان کا وحشی، لالچی گانا سنا

Siddhartha saw a male sheep following a female one and mating with her
سدھارتھ نے دیکھا کہ ایک نر بھیڑ ایک مادہ کے پیچھے پیچھے ہے اور اس کے ساتھ مل رہی ہے۔

In a lake of reeds, he saw the pike hungrily hunting for its dinner
سرکنڈوں کی ایک جھیل میں، اس نے پائیک کو بھوک سے اپنے کھانے کے لیے شکار کرتے دیکھا

young fish were propelling themselves away from the pike
نوجوان مچھلیاں خود کو پائیک سے دور کر رہی تھیں۔

they were scared, wiggling and sparkling
وہ خوفزدہ تھے، بل رہے تھے اور چمک رہے تھے۔

the young fish jumped in droves out of the water
نوجوان مچھلی نے پانی سے باہر جھنڈوں میں چھلانگ لگا دی۔

the scent of strength and passion came forcefully out of the water

طاقت اور جذبے کی خوشبو پانی سے زبردستی باہر آئی
and the pike stirred up the scent
اور پائیک نے خوشبو کو ہلایا
All of this had always existed
یہ سب ہمیشہ سے موجود تھا۔
and he had not seen it, nor had he been with it
اور اس نے اسے نہ دیکھا تھا اور نہ ہی اس کے ساتھ تھا۔
Now he was with it and he was part of it
اب وہ اس کے ساتھ تھا اور وہ اس کا حصہ تھا۔
Light and shadow ran through his eyes
روشنی اور سایہ اس کی آنکھوں سے گزر رہے تھے۔
stars and moon ran through his heart
ستارے اور چاند اس کے دل میں دوڑ گئے۔

Siddhartha remembered everything he had experienced in the Garden Jetavana
سدھارتھ کو وہ سب کچھ یاد تھا جو اس نے گارڈن جیٹاوانہ میں کیا تھا۔
he remembered the teaching he had heard there from the divine Buddha
اسے وہ تعلیم یاد آئی جو اس نے وہاں الٰہی بدھ سے سنی تھی۔
he remembered the farewell from Govinda
اسے گووندا کی الوداعی یاد آئی
he remembered the conversation with the exalted one
اُسے اُس بزرگ کے ساتھ کی گئی گفتگو یاد تھی۔
Again he remembered his own words that he had spoken to the exalted one
اسے پھر سے اپنے وہ الفاظ یاد آئے جو اس نے اس بزرگ سے کہے تھے۔
he remembered every word
اسے ہر لفظ یاد تھا۔
he realized he had said things which he had not really known
اسے احساس ہوا کہ اس نے ایسی باتیں کہی ہیں جو وہ واقعی نہیں جانتا تھا۔
he astonished himself with what he had said to Gotama
اس نے گوتم سے جو کچھ کہا تھا اس سے وہ حیران رہ گیا۔
the Buddha's treasure and secret was not the teachings
بدھ کا خزانہ اور راز تعلیمات نہیں تھے۔
but the secret was the inexpressible and not teachable
لیکن راز ناقابل بیان تھا اور سکھانے کے قابل نہیں تھا۔

the secret which he had experienced in the hour of his enlightenment

وہ راز جس کا اس نے اپنی روشن خیالی کے وقت تجربہ کیا تھا۔

the secret was nothing but this very thing which he had now gone to experience

راز کچھ نہیں تھا مگر اسی چیز کا جس کا وہ اب تجربہ کرنے گیا تھا۔

the secret was what he now began to experience

راز وہی تھا جس کا اب اس نے تجربہ کرنا شروع کیا تھا۔

Now he had to experience his self

اب اسے اپنی ذات کا تجربہ کرنا تھا۔

he had already known for a long time that his self was Atman

وہ کافی عرصے سے جانتا تھا کہ اس کا نفس اتمان ہے۔

he knew Atman bore the same eternal characteristics as Brahman

وہ جانتا تھا کہ اتمان میں برہمن جیسی ابدی خصوصیات ہیں۔

But he had never really found this self

لیکن اس نے یہ خود کبھی نہیں پایا تھا۔

because he had wanted to capture the self in the net of thought

کیونکہ وہ خود کو سوچ کے جال میں قید کرنا چاہتا تھا۔

but the body was not part of the self

لیکن جسم نفس کا حصہ نہیں تھا۔

it was not the spectacle of the senses

یہ حواس کا تماشا نہیں تھا۔

so it also was not the thought, nor the rational mind

تو یہ بھی نہ سوچ تھا، نہ عقلی ذہن

it was not the learned wisdom, nor the learned ability

یہ نہ سیکھی ہوئی حکمت تھی، نہ سیکھی ہوئی صلاحیت

from these things no conclusions could be drawn

ان چیزوں سے کوئی نتیجہ اخذ نہیں کیا جا سکتا

No, the world of thought was also still on this side

نہیں، فکر کی دنیا بھی اس طرف تھی۔

Both, the thoughts as well as the senses, were pretty things

دونوں، خیالات کے ساتھ ساتھ حواس، خوبصورت چیزیں تھیں۔

but the ultimate meaning was hidden behind both of them

لیکن ان دونوں کے پیچھے آخری معنی چھپا ہوا تھا۔

both had to be listened to and played with

دونوں کو سننا اور کھیلنا تھا۔

neither had to be scorned nor overestimated
نہ تو طعنہ دیا جائے اور نہ ہی زیادہ اندازہ لگایا جائے۔

there were secret voices of the innermost truth
اندر کی سچائی کی خفیہ آوازیں تھیں۔

these voices had to be attentively perceived
ان آوازوں کو دھیان سے سمجھنا تھا۔

He wanted to strive for nothing else
وہ اور کچھ نہیں کرنا چاہتا تھا۔

he would do what the voice commanded him to do
وہ وہی کرے گا جو آواز اسے کرنے کا حکم دیتی ہے۔

he would dwell where the voices advised him to
وہ وہیں رہے گا جہاں آوازیں اسے مشورہ دیتی تھیں۔

Why had Gotama sat down under the Bodhi tree?
گوتم بودھی کے درخت کے نیچے کیوں بیٹھ گیا؟

He had heard a voice in his own heart
اس نے اپنے دل کی آواز سنی تھی۔

a voice which had commanded him to seek rest under this tree
ایک آواز جس نے اسے اس درخت کے نیچے آرام کرنے کا حکم دیا تھا۔

he could have gone on to make offerings
وہ قربانیاں دینے کے لیے جا سکتا تھا۔

he could have performed his ablutions
وہ اپنا وضو کر سکتا تھا۔

he could have spent that moment in prayer
وہ اس لمحے کو دعا میں گزار سکتا تھا۔

he had chosen not to eat or drink
اس نے نہ کھانے پینے کا انتخاب کیا تھا۔

he had chosen not to sleep or dream
اس نے سونے یا خواب نہ دیکھنے کا انتخاب کیا تھا۔

instead, he had obeyed the voice
اس کے بجائے، اس نے آواز کی تعمیل کی تھی۔

To obey like this was good
اس طرح ماننا اچھا تھا۔

it was good not to obey to an external command
بیرونی حکم کی تعمیل نہ کرنا اچھا تھا۔

it was good to obey only the voice
صرف آواز کو ماننا اچھا تھا۔

to be ready like this was good and necessary
اس طرح تیار رہنا اچھا اور ضروری تھا۔

there was nothing else that was necessary
اس کے علاوہ کچھ بھی ضروری نہیں تھا۔

in the night Siddhartha got to a river
رات میں سدھارتھ ایک ندی کے پاس گیا۔

he slept in the straw hut of a ferryman
وہ ایک فیری مین کی بھوسے کی جھونپڑی میں سوتا تھا۔

this night Siddhartha had a dream
اس رات سدھارتھ نے ایک خواب دیکھا

Govinda was standing in front of him
گووندا اس کے سامنے کھڑا تھا۔

he was dressed in the yellow robe of an ascetic
وہ ایک سنیاسی کے پیلے رنگ کے لباس میں ملبوس تھا۔

Sad was how Govinda looked
گووندا کی طرح دکھ رہا تھا۔

sadly he asked, "Why have you forsaken me?"
اس نے افسوس سے پوچھا تم نے مجھے کیوں چھوڑ دیا؟

Siddhartha embraced Govinda, and wrapped his arms around him
سدھارتھ نے گووندا کو گلے لگایا، اور اپنے بازو اس کے گرد لپیٹ لیے

he pulled him close to his chest and kissed him
اس نے اسے اپنے سینے سے قریب کیا اور اسے چوما

but it was not Govinda anymore, but a woman
لیکن اب وہ گووندا نہیں بلکہ ایک عورت تھی۔

a full breast popped out of the woman's dress
عورت کے لباس سے ایک مکمل چھاتی باہر نکل آئی

Siddhartha lay and drank from the breast
سدھارتھ لیٹا اور چھاتی سے پیا۔

sweetly and strongly tasted the milk from this breast
اس چھاتی کے دودھ کو میٹھی اور سختی سے چکھا

It tasted of woman and man
اس کا ذائقہ عورت اور مرد کا تھا۔

it tasted of sun and forest
اس نے سورج اور جنگل کا ذائقہ چکھا

it tasted of animal and flower
اس نے جانوروں اور پھولوں کا ذائقہ چکھا

it tasted of every fruit and every joyful desire
اس نے ہر پھل اور ہر خوشی کی خواہش کا مزہ چکھا

It intoxicated him and rendered him unconscious

اس نے اسے نشہ میں مبتلا کر دیا اور اسے بے ہوش کر دیا۔

Siddhartha woke up from the dream

سدھارتھ خواب سے بیدار ہوا۔

the pale river shimmered through the door of the hut

ہلکی ندی جھونپڑی کے دروازے سے چمک رہی تھی۔

a dark call of an owl resounded deeply through the forest

اُلّو کی کالی آواز جنگل میں گہرائی سے گونج رہی تھی۔

Siddhartha asked the ferryman to get him across the river

سدھارتھ نے کشتی والے سے کہا کہ وہ اسے دریا کے پار لے جائے۔

The ferryman got him across the river on his bamboo-raft

کشتی والے نے اسے بانس کے بیڑے پر دریا کے پار پہنچا دیا۔

the water shimmered reddish in the light of the morning

صبح کی روشنی میں پانی سرخی مائل ہو گیا۔

"This is a beautiful river," he said to his companion

"یہ ایک خوبصورت دریا ہے، "اس نے اپنے ساتھی سے کہا

"Yes," said the ferryman, "a very beautiful river"

"ہاں، "فیری مین نے کہا،" بہت خوبصورت دریا"

"I love it more than anything"

"میں اسے کسی بھی چیز سے زیادہ پسند کرتا ہوں"

"Often I have listened to it"

"اکثر میں نے سنا ہے"

"often I have looked into its eyes"

"اکثر میں نے اس کی آنکھوں میں دیکھا ہے"

"and I have always learned from it"

"اور میں نے ہمیشہ اس سے سیکھا ہے"

"Much can be learned from a river"

"دریا سے بہت کچھ سیکھا جا سکتا ہے"

"I thank you, my benefactor" spoke Siddhartha

"میں آپ کا شکریہ، میرے محسن "سدھارتھ نے کہا

he disembarked on the other side of the river

وہ دریا کے دوسری طرف اتر گیا۔

"I have no gift I could give you for your hospitality, my dear"

"میرے پاس کوئی تحفہ نہیں ہے جو میں آپ کی مہمان نوازی کے لیے دے سکتا ہوں، میرے پیارے"

"and I also have no payment for your work"

"اور میرے پاس تمہارے کام کا کوئی معاوضہ بھی نہیں ہے"

"I am a man without a home"

"میں بے گھر آدمی ہوں"
"I am the son of a Brahman and a Samana"
"میں برہمن اور سمانے کا بیٹا ہوں"
"I did see it," spoke the ferryman
"میں نے اسے دیکھا"، "فیری مین بولا۔
"I did not expect any payment from you"
"مجھے تم سے کسی ادائیگی کی امید نہیں تھی"
"it is custom for guests to bear a gift"
"مہمانوں کے لیے تحفہ لے جانے کا رواج ہے"
"but I did not expect this from you either"
"لیکن مجھے تم سے یہ امید بھی نہیں تھی"
"You will give me the gift another time"
"آپ مجھے تحفہ کسی اور وقت دیں گے"
"Do you think so?" asked Siddhartha, bemusedly
"کیا تمہیں ایسا لگتا ہے؟ "سدھارتھ نے حیرانی سے پوچھا
"I am sure of it," replied the ferryman
"مجھے اس کا یقین ہے"، "فیری مین نے جواب دیا۔
"This too, I have learned from the river"
"یہ بھی میں نے دریا سے سیکھا ہے"
"everything that goes comes back!"
"جو کچھ جاتا ہے وہ واپس آتا ہے"!
"You too, Samana, will come back"
"تم بھی سمعان واپس آؤ گی"
"Now farewell! Let your friendship be my reward"
"اب الوداع !تمہاری دوستی میرا صلہ ہو"
"Commemorate me, when you make offerings to the gods"
"جب تم دیوتاؤں کو نذرانہ پیش کرتے ہو تو مجھے یاد کرو"
Smiling, they parted from each other
مسکراتے ہوئے وہ ایک دوسرے سے جدا ہو گئے۔
Smiling, Siddhartha was happy about the friendship
مسکراتے ہوئے، سدھارتھا دوستی پر خوش تھا۔
and he was happy about the kindness of the ferryman
اور وہ کشتی والے کی مہربانی سے خوش تھا۔
"He is like Govinda," he thought with a smile
"وہ گووندا کی طرح ہے"، "اس نے مسکراتے ہوئے سوچا۔
"all I meet on my path are like Govinda"
"میں اپنے راستے پر جتنے بھی ملتے ہیں وہ گووندا کی طرح ہیں"

"All are thankful for what they have"

"سب اس کے شکر گزار ہیں جو ان کے پاس ہے"

"but they are the ones who would have a right to receive thanks"

"لیکن وہی ہیں جن کا شکریہ ادا کرنے کا حق ہے"

"all are submissive and would like to be friends"

"سب فرمانبردار ہیں اور دوست بننا چاہتے ہیں"

"all like to obey and think little"

"سب کو ماننا اور تھوڑا سوچنا پسند ہے"

"all people are like children"

"تمام لوگ بچوں کی طرح ہیں"

At about noon, he came through a village

دوپہر کے قریب وہ ایک گاؤں سے گزرا۔

In front of the mud cottages, children were rolling about in the street

کچی جھونپڑیوں کے سامنے بچے گلی میں گھوم رہے تھے۔

they were playing with pumpkin-seeds and sea-shells

وہ کدو کے بیجوں اور سمندری گولوں سے کھیل رہے تھے۔

they screamed and wrestled with each other

وہ چیخے اور ایک دوسرے سے لڑ پڑے

but they all timidly fled from the unknown Samana

لیکن وہ سب ڈرتے ڈرتے نامعلوم سمانہ سے بھاگ گئے۔

In the end of the village, the path led through a stream

گاؤں کے آخر میں راستہ ایک ندی سے گزرتا تھا۔

by the side of the stream, a young woman was kneeling

ندی کے کنارے ایک نوجوان عورت گھٹنے ٹیک رہی تھی۔

she was washing clothes in the stream

وہ ندی میں کپڑے دھو رہی تھی۔

When Siddhartha greeted her, she lifted her head

سدھارتھ نے اسے سلام کیا تو اس نے سر اٹھایا

and she looked up to him with a smile

اور اس نے مسکراتے ہوئے اس کی طرف دیکھا

he could see the white in her eyes glistening

وہ اس کی آنکھوں میں سفیدی کو چمکتا دیکھ سکتا تھا۔

He called out a blessing to her

اس نے اسے ایک نعمت پکارا۔

this was the custom among travellers

مسافروں میں یہی رواج تھا۔

and he asked how far it was to the large city

اور اس نے پوچھا کہ یہ بڑے شہر سے کتنا دور ہے۔

Then she got up and came to him

پھر وہ اٹھ کر اس کے پاس آئی

beautifully her wet mouth was shimmering in her young face

خوبصورتی سے اس کا گیلا منہ اس کے جوان چہرے پر چمک رہا تھا۔

She exchanged humorous banter with him

اس نے اس کے ساتھ مزاحیہ گفتگو کی۔

she asked whether he had eaten already

اس نے پوچھا کہ کیا وہ پہلے ہی کھا چکا ہے۔

and she asked curious questions

اور اس نے متجسس سوالات پوچھے۔

"is it true that the Samanas slept alone in the forest at night?"

"کیا یہ سچ ہے کہ سمن رات کو جنگل میں اکیلے سوتے تھے؟"

"is it true Samanas are not allowed to have women with them"

"کیا یہ سچ ہے کہ سمن کو اپنے ساتھ عورتوں کو رکھنے کی اجازت نہیں ہے؟"

While talking, she put her left foot on his right one

بات کرتے کرتے اس نے اپنا بایاں پاؤں اس کے دائیں پاؤں پر رکھا

the movement of a woman who would want to initiate sexual pleasure

ایک عورت کی حرکت جو جنسی لذت کا آغاز کرنا چاہتی ہے۔

the textbooks call this "climbing a tree"

نصابی کتابیں اسے "درخت پر چڑھنا" کہتے ہیں۔

Siddhartha felt his blood heating up

سدھارتھ کو اپنا خون گرم ہوتا ہوا محسوس ہوا۔

he had to think of his dream again

اسے اپنے خواب کے بارے میں دوبارہ سوچنا پڑا

he bend slightly down to the woman

وہ عورت کی طرف تھوڑا سا جھک گیا۔

and he kissed with his lips the brown nipple of her breast

اور اس نے اپنے ہونٹوں سے اس کی چھاتی کے بھورے نپل کو چوما

Looking up, he saw her face smiling

نظر اٹھا کر دیکھا تو اس کا چہرہ مسکرا رہا تھا۔

and her eyes were full of lust

اور اس کی آنکھیں شہوت سے بھری ہوئی تھیں۔

Siddhartha also felt desire for her

سدھارتھ کو بھی اس کی خواہش محسوس ہوئی۔

he felt the source of his sexuality moving
اس نے محسوس کیا کہ اس کی جنسیت کا ذریعہ حرکت پذیر ہے۔
but he had never touched a woman before
لیکن اس نے پہلے کبھی کسی عورت کو نہیں چھوا تھا۔
so he hesitated for a moment
تو وہ ایک لمحے کے لیے ہچکچایا
his hands were already prepared to reach out for her
اس کے ہاتھ پہلے ہی اس کے لیے آگے بڑھنے کے لیے تیار تھے۔
but then he heard the voice of his innermost self
لیکن پھر اس نے اپنے باطن کی آواز سنی
he shuddered with awe at his voice
وہ اپنی آواز پر خوف سے کانپ گیا۔
and this voice told him no
اور اس آواز نے اسے نہیں کہا
all charms disappeared from the young woman's smiling face
نوجوان عورت کے مسکراتے چہرے سے سارے سحر غائب ہو گئے۔
he no longer saw anything else but a damp glance
اس نے اب ایک نم نظر کے سوا کچھ نہیں دیکھا
all he could see was female animal in heat
وہ صرف گرمی میں مادہ جانور دیکھ سکتا تھا۔
Politely, he petted her cheek
اس نے شائستگی سے اس کے گال کو تھپکا
he turned away from her and disappeared away
وہ اس سے منہ موڑ کر غائب ہو گیا۔
he left from the disappointed woman with light steps
وہ مایوس عورت کے پاس سے ہلکے قدموں سے چلا گیا۔
and he disappeared into the bamboo-wood
اور وہ بانس کی لکڑی میں غائب ہو گیا۔

he reached the large city before the evening
شام سے پہلے وہ بڑے شہر میں پہنچ گیا۔
and he was happy to have reached the city
اور وہ شہر پہنچ کر خوش تھا۔
because he felt the need to be among people
کیونکہ اس نے لوگوں کے درمیان رہنے کی ضرورت محسوس کی۔
or a long time, he had lived in the forests
یا ایک طویل عرصے تک، وہ جنگلوں میں رہتا تھا۔
for first time in a long time he slept under a roof

ایک طویل عرصے میں پہلی بار وہ چھت کے نیچے سوا۔

Before the city was a beautifully fenced garden
شہر سے پہلے ایک خوبصورت باڑ والا باغ تھا۔

the traveller came across a small group of servants
مسافر کو نوکروں کی ایک چھوٹی سی جماعت ملی۔

the servants were carrying baskets of fruit
نوکر پھلوں کی ٹوکریاں اٹھائے ہوئے تھے۔

four servants were carrying an ornamental sedan-chair
چار نوکر ایک سجاوٹی سیڈان کرسی اٹھائے ہوئے تھے۔

on this chair sat a woman, the mistress
اس کرسی پر ایک عورت، مالکن بیٹھی تھی۔

she was on red pillows under a colourful canopy
وہ ایک رنگ برنگی چھتری کے نیچے سرخ تکیوں پر تھی۔

Siddhartha stopped at the entrance to the pleasure-garden
سدھارتھ خوشی باغ کے دروازے پر رک گیا۔

and he watched the parade go by
اور اس نے پریڈ کو جاتے دیکھا

he saw saw the servants and the maids
اس نے نوکروں اور لونڈیوں کو دیکھا

he saw the baskets and the sedan-chair
اس نے ٹوکریاں اور پالکی والی کرسی دیکھی۔

and he saw the lady on the chair
اور اس نے خاتون کو کرسی پر دیکھا

Under her black hair he saw a very delicate face
اس کے کالے بالوں کے نیچے اسے ایک بہت نازک چہرہ نظر آیا

a bright red mouth, like a freshly cracked fig
ایک چمکدار سرخ منہ، جیسے تازہ پھٹے ہوئے انجیر

eyebrows which were well tended and painted in a high arch
بھنویں جن کو اچھی طرح سے رکھا گیا تھا اور ایک اونچی محراب میں پینٹ کیا گیا تھا۔

they were smart and watchful dark eyes
وہ ہوشیار اور چوکس سیاہ آنکھیں تھیں۔

a clear, tall neck rose from a green and golden garment
سبز اور سنہری لباس سے ایک واضح، لمبی گردن گلاب

her hands were resting, long and thin
اس کے ہاتھ آرام سے، لمبے اور پتلے تھے۔

she had wide golden bracelets over her wrists
اس کی کلائیوں پر سونے کے چوڑے کنگن تھے۔

Siddhartha saw how beautiful she was, and his heart rejoiced

سدھارتھ نے دیکھا کہ وہ کتنی خوبصورت ہے، اور اس کا دل خوش ہوا۔

He bowed deeply, when the sedan-chair came closer

وہ گہری نظروں سے جھک گیا، جب پالکی کرسی قریب آئی

straightening up again, he looked at the fair, charming face

دوبارہ سیدھا ہو کر اس نے میلے، دلکش چہرے کی طرف دیکھا

he read her smart eyes with the high arcs

اس نے اونچی آرکس کے ساتھ اس کی ہوشیار آنکھوں کو پڑھا۔

he breathed in a fragrance of something he did not know

اس نے کسی چیز کی خوشبو میں سانس لیا جسے وہ نہیں جانتا تھا۔

With a smile, the beautiful woman nodded for a moment

ایک مسکراہٹ کے ساتھ، خوبصورت عورت نے ایک لمحے کے لئے سر ہلایا

then she disappeared into the garden

پھر وہ باغ میں غائب ہو گیا۔

and then the servants disappeared as well

اور پھر نوکر بھی غائب ہو گئے۔

"I am entering this city with a charming omen" Siddhartha thought

''میں ایک دلکش شگون کے ساتھ اس شہر میں داخل ہو رہا ہوں۔ ''سدھارتھ نے سوچا۔

He instantly felt drawn into the garden

اس نے فوراً باغ میں کھنچا محسوس کیا۔

but he thought about his situation

لیکن اس نے اپنی حالت کے بارے میں سوچا۔

he became aware of how the servants and maids had looked at him

اسے معلوم ہوا کہ نوکرانیوں اور نوکرانیوں نے اسے کس طرح دیکھا تھا۔

they thought him despicable, distrustful, and rejected him

اُنہوں نے اُسے حقیر، بے اعتمادی سمجھا اور اُسے مسترد کر دیا۔

"I am still a Samana" he thought

"میں اب بھی سمانا ہوں "اس نے سوچا۔

"I am still an ascetic and beggar"

"میں اب بھی ایک سنیاسی اور بھکاری ہوں"

"I must not remain like this"

"مجھے ایسے نہیں رہنا چاہیے "

"I will not be able to enter the garden like this," he laughed

''میں اس طرح باغ میں داخل نہیں ہو سکوں گا۔ ''وہ ہنسا۔

he asked the next person who came along the path about the garden

اس نے راستے میں آنے والے اگلے شخص سے باغ کے بارے میں پوچھا

and he asked for the name of the woman

اور اس نے عورت کا نام پوچھا

he was told that this was the garden of Kamala, the famous courtesan

اسے بتایا گیا کہ یہ مشہور درباری کملا کا باغ ہے۔

and he was told that she also owned a house in the city

اور اسے بتایا گیا کہ وہ بھی شہر میں ایک گھر کی مالک ہے۔

Then, he entered the city with a goal

پھر، وہ ایک مقصد کے ساتھ شہر میں داخل ہوا۔

Pursuing his goal, he allowed the city to suck him in

اپنے مقصد کا تعاقب کرتے ہوئے، اس نے شہر کو اسے چوسنے کی اجازت دی۔

he drifted through the flow of the streets

وہ گلیوں کے بہاؤ میں سے بہتا ہوا تھا۔

he stood still on the squares in the city

وہ شہر کے چوکوں پر ساکت کھڑا رہا۔

he rested on the stairs of stone by the river

اس نے دریا کے کنارے پتھر کی سیڑھیوں پر آرام کیا۔

When the evening came, he made friends with a barber's assistant

شام ہوئی تو حجام کے اسسٹنٹ سے دوستی کرلی

he had seen him working in the shade of an arch

اس نے اسے محراب کے سائے میں کام کرتے دیکھا تھا۔

and he found him again praying in a temple of Vishnu

اور اس نے اسے دوبارہ وشنو کے مندر میں نماز پڑھتے ہوئے پایا

he told about stories of Vishnu and the Lakshmi

اس نے وشنو اور لکشمی کی کہانیاں سنائیں۔

Among the boats by the river, he slept this night

دریا کے کنارے کشتیوں کے درمیان، وہ اس رات سو گیا۔

Siddhartha came to him before the first customers came into his shop

پہلے گاہک اس کی دکان میں آنے سے پہلے سدھارتھ اس کے پاس آیا

he had the barber's assistant shave his beard and cut his hair

اس نے حجام کے اسسٹنٹ سے داڑھی منڈوائی اور بال کٹوائے تھے۔

he combed his hair and anointed it with fine oil

اس نے اپنے بالوں میں کنگھی کی اور اسے باریک تیل سے مسح کیا۔

Then he went to take his bath in the river

پھر وہ دریا میں نہانے چلا گیا۔

late in the afternoon, beautiful Kamala approached her garden

دوپہر کے وقت خوبصورت کملا اپنے باغ کے قریب پہنچی۔

Siddhartha was standing at the entrance again

سدھارتھ دوبارہ دروازے پر کھڑا تھا۔

he made a bow and received the courtesan's greeting

اس نے ایک کمان بنایا اور درباری کا استقبال کیا۔

he got the attention of one of the servant

اس نے ایک نوکر کی توجہ حاصل کی۔

he asked him to inform his mistress

اس نے اس سے اپنی مالکن کو اطلاع کرنے کو کہا

"a young Brahman wishes to talk to her"

"ایک نوجوان برہمن اس سے بات کرنا چاہتا ہے"

After a while, the servant returned

تھوڑی دیر بعد خادم واپس آیا

the servant asked Siddhartha to follow him

نوکر نے سدھارتھ کو اپنے پیچھے آنے کو کہا

Siddhartha followed the servant into a pavilion

سدھارتھ نے نوکر کے پیچھے پویلین میں چل دیا

here Kamala was lying on a couch

یہاں کملا صوفے پر لیٹی تھی۔

and the servant left him alone with her

اور نوکر نے اسے اپنے پاس اکیلا چھوڑ دیا۔

"Weren't you also standing out there yesterday, greeting me?" asked Kamala

"کیا تم کل بھی باہر کھڑے ہو کر مجھے سلام نہیں کر رہے تھے؟" کملا نے پوچھا

"It's true that I've already seen and greeted you yesterday"

"یہ سچ ہے کہ میں نے کل آپ کو دیکھا اور سلام کیا ہے"

"But didn't you yesterday wear a beard, and long hair?"

"لیکن کیا تم نے کل داڑھی اور لمبے بال نہیں رکھے تھے؟"

"and was there not dust in your hair?"

"اور کیا تمہارے بالوں میں دھول نہیں تھی؟"

"You have observed well, you have seen everything"

"آپ نے اچھی طرح مشاہدہ کیا ہے، آپ نے سب کچھ دیکھا ہے"

"You have seen Siddhartha, the son of a Brahman"

"تم نے برہمن کے بیٹے سدھارتھ کو دیکھا ہے"

"the Brahman who has left his home to become a Samana"

"وہ برہمن جس نے سمانا بننے کے لیے اپنا گھر چھوڑ دیا ہے"

"the Brahman who has been a Samana for three years"

"وہ برہمن جو تین سال سے سمانا ہے"

"But now, I have left that path and came into this city"

"لیکن اب میں وہ راستہ چھوڑ کر اس شہر میں آیا ہوں۔"

"and the first one I met, even before I had entered the city, was you"

"اور شہر میں داخل ہونے سے پہلے جس سے میں سب سے پہلے ملا تھا، وہ تم ہی تھے"

"To say this, I have come to you, oh Kamala!"

"یہ کہنے کے لیے میں تمہارے پاس آیا ہوں اوہ کملا"!

"before, Siddhartha addressed all woman with his eyes to the ground"

"اس سے پہلے، سدھارتھ نے اپنی آنکھوں سے زمین پر تمام خواتین کو مخاطب کیا"

"You are the first woman whom I address otherwise"

"آپ پہلی خاتون ہیں جسے میں دوسری صورت میں مخاطب کرتا ہوں"

"Never again do I want to turn my eyes to the ground"

"پھر کبھی میں اپنی آنکھیں زمین کی طرف نہیں کرنا چاہتا"

"I won't turn when I'm coming across a beautiful woman"

"جب میں کسی خوبصورت عورت سے ملوں گا تو میں نہیں مڑوں گا"

Kamala smiled and played with her fan of peacocks' feathers

کملا مسکرائی اور اپنے مور کے پنکھوں سے کھیلی۔

"And only to tell me this, Siddhartha has come to me?"

"اور صرف یہ بتانے کے لیے، سدھارتھ میرے پاس آیا ہے؟"

"To tell you this and to thank you for being so beautiful"

"یہ بتانے کے لیے اور بہت خوبصورت ہونے کا شکریہ"

"I would like to ask you to be my friend and teacher"

"میں آپ سے اپنے دوست اور استاد بننا چاہتا ہوں"

"for I know nothing yet of that art which you have mastered"

"کیونکہ میں ابھی تک اس فن کے بارے میں کچھ نہیں جانتا جس میں تم نے مہارت حاصل کی ہے"

At this, Kamala laughed aloud

اس پر کملا زور سے ہنس پڑی۔

"Never before this has happened to me, my friend"

"میرے دوست میرے ساتھ ایسا پہلے کبھی نہیں ہوا"

"a Samana from the forest came to me and wanted to learn from me!"

"جنگل سے ایک سمانہ میرے پاس آیا اور مجھ سے سیکھنا چاہتا تھا"!

"Never before this has happened to me"

"میرے ساتھ ایسا پہلے کبھی نہیں ہوا"

"a Samana came to me with long hair and an old, torn loincloth!"

"ایک سمانہ میرے پاس لمبے بالوں اور پرانے، پھٹے ہوئے لنگوٹے کے ساتھ آئی"!

"Many young men come to me"

"میرے پاس بہت سے نوجوان آتے ہیں"

"and there are also sons of Brahmans among them"

"اور ان میں برہمن کے بیٹے بھی ہیں"

"but they come in beautiful clothes"

"لیکن وہ خوبصورت کپڑوں میں آتے ہیں"

"they come in fine shoes"

"وہ اچھے جوتے میں آتے ہیں"

"they have perfume in their hair

"ان کے بالوں میں پرفیوم ہے۔

"and they have money in their pouches"

"اور ان کے پاؤچوں میں پیسے ہیں"

"This is how the young men are like, who come to me"

"ایسے ہوتے ہیں جوان جو میرے پاس آتے ہیں"

Spoke Siddhartha, "Already I am starting to learn from you"

سدھارتھ نے کہا،" میں پہلے ہی آپ سے سیکھنا شروع کر رہا ہوں"

"Even yesterday, I was already learning"

"کل بھی، میں پہلے ہی سیکھ رہا تھا"

"I have already taken off my beard"

"میں پہلے ہی داڑھی اتار چکا ہوں"

"I have combed the hair"

"میں نے بالوں میں کنگھی کی ہے "

"and I have oil in my hair"

"اور میرے بالوں میں تیل ہے "

"There is little which is still missing in me"

"کچھ ہے جو ابھی تک مجھ میں غائب ہے"

"oh excellent one, fine clothes, fine shoes, money in my pouch"

"اوہ بہترین، اچھے کپڑے، اچھے جوتے، میرے تیلی میں پیسے "

"You shall know Siddhartha has set harder goals for himself"

"آپ کو معلوم ہوگا کہ سدھارتھ نے اپنے لیے مشکل اہداف طے کیے ہیں"

"and he has reached these goals"

"اور وہ ان مقاصد تک پہنچ گیا ہے "

"How shouldn't I reach that goal?"

"مجھے اس مقصد تک کیسے نہیں پہنچنا چاہئے؟"

"the goal which I have set for myself yesterday"

"وہ مقصد جو میں نے کل اپنے لیے مقرر کیا ہے "

"to be your friend and to learn the joys of love from you"

"تمہارا دوست بننا اور تم سے محبت کی خوشیاں سیکھنا"

"You'll see that I'll learn quickly, Kamala"

"تم دیکھو گے کہ میں جلدی سیکھ لوں گی کملا"

"I have already learned harder things than what you're supposed to teach me"

"میں نے پہلے ہی اس سے کہیں زیادہ مشکل چیزیں سیکھ لی ہیں جو آپ مجھے سکھانا چاہتے ہیں"

"And now let's get to it"

"اور اب اس کی طرف آتے ہیں"

"You aren't satisfied with Siddhartha as he is?"

"آپ سدھارتھ کی طرح اس سے مطمئن نہیں ہیں؟"

"with oil in his hair, but without clothes"

"اس کے بالوں میں تیل ہے، لیکن کپڑے کے بغیر"

"Siddhartha without shoes, without money"

"سدھارتھ بغیر جوتوں کے، بغیر پیسے کے"

Laughing, Kamala exclaimed, "No, my dear"

کملا نے ہنستے ہوئے کہا،" نہیں، میرے پیارے"

"he doesn't satisfy me, yet"

"وہ مجھے ابھی تک مطمئن نہیں کرتا"

"Clothes are what he must have"

"کپڑے وہی ہیں جو اس کے پاس ہونا چاہیے "

"pretty clothes, and shoes is what he needs"

"خوبصورت کپڑے، اور جوتے وہی ہیں جو اسے چاہیے "

"pretty shoes, and lots of money in his pouch"

"خوبصورت جوتے، اور اس کے تیلی میں بہت سارے پیسے "

"and he must have gifts for Kamala"

"اور اس کے پاس کملا کے لیے تحفے ہوں گے"

"Do you know it now, Samana from the forest?"

"کیا تمہیں اب پتہ چل گیا ہے سمانہ جنگل سے؟"

"Did you mark my words?"

"کیا تم نے میرے الفاظ کو نشان زد کیا؟"

"Yes, I have marked your words," Siddhartha exclaimed

"ہاں، میں نے آپ کے الفاظ پر نشان لگا دیا ہے، "سدھارتھ نے چونک کر کہا

"How should I not mark words which are coming from such a mouth!"

"میں ایسے الفاظ کو کیسے نشان زد نہ کروں جو ایسے منہ سے نکل رہے ہیں"!

"Your mouth is like a freshly cracked fig, Kamala"

"تمہارا منہ تازہ پھٹے ہوئے انجیر جیسا ہے، کملا"

"My mouth is red and fresh as well"

"میرا منہ سرخ اور تازہ بھی ہے"

"it will be a suitable match for yours, you'll see"

"یہ آپ کے لیے مناسب میچ ہوگا، آپ دیکھیں گے"

"But tell me, beautiful Kamala"

"لیکن بتاؤ خوبصورت کملا"

"aren't you at all afraid of the Samana from the forest""

"کیا تم جنگل کے سمانے سے بالکل نہیں ڈرتے؟"

"the Samana who has come to learn how to make love"

"وہ سمانہ جو محبت کرنا سیکھنے آئی ہے"

"Whatever for should I be afraid of a Samana?"

"میں سمانا سے کس چیز سے ڈروں؟"

"a stupid Samana from the forest"

"جنگل سے ایک احمق سمانا"

"a Samana who is coming from the jackals"

"ایک سمانہ جو گیدڑوں سے آرہا ہے"

"a Samana who doesn't even know yet what women are?"

"ایک سمانہ جو ابھی تک نہیں جانتی کہ عورتیں کیا ہوتی ہیں؟"

"Oh, he's strong, the Samana"

"اوہ، وہ مضبوط ہے، سمانہ"

"and he isn't afraid of anything"

"اور وہ کسی چیز سے نہیں ڈرتا"

"He could force you, beautiful girl"

"وہ تمہیں مجبور کر سکتا ہے، خوبصورت لڑکی"
"He could kidnap you and hurt you"

"وہ آپ کو اغوا کر سکتا ہے اور آپ کو نقصان پہنچا سکتا ہے"
"No, Samana, I am not afraid of this"

"نہیں سمعان مجھے اس سے ڈر نہیں لگتا"
"Did any Samana or Brahman ever fear someone might come and grab him?"

"کیا کبھی کسی سمانا یا برہمن کو ڈر تھا کہ کوئی آکر اسے پکڑ لے؟"
"could he fear someone steals his learning?"

"کیا وہ ڈر سکتا ہے کہ کوئی اس کی تعلیم چرا لے؟"
"could anyone take his religious devotion"

"کیا کوئی اس کی مذہبی عقیدت لے سکتا ہے"
"is it possible to take his depth of thought?"

"کیا اس کی سوچ کی گہرائی میں جانا ممکن ہے؟"
"No, because these things are his very own"

"نہیں، کیونکہ یہ چیزیں اس کی اپنی ہیں۔"
"he would only give away the knowledge he is willing to give"

"وہ صرف وہی علم دے گا جو وہ دینے کو تیار ہے"
"he would only give to those he is willing to give to"

"وہ صرف ان کو دے گا جسے وہ دینے کو تیار ہے"
"precisely like this it is also with Kamala"

"بالکل ایسا ہی ہے کملا کے ساتھ بھی"
"and it is the same way with the pleasures of love"

"اور محبت کی لذتوں کے ساتھ بھی ایسا ہی ہے"
"Beautiful and red is Kamala's mouth," answered Siddhartha

"کملا کا منہ خوبصورت اور سرخ ہے، "سدھارتھ نے جواب دیا۔
"but don't try to kiss it against Kamala's will"

"لیکن کملا کی مرضی کے خلاف اسے چومنے کی کوشش مت کرنا"
"because you will not obtain a single drop of sweetness from it"

"کیونکہ تم اس سے مٹھاس کا ایک قطرہ بھی حاصل نہیں کرو گے"
"You are learning easily, Siddhartha"

"تم آسانی سے سیکھ رہے ہو سدھارتھ"
"you should also learn this"

"آپ کو بھی یہ سیکھنا چاہیے"

"love can be obtained by begging, buying"

"محبت بھیک مانگ کر، خرید کر حاصل کی جا سکتی ہے"

"you can receive it as a gift"

"آپ اسے بطور تحفہ وصول کر سکتے ہیں"

"or you can find it in the street"

"یا آپ اسے گلی میں ڈھونڈ سکتے ہیں"

"but love cannot be stolen"

"لیکن محبت چوری نہیں ہو سکتی"

"In this, you have come up with the wrong path"

"اس میں تم غلط راستے پر آئے ہو"

"it would be a pity if you would want to tackle love in such a wrong manner"

"یہ افسوس کی بات ہوگی اگر آپ محبت کو اس طرح کے غلط طریقے سے نپٹانا چاہتے ہیں"

Siddhartha bowed with a smile

سدھارتھ نے مسکرا کر جھکایا

"It would be a pity, Kamala, you are so right"

"افسوس کی بات ہوگی کملا، تم ٹھیک کہہ رہی ہو"

"It would be such a great pity"

"یہ بہت افسوس کی بات ہوگی"

"No, I shall not lose a single drop of sweetness from your mouth"

"نہیں میں تمہارے منہ سے ایک قطرہ بھی مٹھاس نہیں کھوؤں گا"

"nor shall you lose sweetness from my mouth"

"نہ ہی تم میرے منہ سے مٹھاس ختم کرو گے"

"So it is agreed. Siddhartha will return"

"تو یہ بات مان لی گئی۔ سدھارتھ واپس آ جائیں گے"

"Siddhartha will return once he has what he still lacks"

"سدھارتھ ایک بار واپس آجائیں گے جب اس کے پاس وہ چیز ہے جس کی اس کے پاس ابھی بھی کمی ہے"

"he will come back with clothes, shoes, and money"

"وہ کپڑے، جوتے اور پیسے لے کر واپس آئے گا"

"But speak, lovely Kamala, couldn't you still give me one small advice?"

"لیکن بولو، پیاری کملا، کیا تم اب بھی مجھے ایک چھوٹا سا مشورہ نہیں دے سکتی تھی؟"

"Give you an advice? Why not?"

"ایک مشورہ دوں؟ کیوں نہیں؟"

"Who wouldn't like to give advice to a poor, ignorant Samana?"

"ایک غریب، جاہل سمانہ کو کون مشورہ دینا پسند نہیں کرے گا؟"

"Dear Kamala, where I should go to find these three things most quickly?"

"پیاری کملا، مجھے ان تینوں چیزوں کو جلدی سے کہاں تلاش کرنا چاہیے؟"

"Friend, many would like to know this"

"دوست، بہت سے لوگ یہ جاننا چاہیں گے"

"You must do what you've learned and ask for money"

"آپ کو وہی کرنا چاہیے جو آپ نے سیکھا ہے اور پیسے مانگیں"

"There is no other way for a poor man to obtain money"

"غریب آدمی کے پاس پیسہ کمانے کا کوئی دوسرا راستہ نہیں"

"What might you be able to do?"

"تم کیا کر سکتے ہو؟"

"I can think. I can wait. I can fast" said Siddhartha

"میں سوچ سکتا ہوں، میں انتظار کر سکتا ہوں، میں روزہ رکھ سکتا ہوں "سدھارتھ نے کہا

"Nothing else?" asked Kamala

"اور کچھ نہیں؟ "کملا نے پوچھا

"yes, I can also write poetry"

"ہاں میں شاعری بھی لکھ سکتا ہوں"

"Would you like to give me a kiss for a poem?"

"کیا تم مجھے ایک نظم کے لیے بوسہ دینا پسند کرو گے؟"

"I would like to, if I like your poem"

"میں چاہوں گا، اگر مجھے آپ کی نظم پسند آئے"

"What would be its title?"

"اس کا عنوان کیا ہوگا؟"

Siddhartha spoke, after he had thought about it for a moment

سدھارتھ ایک لمحے کے لیے سوچنے کے بعد بولا۔

"Into her shady garden stepped the pretty Kamala"

"اس کے سایہ دار باغ میں خوبصورت کملا نے قدم رکھا"

"At the garden's entrance stood the brown Samana"

"باغ کے دروازے پر براؤن سمانہ کھڑا تھا"

"Deeply, seeing the lotus's blossom, Bowed that man"

"گہرائی سے، کنول کے پھول کو دیکھ کر، اس آدمی کو جھکایا"

"and smiling, Kamala thanked him"

"اور مسکراتے ہوئے کملا نے شکریہ ادا کیا"

"More lovely, thought the young man, than offerings for gods"

"دیوتاؤں کے نذرانے سے زیادہ خوبصورت، نوجوان نے سوچا"

Kamala clapped her hands so loud that the golden bracelets clanged

کملا نے اتنی زور سے تالی بجائی کہ سنہری کنگن بجنے لگے

"Beautiful are your verses, oh brown Samana"

"خوبصورت ہیں تیرے اشعار، اوہ بھوری سمانہ"

"and truly, I'm losing nothing when I'm giving you a kiss for them"

"اور واقعی، جب میں آپ کو ان کے لیے بوسہ دے رہا ہوں تو میں کچھ نہیں کھو رہا ہوں"

She beckoned him with her eyes

اس نے اسے آنکھوں سے اشارہ کیا۔

he tilted his head so that his face touched hers

اس نے اپنا سر اس طرح جھکایا کہ اس کا چہرہ اسے چھو گیا۔

and he placed his mouth on her mouth

اور اس نے اپنا منہ اس کے منہ پر رکھا

the mouth which was like a freshly cracked fig

منہ جو تازہ پھٹے ہوئے انجیر کی طرح تھا۔

For a long time, Kamala kissed him

کافی دیر تک کملا اسے چومتی رہی

and with a deep astonishment Siddhartha felt how she taught him

اور گہری حیرت کے ساتھ سدھارتھ نے محسوس کیا کہ اس نے اسے کیسے سکھایا

he felt how wise she was

اس نے محسوس کیا کہ وہ کتنی عقلمند ہے۔

he felt how she controlled him

اس نے محسوس کیا کہ اس نے اسے کیسے کنٹرول کیا

he felt how she rejected him

اس نے محسوس کیا کہ اس نے اسے کیسے مسترد کر دیا

he felt how she lured him

اس نے محسوس کیا کہ اس نے اسے کیسے لالچ دیا

and he felt how there were to be more kisses

اور اس نے محسوس کیا کہ مزید بوسے کیسے ہونے چاہئیں

every kiss was different from the others

ہر بوسہ دوسروں سے مختلف تھا۔

he was still, when he received the kisses

وہ اب بھی تھا، جب اس نے بوسے وصول کیے

Breathing deeply, he remained standing where he was

گہرا سانس لے کر وہ جہاں تھا وہیں کھڑا رہا۔

he was astonished like a child about the things worth learning

وہ سیکھنے کے قابل چیزوں کے بارے میں بچوں کی طرح حیران تھا۔

the knowledge revealed itself before his eyes

علم اس کی آنکھوں کے سامنے ظاہر ہوا۔

"Very beautiful are your verses" exclaimed Kamala

"بہت خوبصورت ہیں آپ کے اشعار "کملا نے کہا

"if I were rich, I would give you pieces of gold for them"

"اگر میں امیر ہوتا تو تمہیں ان کے لیے سونے کے ٹکڑے دیتا"

"But it will be difficult for you to earn enough money with verses"

"لیکن آپ کے لیے آیات سے کافی پیسہ کمانا مشکل ہو جائے گا"

"because you need a lot of money, if you want to be Kamala's friend"

"کیونکہ آپ کو بہت سارے پیسوں کی ضرورت ہے، اگر آپ کملا کی دوست بننا چاہتے ہیں"

"The way you're able to kiss, Kamala!" stammered Siddhartha

"جس طرح سے تم چوم سکتے ہو، کملا "!سدھارتھ کو جھنجھوڑا۔

"Yes, this I am able to do"

"ہاں، میں یہ کر سکتا ہوں"

"therefore I do not lack clothes, shoes, bracelets"

"اس لیے میرے پاس کپڑوں، جوتوں، کنگنوں کی کمی نہیں ہے "

"I have all the beautiful things"

"میرے پاس تمام خوبصورت چیزیں ہیں"

"But what will become of you?"

"لیکن تمہارا کیا بنے گا؟"

"Aren't you able to do anything else?"

"کیا تم اور کچھ نہیں کر سکتے؟"

"can you do more than think, fast, and make poetry?"

"کیا آپ سوچنے، تیز کرنے اور شاعری کرنے سے زیادہ کچھ کر سکتے ہیں؟"

"I also know the sacrificial songs" said Siddhartha

سدھارتھا نے کہا، "میں قربانی کے گانوں کو بھی جانتا ہوں۔
"but I do not want to sing those songs anymore"
"لیکن میں اب وہ گانے نہیں گانا چاہتا"
"I also know how to make magic spells"
"میں جادو منتر بنانا بھی جانتا ہوں"
"but I do not want to speak them anymore"
"لیکن میں ان سے مزید بات نہیں کرنا چاہتا"
"I have read the scriptures"
"میں نے صحیفے پڑھے ہیں"
"Stop!" Kamala interrupted him
"رکو"!کملا نے اسے روکا۔
"You're able to read and write?"
"تم پڑھ لکھ سکتے ہو؟"
"Certainly, I can do this, many people can"
"یقینی طور پر، میں یہ کر سکتا ہوں، بہت سے لوگ کر سکتے ہیں"
"Most people can't," Kamala replied
"زیادہ تر لوگ نہیں کر سکتے"، کملا نے جواب دیا۔
"I am also one of those who can't do it"
"میں بھی ان لوگوں میں سے ہوں جو یہ نہیں کر سکتے"
"It is very good that you're able to read and write"
"یہ بہت اچھی بات ہے کہ آپ پڑھ لکھ سکتے ہیں"
"you will also find use for the magic spells"
"آپ کو جادو منتر کے لیے بھی استعمال ملے گا"
In this moment, a maid came running in
اسی لمحے ایک نوکرانی دوڑتی ہوئی اندر آئی
she whispered a message into her mistress's ear
اس نے اپنی مالکن کے کان میں سرگوشی کی۔
"There's a visitor for me" exclaimed Kamala
"میرے لیے ایک مہمان آیا ہے" کملا نے چونک کر کہا
"Hurry and get yourself away, Siddhartha"
"جلدی کرو اور خود کو دور کرو، سدھارتھ"
"nobody may see you in here, remember this!"
"یہاں کوئی آپ کو نہیں دیکھ سکتا، یہ یاد رکھیں"!
"Tomorrow, I'll see you again"
"کل پھر ملوں گا"
Kamala ordered her maid to give Siddhartha white garments
کملا نے اپنی نوکرانی کو سدھارتھ کو سفید کپڑے دینے کا حکم دیا۔

and then Siddhartha found himself being dragged away by the maid

اور پھر سدھارتھ نے خود کو نوکرانی کے ذریعے گھسیٹتے ہوئے پایا

he was brought into a garden-house out of sight of any paths

اسے کسی بھی راستے کی نظروں سے باہر ایک باغیچے میں لایا گیا۔

then he was led into the bushes of the garden

پھر اسے باغ کی جھاڑیوں میں لے جایا گیا۔

he was urged to get himself out of the garden as soon as possible

اس پر زور دیا گیا کہ وہ جلد از جلد اپنے آپ کو باغ سے باہر نکال لے

and he was told he must not be seen

اور اسے کہا گیا کہ اسے نہیں دیکھا جانا چاہیے۔

he did as he had been told

اس نے ویسا ہی کیا جیسا اسے کہا گیا تھا۔

he was accustomed to the forest

وہ جنگل کا عادی تھا۔

so he managed to get out without making a sound

اس لیے وہ بغیر آواز کیے باہر نکلنے میں کامیاب ہو گیا۔

he returned to the city carrying the rolled up garments under his arm

وہ اپنے بازو کے نیچے لپٹے ہوئے کپڑوں کو لے کر شہر واپس آیا

At the inn, where travellers stay, he positioned himself by the door

سرائے میں، جہاں مسافر ٹھہرتے ہیں، اس نے خود کو دروازے کے پاس کھڑا کیا۔

without words he asked for food

بغیر الفاظ کے اس نے کھانا مانگا

without a word he accepted a piece of rice-cake

بغیر کسی لفظ کے اس نے چاول کے کیک کا ایک ٹکڑا قبول کر لیا۔

he thought about how he had always begged

اس نے سوچا کہ وہ ہمیشہ کیسے بھیک مانگتا تھا۔

"Perhaps as soon as tomorrow I will ask no one for food anymore"

"شاید کل جیسے ہی میں اب کسی سے کھانا نہیں مانگوں گا"

Suddenly, pride flared up in him

اچانک اس کے اندر غرور کی لہر دوڑ گئی۔

He was no Samana any more

وہ اب سمانا نہیں تھا۔

it was no longer appropriate for him to beg for food

اب اس کے لیے کھانا مانگنا مناسب نہیں رہا۔
he gave the rice-cake to a dog
اس نے چاول کا کیک کتے کو دیا۔
and that night he remained without food
اور اس رات وہ کھائے بغیر رہا۔
Siddhartha thought to himself about the city
سدھارتھ نے شہر کے بارے میں سوچا۔
"Simple is the life which people lead in this world"
"سادہ زندگی ہے جو لوگ اس دنیا میں گزارتے ہیں"
"this life presents no difficulties"
"یہ زندگی کوئی مشکل پیش نہیں کرتی"
"Everything was difficult and toilsome when I was a Samana"
"جب میں سمانا تھا تو سب کچھ مشکل اور مشقت والا تھا"
"as a Samana everything was hopeless"
"سمانا کے طور پر سب کچھ ناامید تھا"
"but now everything is easy"
"لیکن اب سب کچھ آسان ہے"
"it is easy like the lesson in kissing from Kamala"
"یہ کملا سے بوسہ لینے کے سبق کی طرح آسان ہے"
"I need clothes and money, nothing else"
"مجھے کپڑے اور پیسے چاہیے، اور کچھ نہیں"
"these goals are small and achievable"
"یہ اہداف چھوٹے اور قابل حصول ہیں"
"such goals won't make a person lose any sleep"
"ایسے اہداف سے انسان کی نیند نہیں جاتی"

the next day he returned to Kamala's house
اگلے دن وہ کملا کے گھر واپس آیا
"Things are working out well" she called out to him
"چیزیں ٹھیک چل رہی ہیں "اس نے اسے پکارا۔
"They are expecting you at Kamaswami's"
"وہ کامسوامی کے پاس آپ کا انتظار کر رہے ہیں"
"he is the richest merchant of the city"
"وہ شہر کا سب سے امیر سوداگر ہے"
"If he likes you, he'll accept you into his service"
"اگر وہ آپ کو پسند کرتا ہے تو وہ آپ کو اپنی خدمت میں قبول کرے گا"

"but you must be smart, brown Samana"

"لیکن تمہیں ہوشیار ہونا چاہیے بھوری سمانہ"

"I had others tell him about you"

"میں نے اسے آپ کے بارے میں دوسروں کو بتایا تھا"

"Be polite towards him, he is very powerful"

"اس کے ساتھ حسن سلوک کرو، وہ بہت طاقتور ہے"

"But I warn you, don't be too modest!"

"لیکن میں آپ کو خبردار کرتا ہوں، زیادہ معمولی مت بنو"!

"I do not want you to become his servant"

"میں نہیں چاہتا کہ تم اس کے خادم بنو"

"you shall become his equal"

"تم اس کے برابر ہو جاؤ گے"

"or else I won't be satisfied with you"

"ورنہ میں آپ سے مطمئن نہیں ہوں گا"

"Kamaswami is starting to get old and lazy"

"کاماسوامی بوڑھے اور سست ہونے لگے ہیں"

"If he likes you, he'll entrust you with a lot"

"اگر وہ آپ کو پسند کرتا ہے، تو وہ آپ کو بہت کچھ دے گا"

Siddhartha thanked her and laughed

سدھارتھ نے اس کا شکریہ ادا کیا اور ہنس دیا۔

she found out that he had not eaten

اسے پتہ چلا کہ اس نے کھانا نہیں کھایا

so she sent him bread and fruits

اس لیے اس نے اسے روٹی اور پھل بھیجے۔

"You've been lucky" she said when they parted

"تم خوش قسمت ہو "اس نے کہا جب وہ الگ ہو گئے۔

"I'm opening one door after another for you"

"میں تمہارے لیے ایک کے بعد ایک دروازہ کھول رہا ہوں"

"How come? Do you have a spell?"

"کیسے آئے؟ تمھارے پاس کوئی جادو ہے؟"

"I told you I knew how to think, to wait, and to fast"

"میں نے آپ کو بتایا کہ میں سوچنا، انتظار کرنا اور روزہ رکھنا جانتا ہوں"

"but you thought this was of no use"

"لیکن تم نے سوچا کہ اس کا کوئی فائدہ نہیں"

"But it is useful for many things"

"لیکن یہ بہت سی چیزوں کے لیے مفید ہے"

"Kamala, you'll see that the stupid Samanas are good at learning"

"کملا، تم دیکھو گی کہ احمق سمانے سیکھنے میں اچھے ہیں"

"you'll see they are able to do many pretty things in the forest"

"آپ دیکھیں گے کہ وہ جنگل میں بہت سی خوبصورت چیزیں کرنے کے قابل ہیں"

"things which the likes of you aren't capable of"

"وہ چیزیں جو آپ کو پسند نہیں ہیں"

"The day before yesterday, I was still a shaggy beggar"

"پرسوں پہلے، میں اب بھی ایک شگفتہ بھکاری تھا"

"as recently as yesterday I have kissed Kamala"

"کل ہی میں نے کملا کو چوما ہے"

"and soon I'll be a merchant and have money"

"اور جلد ہی میں ایک تاجر بنوں گا اور پیسے ہوں گے"

"and I'll have all those things you insist upon"

"اور میرے پاس وہ سب چیزیں ہوں گی جن پر آپ اصرار کرتے ہیں"

"Well yes," she admitted, "but where would you be without me?"

"اچھا ہاں، "اس نے اعتراف کیا" لیکن تم میرے بغیر کہاں رہو گے؟"

"What would you be, if Kamala wasn't helping you?"

"اگر کملا آپ کی مدد نہیں کرتی تو آپ کیا ہوتے؟"

"Dear Kamala" said Siddhartha

"ڈئیر کملا "سدھارتھ نے کہا"

and he straightened up to his full height

اور وہ اپنے پورے قد تک سیدھا ہو گیا۔

"when I came to you into your garden, I did the first step"

"جب میں آپ کے پاس آپ کے باغ میں آیا تو میں نے پہلا قدم اٹھایا"

"It was my resolution to learn love from this most beautiful woman"

"یہ میرا عزم تھا کہ اس خوبصورت ترین عورت سے محبت سیکھوں"

"that moment I had made this resolution"

"اس لمحے میں نے یہ قرارداد کی تھی"

"and I knew I would carry it out"

"اور میں جانتا تھا کہ میں اسے انجام دوں گا"

"I knew that you would help me"

"میں جانتا تھا کہ آپ میری مدد کریں گے"

"at your first glance at the entrance of the garden I already knew it"

"باغ کے دروازے پر آپ کی پہلی نظر میں اسے پہلے سے جانتا تھا"

"But what if I hadn't been willing?" asked Kamala

"لیکن اگر میں راضی نہ ہوتا تو کیا ہوتا؟ "کملا نے پوچھا

"You were willing" replied Siddhartha

سدھارتھ نے جواب دیا'' آپ راضی تھے۔

"When you throw a rock into water, it takes the fastest course to the bottom"

"جب آپ کسی چٹان کو پانی میں پھینکتے ہیں تو یہ سب سے تیز رفتاری سے نیچے تک جاتا ہے"

"This is how it is when Siddhartha has a goal"

"جب سدھارتھ کا مقصد ہوتا ہے تو ایسا ہی ہوتا ہے"

"Siddhartha does nothing; he waits, he thinks, he fasts"

"سدھارتھ کچھ نہیں کرتا، وہ انتظار کرتا ہے، وہ سوچتا ہے، وہ روزہ رکھتا ہے"

"but he passes through the things of the world like a rock through water"

"لیکن وہ دنیا کی چیزوں سے اس طرح گزرتا ہے جیسے چٹان پانی میں سے"

"he passed through the water without doing anything"

"وہ بغیر کچھ کیے پانی سے گزر گیا"

"he is drawn to the bottom of the water"

"وہ پانی کی تہہ کی طرف کھینچا گیا ہے"

"he lets himself fall to the bottom of the water"

"وہ خود کو پانی کی تہہ میں گرنے دیتا ہے"

"His goal attracts him towards it"

"اس کا مقصد اسے اپنی طرف راغب کرتا ہے"

"he doesn't let anything enter his soul which might oppose the goal"

"وہ کسی چیز کو اپنی روح میں داخل نہیں ہونے دیتا جو مقصد کے خلاف ہو"

"This is what Siddhartha has learned among the Samanas"

"یہ وہی ہے جو سدھارتھ نے سمن کے درمیان سیکھا ہے"

"This is what fools call magic"

"اسے کہتے ہیں نادان جادو"

"they think it is done by daemons"

"وہ سمجھتے ہیں کہ یہ ڈیمنز نے کیا ہے"

"but nothing is done by daemons"

"لیکن ڈیمنز کے ذریعے کچھ نہیں کیا جاتا"
"there are no daemons in this world"
"اس دنیا میں کوئی ڈیمن نہیں ہے"
"Everyone can perform magic, should they choose to"
"ہر کوئی جادو کر سکتا ہے، کیا وہ اس کا انتخاب کریں"
"everyone can reach his goals if he is able to think"
"ہر شخص اپنے مقاصد تک پہنچ سکتا ہے اگر وہ سوچنے کے قابل ہو"
"everyone can reach his goals if he is able to wait"
"ہر کوئی اپنے مقاصد تک پہنچ سکتا ہے اگر وہ انتظار کرنے کے قابل ہو"
"everyone can reach his goals if he is able to fast"
"ہر شخص اپنے مقاصد تک پہنچ سکتا ہے اگر وہ روزہ رکھ سکتا ہے"
Kamala listened to him; she loved his voice
کملا نے اس کی بات سنی۔ اسے اس کی آواز پسند تھی۔
she loved the look from his eyes
وہ اس کی آنکھوں سے نظر سے محبت کرتا تھا
"Perhaps it is as you say, friend"
"شاید ایسا ہی ہو جیسا تم کہتے ہو دوست"
"But perhaps there is another explanation"
"لیکن شاید ایک اور وضاحت ہے"
"Siddhartha is a handsome man"
"سدھارتھ ایک خوبصورت آدمی ہے"
"his glance pleases the women"
"اس کی نظر عورتوں کو خوش کرتی ہے"
"good fortune comes towards him because of this"
"خوش نصیبی اسی کی وجہ سے آتی ہے"
With one kiss, Siddhartha bid his farewell
ایک بوسے کے ساتھ، سدھارتھ نے الوداع کیا۔
"I wish that it should be this way, my teacher"
"کاش ایسا ہی ہو، میرے استاد"
"I wish that my glance shall please you"
"کاش میری نظر آپ کو خوش کر دے"
"I wish that that you always bring me good fortune"
"میری خواہش ہے کہ آپ ہمیشہ مجھے اچھی قسمت دیں"

With the Childlike People
بچوں کی طرح لوگوں کے ساتھ

Siddhartha went to Kamaswami the merchant
سدھارتھ سوداگر کامسوامی کے پاس گیا۔

he was directed into a rich house
اسے ایک امیر گھر میں بھیج دیا گیا۔

servants led him between precious carpets into a chamber
نوکر اسے قیمتی قالینوں کے درمیان ایک کوٹھڑی میں لے گئے۔

in the chamber was where he awaited the master of the house
چیمبر میں وہ گھر کے مالک کا انتظار کر رہا تھا۔

Kamaswami entered swiftly into the room
کامسوامی تیزی سے کمرے میں داخل ہوا۔

he was a smoothly moving man
وہ آسانی سے چلنے والا آدمی تھا۔

he had very gray hair and very intelligent, cautious eyes
اس کے بال بہت سفید تھے اور بہت ذہین، محتاط آنکھیں

and he had a greedy mouth
اور اس کا منہ لالچی تھا۔

Politely, the host and the guest greeted one another
شائستگی سے میزبان اور مہمان نے ایک دوسرے کو سلام کیا۔

"I have been told that you were a Brahman" the merchant began
''مجھے بتایا گیا ہے کہ تم برہمن تھے۔ ''سوداگر نے شروع کیا۔

"I have been told that you are a learned man"
"مجھے بتایا گیا ہے کہ تم ایک پڑھے لکھے آدمی ہو"

"and I have also been told something else"
"اور مجھے کچھ اور بھی بتایا گیا ہے"

"you seek to be in the service of a merchant"
"آپ ایک تاجر کی خدمت میں رہنا چاہتے ہیں"

"Might you have become destitute, Brahman, so that you seek to serve?"
"کیا تم بے سہارا ہو گئے ہو، برہمن، اس لیے خدمت کرنا چاہتے ہو؟"

"No," said Siddhartha, "I have not become destitute"
''نہیں، ''سدھارتھ نے کہا،'' میں بے سہارا نہیں ہوا''۔

"nor have I ever been destitute" added Siddhartha
سدھارتھا نے مزید کہا کہ" نہ ہی میں کبھی بے سہارا رہا ہوں۔"

"You should know that I'm coming from the Samanas"

"تمہیں معلوم ہونا چاہیے کہ میں سمن سے آرہا ہوں۔"

"I have lived with them for a long time"

"میں ان کے ساتھ کافی عرصے سے رہا ہوں"

"you are coming from the Samanas"

"تم سمن سے آ رہے ہو"

"how could you be anything but destitute?"

"تم بے سہارا کے سوا کچھ کیسے ہو سکتے ہو؟"

"Aren't the Samanas entirely without possessions?"

"کیا سمعان مکمل طور پر مال کے بغیر نہیں ہیں؟"

"I am without possessions, if that is what you mean" said Siddhartha

سدھارتھ نے کہا، "میں مال کے بغیر ہوں، اگر آپ کا یہی مطلب ہے۔"

"But I am without possessions voluntarily"

"لیکن میں اپنی مرضی سے مال کے بغیر ہوں"

"and therefore I am not destitute"

"اور اس لیے میں غریب نہیں ہوں"

"But what are you planning to live from, being without possessions?"

"لیکن تم کس چیز سے جینے کا ارادہ کر رہے ہو، بغیر مال کے؟"

"I haven't thought of this yet, sir"

"میں نے ابھی تک یہ نہیں سوچا سر۔"

"For more than three years, I have been without possessions"

"تین سال سے زیادہ عرصے سے، میں بغیر کسی مال کے ہوں"

"and I have never thought about of what I should live"

"اور میں نے کبھی نہیں سوچا کہ مجھے کیا جینا چاہیے"

"So you've lived of the possessions of others"

"تو تم نے دوسروں کے مال میں زندگی گزاری ہے"

"Presumable, this is how it is?"

"ممکنہ، یہ اس طرح ہے؟"

"Well, merchants also live of what other people own"

"ٹھیک ہے، تاجر بھی اسی چیز سے جیتے ہیں جو دوسرے لوگوں کی ملکیت ہے"

"Well said," granted the merchant

"اچھا کہا" سوداگر نے کہا

"But he wouldn't take anything from another person for nothing"

"لیکن وہ کسی دوسرے سے کچھ بھی نہیں لے گا"
"he would give his merchandise in return" said Kamaswami
"وہ بدلے میں اپنا سامان دے گا" کامسوامی نے کہا
"So it seems to be indeed"
"تو واقعی ایسا لگتا ہے"
"Everyone takes, everyone gives, such is life"
"ہر کوئی لیتا ہے، سب دیتا ہے، یہی زندگی ہے"
"But if you don't mind me asking, I have a question"
"لیکن اگر آپ کو میرے پوچھنے میں کوئی اعتراض نہیں تو میرا ایک سوال ہے"
"being without possessions, what would you like to give?"
"بغیر مال کے ہوتے ہوئے، آپ کیا دینا چاہیں گے؟"
"Everyone gives what he has"
"ہر کوئی وہی دیتا ہے جو اس کے پاس ہے"
"The warrior gives strength"
"جنگجو طاقت دیتا ہے"
"the merchant gives merchandise"
"تاجر سامان دیتا ہے"
"the teacher gives teachings"
"استاد تعلیم دیتا ہے"
"the farmer gives rice"
"کسان چاول دیتا ہے"
"the fisher gives fish"
"مچھلی مچھلی دیتا ہے"
"Yes indeed. And what is it that you've got to give?"
"ہاں واقعی۔ اور تمہیں کیا دینا ہے؟"
"What is it that you've learned?"
"یہ تم نے کیا سیکھا ہے؟"
"what you're able to do?"
"تم کیا کر سکتے ہو؟"
"I can think. I can wait. I can fast"
"میں سوچ سکتا ہوں۔ میں انتظار کر سکتا ہوں۔ میں روزہ رکھ سکتا ہوں"
"That's everything?" asked Kamaswami
"یہ سب کچھ ہے؟" کمسوامی نے پوچھا
"I believe that is everything there is!"
"مجھے یقین ہے کہ وہاں سب کچھ ہے!"
"And what's the use of that?"

"اور اس کا کیا فائدہ؟"
"For example; fasting. What is it good for?"
"مثال کے طور پر، روزہ۔ یہ کس چیز کے لیے اچھا ہے؟"
"It is very good, sir"
"بہت اچھی بات ہے جناب"
"there are times a person has nothing to eat"
"ایسا وقت ہوتا ہے کہ انسان کے پاس کھانے کو کچھ نہیں ہوتا"
"then fasting is the smartest thing he can do"
"پھر روزہ سب سے ذہین چیز ہے جو وہ کر سکتا ہے"
"there was a time where Siddhartha hadn't learned to fast"
"ایک وقت تھا جب سدھارتھ نے روزہ رکھنا نہیں سیکھا تھا"
"in this time he had to accept any kind of service"
"اس وقت میں اسے ہر قسم کی خدمت قبول کرنی تھی"
"because hunger would force him to accept the service"
"کیونکہ بھوک اسے خدمت قبول کرنے پر مجبور کرے گی"
"But like this, Siddhartha can wait calmly"
"لیکن اس طرح سدھارتھ سکون سے انتظار کر سکتے ہیں"
"he knows no impatience, he knows no emergency"
"وہ بے صبری نہیں جانتا، وہ کوئی ایمرجنسی نہیں جانتا"
"for a long time he can allow hunger to besiege him"
"ایک طویل عرصے تک وہ بھوک کو اس کا محاصرہ کرنے کی اجازت دے سکتا ہے"
"and he can laugh about the hunger"
"اور وہ بھوک کے بارے میں ہنس سکتا ہے"
"This, sir, is what fasting is good for"
"جناب، روزہ اسی کے لیے اچھا ہے"
"You're right, Samana" acknowledged Kamaswami
"تم ٹھیک کہتے ہو، سمانا" نے کماسوامی کو تسلیم کیا
"Wait for a moment" he asked of his guest
"ایک لمحے کے لیے ٹھہرو" اس نے اپنے مہمان سے پوچھا
Kamaswami left the room and returned with a scroll
کماسوامی کمرے سے نکلے اور طومار لے کر واپس آئے
he handed Siddhartha the scroll and asked him to read it
اس نے سدھارتھ کو اسکرول دیا اور اسے پڑھنے کو کہا
Siddhartha looked at the scroll handed to him
سدھارتھ نے اس کے حوالے کیے گئے طومار کی طرف دیکھا
on the scroll a sales-contract had been written

اسکرول پر فروخت کا معاہدہ لکھا ہوا تھا۔

he began to read out the scroll's contents

اس نے طومار کے مندرجات کو پڑھنا شروع کیا۔

Kamaswami was very pleased with Siddhartha

کامسوامی سدھارتھ سے بہت خوش تھے۔

"would you write something for me on this piece of paper?"

"کیا تم اس کاغذ پر میرے لیے کچھ لکھو گے؟"

He handed him a piece of paper and a pen

اس نے اسے ایک کاغذ اور ایک قلم دیا۔

Siddhartha wrote, and returned the paper

سدھارتھ نے لکھا، اور کاغذ واپس کر دیا۔

Kamaswami read, "Writing is good, thinking is better"

کمسوامی نے پڑھا،" لکھنا اچھا ہے، سوچ بہتر ہے"

"Being smart is good, being patient is better"

"ہوشیار ہونا اچھی بات ہے، صبر کرنا بہتر ہے"

"It is excellent how you're able to write" the merchant praised him

"یہ بہت اچھا ہے کہ آپ کیسے لکھ سکتے ہیں" تاجر نے اس کی تعریف کی۔

"Many a thing we will still have to discuss with one another"

"بہت سی چیزوں پر ہمیں ابھی بھی ایک دوسرے کے ساتھ تبادلہ خیال کرنا پڑے گا"

"For today, I'm asking you to be my guest"

"آج کے لیے، میں آپ کو اپنے مہمان بننے کے لیے کہہ رہا ہوں"

"please come to live in this house"

"براہ کرم اس گھر میں رہنے کے لیے آئیں"

Siddhartha thanked Kamaswami and accepted his offer

سدھارتھ نے کمسوامی کا شکریہ ادا کیا اور ان کی پیشکش کو قبول کیا۔

he lived in the dealer's house from now on

وہ اب سے ڈیلر کے گھر میں رہتا تھا۔

Clothes were brought to him, and shoes

اس کے لیے کپڑے اور جوتے لائے گئے۔

and every day, a servant prepared a bath for him

اور ہر روز ایک نوکر اس کے لیے غسل تیار کرتا تھا۔

Twice a day, a plentiful meal was served

دن میں دو بار ڈھیر سارا کھانا پیش کیا جاتا تھا۔

but Siddhartha only ate once a day

لیکن سدھارتھ دن میں صرف ایک بار کھاتے تھے۔

and he ate neither meat, nor did he drink wine

اور اس نے نہ گوشت کھایا اور نہ ہی شراب پی

Kamaswami told him about his trade

کامسوامی نے اسے اپنی تجارت کے بارے میں بتایا

he showed him the merchandise and storage-rooms

اس نے اسے سامان اور ذخیرہ کرنے کے کمرے دکھائے۔

he showed him how the calculations were done

اس نے اسے دکھایا کہ حساب کیسے کیا جاتا ہے۔

Siddhartha got to know many new things

سدھارتھ کو بہت سی نئی باتیں معلوم ہوئیں

he heard a lot and spoke little

اس نے بہت سنا اور کم بولا۔

but he did not forget Kamala's words

لیکن وہ کملا کی بات نہیں بھولا۔

so he was never subservient to the merchant

اس لیے وہ کبھی سوداگر کے تابع نہیں رہا۔

he forced him to treat him as an equal

اس نے اسے مجبور کیا کہ اس کے ساتھ برابری کا سلوک کرے۔

perhaps he forced him to treat him as even more than an equal

شاید اس نے اسے مجبور کیا کہ اس کے ساتھ برابری سے بھی بڑھ کر سلوک کرے۔

Kamaswami conducted his business with care

کامسوامی نے اپنا کاروبار احتیاط سے چلایا

and he was very passionate about his business

اور وہ اپنے کاروبار کے بارے میں بہت پرجوش تھا۔

but Siddhartha looked upon all of this as if it was a game

لیکن سدھارتھ نے اس سب کو ایسے دیکھا جیسے یہ کوئی کھیل ہو۔

he tried hard to learn the rules of the game precisely

اس نے کھیل کے اصولوں کو ٹھیک ٹھیک سیکھنے کی بہت کوشش کی۔

but the contents of the game did not touch his heart

لیکن کھیل کے مواد نے اس کے دل کو نہیں چھوا۔

He had not been in Kamaswami's house for long

وہ کامسوامی کے گھر میں کافی دنوں سے نہیں تھا۔

but soon he took part in his landlord's business

لیکن جلد ہی اس نے اپنے مالک مکان کے کاروبار میں حصہ لیا۔

every day he visited beautiful Kamala

ہر روز وہ خوبصورت کملا کا دورہ کرتا تھا۔

Kamala had an hour appointed for their meetings

کملا نے ان کی ملاقاتوں کے لیے ایک گھنٹہ مقرر کیا تھا۔

she was wearing pretty clothes and fine shoes

اس نے خوبصورت کپڑے اور عمدہ جوتے پہن رکھے تھے۔

and soon he brought her gifts as well

اور جلد ہی وہ اس کے تحفے بھی لے آیا

Much he learned from her red, smart mouth

اس نے اس کے سرخ، ہوشیار منہ سے بہت کچھ سیکھا۔

Much he learned from her tender, supple hand

اس نے اس کے نرم، کومل ہاتھ سے بہت کچھ سیکھا۔

regarding love, Siddhartha was still a boy

محبت کے حوالے سے سدھارتھ ابھی لڑکا تھا۔

and he had a tendency to plunge into love blindly

اور وہ اندھی محبت میں ڈوبنے کا رجحان رکھتا تھا۔

he fell into lust like into a bottomless pit

وہ ہوس میں ایسے گر گیا جیسے اتھاہ گڑھے میں

she taught him thoroughly, starting with the basics

اس نے اسے بنیادی باتوں سے شروع کرتے ہوئے اچھی طرح سکھایا

pleasure cannot be taken without giving pleasure

خوشی دیے بغیر خوشی نہیں لی جا سکتی

every gesture, every caress, every touch, every look

ہر اشارہ، ہر پیار، ہر لمس، ہر نظر

every spot of the body, however small it was, had its secret

جسم کا ہر دھبہ، خواہ وہ کتنا ہی چھوٹا کیوں نہ ہو، اس کا راز تھا۔

the secrets would bring happiness to those who know them

راز ان لوگوں کے لئے خوشی لائیں گے جو انہیں جانتے ہیں۔

lovers must not part from one another after celebrating love

محبت کرنے والوں کو محبت کا جشن منانے کے بعد ایک دوسرے سے جدا نہیں ہونا چاہئے۔

they must not part without one admiring the other

ایک دوسرے کی تعریف کیے بغیر انہیں الگ نہیں ہونا چاہیے۔

they must be as defeated as they have been victorious

انہیں اتنا ہی ہارنا چاہیے جیسا کہ وہ جیت چکے ہیں۔

neither lover should start feeling fed up or bored

نہ عاشق کو تھکا ہوا یا بور محسوس کرنا شروع کرنا چاہئے۔

they should not get the evil feeling of having been abusive

انہیں بدسلوکی کا برا احساس نہیں ہونا چاہئے۔

and they should not feel like they have been abused

اور انہیں ایسا محسوس نہیں ہونا چاہیے کہ ان کے ساتھ زیادتی ہوئی ہے۔

Wonderful hours he spent with the beautiful and smart artist

حیرت انگیز گھنٹے اس نے خوبصورت اور ہوشیار فنکار کے ساتھ گزارے۔

he became her student, her lover, her friend

وہ اس کا طالب علم، اس کا عاشق، اس کا دوست بن گیا۔

Here with Kamala was the worth and purpose of his present life

یہاں کملا کے ساتھ اس کی موجودہ زندگی کی قیمت اور مقصد تھا۔

his purpose was not with the business of Kamaswami

اس کا مقصد کامسوامی کے کاروبار سے نہیں تھا۔

Siddhartha received important letters and contracts

سدھارتھ کو اہم خطوط اور معاہدے موصول ہوئے۔

Kamaswami began discussing all important affairs with him

کامسوامی نے ان سے تمام اہم امور پر تبادلہ خیال کرنا شروع کیا۔

He soon saw that Siddhartha knew little about rice and wool

اس نے جلد ہی دیکھا کہ سدھارتھ چاول اور اون کے بارے میں بہت کم جانتے تھے۔

but he saw that he acted in a fortunate manner

لیکن اس نے دیکھا کہ اس نے خوش قسمتی سے کام کیا۔

and Siddhartha surpassed him in calmness and equanimity

اور سدھارتھ نے اسے سکون اور ہم آہنگی میں پیچھے چھوڑ دیا۔

he surpassed him in the art of understanding previously unknown people

اس نے پہلے نامعلوم لوگوں کو سمجھنے کے فن میں اسے پیچھے چھوڑ دیا۔

Kamaswami spoke about Siddhartha to a friend

کامسوامی نے ایک دوست سے سدھارتھ کے بارے میں بات کی۔

"This Brahman is no proper merchant"

"یہ برہمن کوئی مناسب سوداگر نہیں ہے"

"he will never be a merchant"

"وہ کبھی سوداگر نہیں ہو گا"

"for business there is never any passion in his soul"

"کاروبار کے لیے اس کی روح میں کبھی کوئی جذبہ نہیں ہوتا"

"But he has a mysterious quality about him"

"لیکن اس کے بارے میں ایک پراسرار خوبی ہے"

"this quality brings success about all by itself"

"یہ خوبی اپنے آپ سب کے بارے میں کامیابی لاتی ہے"

"it could be from a good Star of his birth"

"یہ اس کی پیدائش کے اچھے ستارے سے ہوسکتا ہے"

"or it could be something he has learned among Samanas"

"یا یہ کچھ ہو سکتا ہے جو اس نے سمن کے درمیان سیکھا ہو"

"He always seems to be merely playing with our business-affairs"

"وہ ہمیشہ صرف ہمارے کاروباری معاملات سے کھیلتا دکھائی دیتا ہے "

"his business never fully becomes a part of him"

"اس کا کاروبار کبھی بھی مکمل طور پر اس کا حصہ نہیں بنتا"

"his business never rules over him"

"اس کا کاروبار اس پر کبھی راج نہیں کرتا"

"he is never afraid of failure"

"وہ ناکامی سے کبھی نہیں ڈرتا"

"he is never upset by a loss"

"وہ نقصان سے کبھی پریشان نہیں ہوتا"

The friend advised the merchant

دوست نے سوداگر کو مشورہ دیا۔

"Give him a third of the profits he makes for you"

"اسے اپنے منافع کا ایک تہائی دے دو"

"but let him also be liable when there are losses"

"لیکن جب نقصان ہو تو اسے بھی ذمہ دار ہونے دو"

"Then, he'll become more zealous"

"پھر، وہ زیادہ پرجوش ہو جائے گا"

Kamaswami was curious, and followed the advice

کامسوامی متجسس تھے، اور مشورے پر عمل کیا۔

But Siddhartha cared little about loses or profits

لیکن سدھارتھ کو نقصان یا منافع کی کوئی پرواہ نہیں تھی۔

When he made a profit, he accepted it with equanimity

جب اس نے نفع کمایا تو اس نے اسے یکسوئی سے قبول کیا۔

when he made losses, he laughed it off

جب اس نے نقصان کیا تو اس نے اسے ہنسایا

It seemed indeed, as if he did not care about the business

واقعی ایسا لگتا تھا جیسے اسے کاروبار کی کوئی پرواہ نہ ہو۔

At one time, he travelled to a village

ایک زمانے میں وہ ایک گاؤں میں گیا۔

he went there to buy a large harvest of rice

وہ وہاں چاول کی ایک بڑی فصل خریدنے گیا تھا۔

But when he got there, the rice had already been sold

لیکن جب وہ وہاں پہنچا تو چاول فروخت ہو چکے تھے۔

another merchant had gotten to the village before him

اس سے پہلے ایک اور سوداگر گاؤں پہنچ چکا تھا۔

Nevertheless, Siddhartha stayed for several days in that village

اس کے باوجود سدھارتھ اس گاؤں میں کئی دن ٹھہرے۔

he treated the farmers for a drink

اس نے کسانوں کو پینے کے لیے علاج کیا۔

he gave copper-coins to their children

اس نے ان کے بچوں کو تانبے کے سکے دیئے۔

he joined in the celebration of a wedding

اس نے شادی کی تقریب میں شرکت کی۔

and he returned extremely satisfied from his trip

اور وہ اپنے سفر سے بہت مطمئن ہو کر واپس آیا

Kamaswami was angry that Siddhartha had wasted time and money

کامسوامی ناراض تھے کہ سدھارتھ نے وقت اور پیسہ برباد کیا ہے۔

Siddhartha answered "Stop scolding, dear friend!"

سدھارتھ نے جواب دیا" ڈانٹنا بند کرو پیارے دوست"!

"Nothing was ever achieved by scolding"

"ڈانٹنے سے کچھ حاصل نہیں ہوا"

"If a loss has occurred, let me bear that loss"

"اگر کوئی نقصان ہوا ہے تو مجھے وہ نقصان اٹھانے دو"

"I am very satisfied with this trip"

"میں اس سفر سے بہت مطمئن ہوں"

"I have gotten to know many kinds of people"

"میں نے کئی طرح کے لوگوں کو جان لیا ہے"

"a Brahman has become my friend"

"ایک برہمن میرا دوست بن گیا ہے"

"children have sat on my knees"

"بچے میرے گھٹنوں کے بل بیٹھ گئے ہیں"

"farmers have shown me their fields"

"کسانوں نے مجھے اپنے کھیت دکھائے ہیں"

"nobody knew that I was a merchant"

"کوئی نہیں جانتا تھا کہ میں سوداگر ہوں"

"That's all very nice," exclaimed Kamaswami indignantly

"یہ سب بہت اچھا ہے،" کامسوامی نے غصے سے کہا

"but in fact, you are a merchant after all"

"لیکن حقیقت میں، آپ آخر کار ایک سوداگر ہیں"

"Or did you have only travel for your amusement?"

"یا تم نے صرف تفریح کے لیے سفر کیا تھا؟"
"of course I have travelled for my amusement" Siddhartha laughed
''یقیناً میں نے اپنی تفریح کے لیے سفر کیا ہے۔ ''سدھارتھا نے ہنستے ہوئے کہا
"For what else would I have travelled?"
"میں اور کس لیے سفر کرتا؟"
"I have gotten to know people and places"
"میں نے لوگوں اور جگہوں کو جان لیا ہے"
"I have received kindness and trust"
"مجھے مہربانی اور اعتماد ملا ہے"
"I have found friendships in this village"
"مجھے اس گاؤں میں دوستیاں ملی ہیں"
"if I had been Kamaswami, I would have travelled back annoyed"
"اگر میں کامسوامی ہوتا تو ناراض ہو کر واپس سفر کرتا"
"I would have been in hurry as soon as my purchase failed"
"میری خریداری ناکام ہوتے ہی میں جلدی میں ہوتا"
"and time and money would indeed have been lost"
"اور وقت اور پیسہ واقعی ضائع ہو جاتا"
"But like this, I've had a few good days"
"لیکن اس طرح، میں نے کچھ اچھے دن گزارے ہیں"
"I've learned from my time there"
"میں نے وہاں اپنے وقت سے سیکھا ہے"
"and I have had joy from the experience"
"اور مجھے تجربے سے خوشی ہوئی ہے"
"I've neither harmed myself nor others by annoyance and hastiness"
"میں نے جھنجھلاہٹ اور جلد بازی سے نہ خود کو نقصان پہنچایا ہے اور نہ ہی دوسروں کو"
"if I ever return friendly people will welcome me"
"اگر میں کبھی واپس آیا تو دوستانہ لوگ میرا استقبال کریں گے"
"if I return to do business friendly people will welcome me too"
"اگر میں کاروبار دوست کام کرنے کے لیے واپس آیا تو لوگ بھی میرا استقبال کریں گے"
"I praise myself for not showing any hurry or displeasure"

"میں کوئی جلدی یا ناراضگی ظاہر نہ کرنے پر اپنی تعریف کرتا ہوں"

"So, leave it as it is, my friend"

"تو اسے ایسے ہی رہنے دو، میرے دوست"

"and don't harm yourself by scolding"

"اور ڈانٹ کر اپنے آپ کو نقصان نہ پہنچاؤ"

"If you see Siddhartha harming himself, then speak with me"

"اگر تم سدھارتھ کو خود کو نقصان پہنچاتے ہوئے دیکھو تو مجھ سے بات کرو"۔

"and Siddhartha will go on his own path"

"اور سدھارتھ اپنے راستے پر چلے گا"

"But until then, let's be satisfied with one another"

"لیکن تب تک، ہم ایک دوسرے سے مطمئن رہیں"

the merchant's attempts to convince Siddhartha were futile

سوداگر کی سدھارتھ کو راضی کرنے کی کوششیں بے سود تھیں۔

he could not make Siddhartha eat his bread

وہ سدھارتھ کو اپنی روٹی کھانے پر مجبور نہیں کر سکتا تھا۔

Siddhartha ate his own bread

سدھارتھ نے اپنی روٹی خود کھائی

or rather, they both ate other people's bread

یا بلکہ، وہ دونوں دوسرے لوگوں کی روٹی کھاتے تھے۔

Siddhartha never listened to Kamaswami's worries

سدھارتھ نے کبھی کمسوامی کی پریشانیوں پر کان نہیں دھرے۔

and Kamaswami had many worries he wanted to share

اور کامسوامی کو بہت سی پریشانیاں تھیں جو وہ بانٹنا چاہتے تھے۔

there were business-deals going on in danger of failing

ناکام ہونے کے خطرے میں کاروباری سودے چل رہے تھے۔

shipments of merchandise seemed to have been lost

ایسا لگتا ہے کہ سامان کی ترسیل گم ہو گئی ہے۔

debtors seemed to be unable to pay

قرضدار ادا کرنے کے قابل نہیں تھے

Kamaswami could never convince Siddhartha to utter words of worry

کامسوامی کبھی بھی سدھارتھ کو پریشانی کے الفاظ کہنے پر راضی نہیں کر سکے۔

Kamaswami could not make Siddhartha feel anger towards business

کامسوامی سدھارتھ کو کاروبار کے تئیں غصہ نہیں دلوا سکے۔

he could not get him to to have wrinkles on the forehead

وہ اسے پیشانی پر شکنیں نہ دلا سکا

he could not make Siddhartha sleep badly
وہ سدھارتھ کو بری طرح سو نہیں سکتا تھا۔

one day, Kamaswami tried to speak with Siddhartha
ایک دن، کامسوامی نے سدھارتھ سے بات کرنے کی کوشش کی۔

"Siddhartha, you have failed to learn anything new"
"سدھارتھا، تم کچھ نیا سیکھنے میں ناکام رہے ہو"

but again, Siddhartha laughed at this
لیکن پھر سدھارتھ اس پر ہنس پڑے

"Would you please not kid me with such jokes"
"کیا آپ مجھے اس طرح کے لطیفے نہیں ماریں گے؟"

"What I've learned from you is how much a basket of fish costs"
"میں نے آپ سے یہ سیکھا ہے کہ مچھلی کی ایک ٹوکری کی قیمت کتنی ہے"

"and I learned how much interest may be charged on loaned money"
"اور میں نے سیکھا کہ قرض کی رقم پر کتنا سود لیا جا سکتا ہے"

"These are your areas of expertise"
"یہ آپ کی مہارت کے شعبے ہیں"

"I haven't learned to think from you, my dear Kamaswami"
"میرے پیارے کمسوامی، میں نے آپ سے سوچنا نہیں سیکھا"

"you ought to be the one seeking to learn from me"
"آپ کو مجھ سے سیکھنے کی کوشش کرنی چاہیے"

Indeed his soul was not with the trade
درحقیقت اس کی روح تجارت کے ساتھ نہیں تھی۔

The business was good enough to provide him with money for Kamala
کاروبار اتنا اچھا تھا کہ اسے کملا کے لیے پیسے مہیا کر سکے۔

and it earned him much more than he needed
اور اس نے اسے ضرورت سے کہیں زیادہ کمایا

Besides Kamala, Siddhartha's curiosity was with the people
کملا کے علاوہ سدھارتھ کا تجسس لوگوں کے ساتھ تھا۔

their businesses, crafts, worries, and pleasures
ان کے کاروبار، دستکاری، پریشانیاں، اور خوشیاں

all these things used to be alien to him
یہ سب چیزیں اس کے لیے اجنبی تھیں۔

their acts of foolishness used to be as distant as the moon
ان کی حماقتیں چاند کی طرح دور ہوتی تھیں۔

he easily succeeded in talking to all of them

وہ آسانی سے ان سب سے بات کرنے میں کامیاب ہو گیا۔

he could live with all of them

وہ ان سب کے ساتھ رہ سکتا تھا۔

and he could continue to learn from all of them

اور وہ ان سب سے سیکھنا جاری رکھ سکتا تھا۔

but there was something which separated him from them

لیکن کچھ تھا جس نے اسے ان سے الگ کر دیا۔

he could feel a divide between him and the people

وہ اپنے اور لوگوں کے درمیان فرق محسوس کر سکتا تھا۔

this separating factor was him being a Samana

یہ الگ کرنے والا عنصر اس کا سمانا تھا۔

He saw mankind going through life in a childlike manner

اس نے بنی نوع انسان کو بچوں کی طرح زندگی سے گزرتے دیکھا

in many ways they were living the way animals live

بہت سے طریقوں سے وہ جانوروں کی طرح زندگی گزار رہے تھے۔

he loved and also despised their way of life

وہ محبت کرتا تھا اور ان کے طرز زندگی کو بھی حقیر جانتا تھا۔

He saw them toiling and suffering

اس نے انہیں مشقت اور تکلیف میں دیکھا

they were becoming gray for things unworthy of this price

وہ اس قیمت کے لائق نہ ہونے والی چیزوں کے لیے سرمئی ہو رہے تھے۔

they did things for money and little pleasures

انہوں نے پیسے اور چھوٹی خوشیوں کے لیے کام کیا۔

they did things for being slightly honoured

انہوں نے قدرے عزت افزائی کے لیے کام کیا۔

he saw them scolding and insulting each other

اس نے انہیں ایک دوسرے کو ڈانٹتے اور بدتمیزی کرتے دیکھا

he saw them complaining about pain

اس نے انہیں درد کی شکایت کرتے دیکھا

pains at which a Samana would only smile

وہ درد جس پر سمانا صرف مسکرائے گی۔

and he saw them suffering from deprivations

اور اس نے انہیں محرومیوں میں مبتلا دیکھا

deprivations which a Samana would not feel

وہ محرومیاں جو سمانا محسوس نہیں کرے گی۔

He was open to everything these people brought his way

وہ ہر چیز کے لئے کھلا تھا جو یہ لوگ اس کے راستے پر لائے تھے۔

welcome was the merchant who offered him linen for sale

اس تاجر کا استقبال تھا جس نے اسے فروخت کے لیے کتان کی پیشکش کی۔
welcome was the debtor who sought another loan
خوش آمدید مقروض تھا جس نے دوسرا قرض مانگا۔
welcome was the beggar who told him the story of his poverty
خوش آمدید وہ بھکاری تھا جس نے اسے اپنی غربت کی داستان سنائی
the beggar who was not half as poor as any Samana
وہ بھکاری جو کسی سمانا جتنا غریب نہیں تھا۔
He did not treat the rich merchant and his servant different
اس نے امیر سوداگر اور اس کے نوکر کے ساتھ مختلف سلوک نہیں کیا۔
he let street-vendor cheat him when buying bananas
اس نے کیلے خریدتے وقت سڑک پر دکاندار کو دھوکہ دیا۔
Kamaswami would often complain to him about his worries
کامسوامی اکثر ان سے اپنی پریشانیوں کی شکایت کرتے
or he would reproach him about his business
یا وہ اسے اپنے کاروبار کے بارے میں ملامت کرے گا۔
he listened curiously and happily
اس نے تجسس اور خوشی سے سنا
but he was puzzled by his friend
لیکن وہ اپنے دوست سے پریشان تھا
he tried to understand him
اس نے اسے سمجھنے کی کوشش کی۔
and he admitted he was right, up to a certain point
اور اس نے تسلیم کیا کہ وہ صحیح تھا، ایک خاص مقام تک
there were many who asked for Siddhartha
وہاں بہت سے لوگ تھے جنہوں نے سدھارتھ سے پوچھا
many wanted to do business with him
بہت سے لوگ اس کے ساتھ کاروبار کرنا چاہتے تھے۔
there were many who wanted to cheat him
بہت سے لوگ تھے جو اسے دھوکہ دینا چاہتے تھے۔
many wanted to draw some secret out of him
بہت سے لوگ اس سے کوئی راز نکالنا چاہتے تھے۔
many wanted to appeal to his sympathy
بہت سے لوگ اس کی ہمدردی کی اپیل کرنا چاہتے تھے۔
many wanted to get his advice
بہت سے لوگ اس کا مشورہ لینا چاہتے تھے۔
He gave advice to those who wanted it
اس نے چاہنے والوں کو مشورہ دیا۔
he pitied those who needed pity

اس نے ان لوگوں پر ترس کھایا جنہیں رحم کی ضرورت تھی۔

he made gifts to those who liked presents

اس نے ان لوگوں کو تحفہ دیا جو تحائف پسند کرتے تھے۔

he let some cheat him a bit

اس نے کچھ اسے تھوڑا سا دھوکہ دیا۔

this game which all people played occupied his thoughts

یہ کھیل جو تمام لوگوں نے کھیلا اس کے خیالات پر قبضہ کر لیا۔

he thought about this game just as much as he had about the Gods

اس نے اس کھیل کے بارے میں اتنا ہی سوچا جتنا اس نے خدا کے بارے میں سوچا۔

deep in his chest he felt a dying voice

اپنے سینے کی گہرائی میں اسے مرتی ہوئی آواز محسوس ہوئی۔

this voice admonished him quietly

اس آواز نے اسے خاموشی سے نصیحت کی۔

and he hardly perceived the voice inside of himself

اور اس نے مشکل سے اپنے اندر کی آواز کو سمجھا

And then, for an hour, he became aware of something

اور پھر ایک گھنٹے کے لیے اسے کسی چیز کا علم ہوا۔

he became aware of the strange life he was leading

وہ اس عجیب و غریب زندگی سے واقف ہو گیا جو وہ گزار رہا تھا۔

he realized this life was only a game

اسے احساس ہوا کہ یہ زندگی صرف ایک کھیل ہے۔

at times he would feel happiness and joy

کبھی کبھی وہ خوشی اور خوشی محسوس کرے گا

but real life was still passing him by

لیکن حقیقی زندگی اب بھی اس کے پاس سے گزر رہی تھی۔

and it was passing by without touching him

اور وہ اسے چھوئے بغیر گزر رہا تھا۔

Siddhartha played with his business-deals

سدھارتھ نے اپنے کاروباری سودوں کے ساتھ کھیلا۔

Siddhartha found amusement in the people around him

سدھارتھ کو اپنے آس پاس کے لوگوں میں تفریح ملا

but regarding his heart, he was not with them

لیکن اس کے دل کے بارے میں، وہ ان کے ساتھ نہیں تھا

The source ran somewhere, far away from him

منبع اس سے بہت دور کہیں بھاگ گیا۔

it ran and ran invisibly

یہ بھاگ گیا اور پوشیدہ طور پر بھاگ گیا

it had nothing to do with his life any more

اس کا اب اس کی زندگی سے کوئی تعلق نہیں تھا۔

at several times he became scared on account of such thoughts

کئی بار وہ ایسے خیالات کی وجہ سے خوفزدہ ہو گیا۔

he wished he could participate in all of these childlike games

اس کی خواہش تھی کہ وہ ان تمام بچوں جیسے کھیلوں میں حصہ لے سکے۔

he wanted to really live

وہ واقعی جینا چاہتا تھا۔

he wanted to really act in their theatre

وہ واقعی ان کے تھیٹر میں اداکاری کرنا چاہتا تھا۔

he wanted to really enjoy their pleasures

وہ واقعی ان کی خوشیوں سے لطف اندوز ہونا چاہتا تھا۔

and he wanted to live, instead of just standing by as a spectator

اور وہ صرف تماشائی بن کر کھڑے رہنے کے بجائے جینا چاہتا تھا۔

But again and again, he came back to beautiful Kamala

لیکن بار بار وہ خوبصورت کملا کے پاس واپس آیا

he learned the art of love

اس نے محبت کا فن سیکھا۔

and he practised the cult of lust

اور اس نے ہوس کے فرقے پر عمل کیا۔

lust, in which giving and taking becomes one

ہوس، جس میں دینا اور لینا ایک ہو جاتا ہے۔

he chatted with her and learned from her

اس نے اس کے ساتھ بات چیت کی اور اس سے سیکھا۔

he gave her advice, and he received her advice

اس نے اسے مشورہ دیا، اور اس نے اس کا مشورہ قبول کیا۔

She understood him better than Govinda used to understand him

وہ اسے گووندا سے بہتر سمجھتی تھی۔

she was more similar to him than Govinda had been

وہ گووندا سے زیادہ اس سے ملتی جلتی تھی۔

"You are like me," he said to her

"تم میری طرح ہو،" اس نے اس سے کہا

"you are different from most people"

"آپ زیادہ تر لوگوں سے مختلف ہیں"

"You are Kamala, nothing else"

"تم کملا ہو، اور کچھ نہیں"

"and inside of you, there is a peace and refuge"

"اور آپ کے اندر، ایک امن اور پناہ ہے"

"a refuge to which you can go at every hour of the day"

"ایک پناہ گاہ جس میں آپ دن کے ہر وقت جا سکتے ہیں"

"you can be at home with yourself"

"آپ اپنے ساتھ گھر پر رہ سکتے ہیں"

"I can do this too"

"میں بھی یہ کر سکتا ہوں"

"Few people have this place"

"یہ جگہ بہت کم لوگوں کے پاس ہے"

"and yet all of them could have it"

"اور پھر بھی ان سب کے پاس ہو سکتا ہے"

"Not all people are smart" said Kamala

"تمام لوگ ہوشیار نہیں ہوتے "کملا نے کہا

"No," said Siddhartha, "that's not the reason why"

"نہیں، "سدھارتھا نے کہا،" یہی وجہ نہیں ہے۔"

"Kamaswami is just as smart as I am"

"کاماسوامی اتنے ہی ہوشیار ہیں جتنے میں ہوں"

"but he has no refuge in himself"

"لیکن اس کے پاس کوئی پناہ نہیں ہے"

"Others have it, although they have the minds of children"

"دوسروں کے پاس ہے، حالانکہ ان کے پاس بچوں کا دماغ ہے"

"Most people, Kamala, are like a falling leaf"

"زیادہ تر لوگ، کملا، گرتے ہوئے پتے کی طرح ہیں"

"a leaf which is blown and is turning around through the air"

"ایک پتی جو اڑا ہوا ہے اور ہوا میں گھوم رہا ہے"

"a leaf which wavers, and tumbles to the ground"

"ایک پتی جو ڈگمگاتا ہے اور زمین پر گرتا ہے"

"But others, a few, are like stars"

"لیکن دوسرے، چند، ستاروں کی طرح ہیں"

"they go on a fixed course"

"وہ ایک مقررہ کورس پر جاتے ہیں"

"no wind reaches them"

"کوئی ہوا ان تک نہیں پہنچتی"

"in themselves they have their law and their course"

"خود میں ان کا اپنا قانون اور اپنا راستہ ہے"

"Among all the learned men I have met, there was one of this kind"

"میں جتنے بھی عالموں سے ملا ہوں، ان میں سے ایک ایسا بھی تھا"

"he was a truly perfected one"

"وہ واقعی ایک کامل تھا"

"I'll never be able to forget him"

"میں اسے کبھی نہیں بھول سکوں گا"

"It is that Gotama, the exalted one"

"یہ وہی گوتما ہے، جو بلند مرتبہ ہے"

"Thousands of followers are listening to his teachings every day"

"ہزاروں پیروکار روزانہ ان کی تعلیمات سن رہے ہیں"

"they follow his instructions every hour"

"وہ ہر گھنٹے اس کی ہدایات پر عمل کرتے ہیں"

"but they are all falling leaves"

"لیکن وہ سب گرتے ہوئے پتے ہیں"

"not in themselves they have teachings and a law"

"ان کے پاس تعلیمات اور قانون نہیں ہے"

Kamala looked at him with a smile

کملا نے مسکراتے ہوئے اسے دیکھا

"Again, you're talking about him," she said

"دوبارہ، آپ اس کے بارے میں بات کر رہے ہیں،" اس نے کہا

"again, you're having a Samana's thoughts"

"ایک بار پھر، آپ کو سمانا کا خیال آرہا ہے"

Siddhartha said nothing, and they played the game of love

سدھارتھ نے کچھ نہیں کہا، اور انہوں نے محبت کا کھیل کھیلا۔

one of the thirty or forty different games Kamala knew

تیس یا چالیس مختلف کھیلوں میں سے ایک کملا جانتی تھی۔

Her body was flexible like that of a jaguar

اس کا جسم جیگوار کی طرح لچکدار تھا۔

flexible like the bow of a hunter

شکاری کی کمان کی طرح لچکدار

he who had learned from her how to make love

جس نے اس سے سیکھا تھا کہ محبت کیسے کی جاتی ہے۔

he was knowledgeable of many forms of lust

وہ ہوس کی بہت سی شکلوں سے واقف تھا۔

he that learned from her knew many secrets
جس نے اس سے سیکھا وہ بہت سے راز جانتا تھا۔

For a long time, she played with Siddhartha
کافی دیر تک وہ سدھارتھ کے ساتھ کھیلتی رہی

she enticed him and rejected him
اس نے اسے آمادہ کیا اور اسے مسترد کر دیا

she forced him and embraced him
اس نے زبردستی اسے گلے لگا لیا۔

she enjoyed his masterful skills
وہ اس کی مہارت سے لطف اندوز ہوا

until he was defeated and rested exhausted by her side
جب تک کہ وہ ہار نہ گیا اور اس کی طرف سے تھک کر آرام کر لیا۔

The courtesan bent over him
درباری اس پر جھک گیا۔

she took a long look at his face
اس نے ایک لمبی نظر اس کے چہرے پر ڈالی۔

she looked at his eyes, which had grown tired
اس نے اس کی آنکھوں کی طرف دیکھا جو تھکی ہوئی تھیں۔

"You are the best lover I have ever seen" she said thoughtfully
"تم سب سے بہترین عاشق ہو جو میں نے کبھی دیکھی ہے۔" اس نے سوچتے ہوئے کہا

"You're stronger than others, more supple, more willing"
"آپ دوسروں سے زیادہ مضبوط، زیادہ کومل، زیادہ تیار ہیں"

"You've learned my art well, Siddhartha"
"تم نے میرا فن اچھی طرح سیکھا ہے سدھارتھ"

"At some time, when I'll be older, I'd want to bear your child"
"کسی وقت، جب میں بڑا ہو جاؤں گا، میں آپ کے بچے کو اٹھانا چاہوں گا"

"And yet, my dear, you've remained a Samana"
"اور پھر بھی، میرے پیارے، تم سمانہ ہی رہے"

"and despite this, you do not love me"
"اور اس کے باوجود تم مجھ سے محبت نہیں کرتے"

"there is nobody that you love"
"ایسا کوئی نہیں ہے جس سے آپ محبت کرتے ہو"

"Isn't it so?" asked Kamala
"ایسا ہے نا؟" کملا نے پوچھا

"It might very well be so," Siddhartha said tiredly

"یہ بہت اچھا ہو سکتا ہے"، "سدھارتھ نے تھکے ہوئے انداز میں کہا

"I am like you, because you also do not love"

"میں تم جیسا ہوں کیونکہ تم بھی محبت نہیں کرتے"

"how else could you practise love as a craft?"

"آپ محبت کو ایک ہنر کے طور پر کیسے مشق کر سکتے ہیں؟"

"Perhaps, people of our kind can't love"

"شاید ہماری طرح کے لوگ محبت نہیں کر سکتے"

"The childlike people can love, that's their secret"

"بچوں جیسے لوگ پیار کر سکتے ہیں، یہی ان کا راز ہے"

Sansara

سنسارا

For a long time, Siddhartha had lived in the world and lust
ایک عرصے تک سدھارتھ دنیا اور ہوس میں بسے رہے۔

he lived this way though, without being a part of it
اگرچہ وہ اس کا حصہ بنے بغیر، اس طرح رہتا تھا۔

he had killed this off when he had been a Samana
اس نے اس کو مارا تھا جب وہ سمانا تھا۔

but now they had awoken again
لیکن اب وہ دوبارہ بیدار ہو چکے تھے۔

he had tasted riches, lust, and power
اس نے دولت، ہوس اور طاقت کا مزہ چکھا تھا۔

for a long time he had remained a Samana in his heart
بہت دنوں تک وہ اپنے دل میں سمانا رہا۔

Kamala, being smart, had realized this quite right
کملا، ہوشیار ہونے کے ناطے اس بات کو بالکل ٹھیک سمجھ چکی تھی۔

thinking, waiting, and fasting still guided his life
سوچنے، انتظار کرنے، اور روزے نے پھر بھی اس کی زندگی کی رہنمائی کی۔

the childlike people remained alien to him
بچے جیسے لوگ اس کے لیے اجنبی رہے۔

and he remained alien to the childlike people
اور وہ بچوں جیسے لوگوں کے لیے اجنبی رہا۔

Years passed by; surrounded by the good life
سال گزر گئے؛ اچھی زندگی سے گھرا ہوا ہے۔

Siddhartha hardly felt the years fading away
سدھارتھ نے مشکل سے محسوس کیا کہ سال ختم ہو رہے ہیں۔

He had become rich and possessed a house of his own
وہ امیر ہو گیا تھا اور اس کا اپنا ایک گھر تھا۔

he even had his own servants
یہاں تک کہ اس کے اپنے نوکر تھے۔

he had a garden before the city, by the river
اس کا شہر سے پہلے دریا کے کنارے ایک باغ تھا۔

The people liked him and came to him for money or advice
لوگ اسے پسند کرتے تھے اور پیسے یا مشورے کے لیے اس کے پاس آتے تھے۔

but there was nobody close to him, except Kamala
لیکن کملا کے علاوہ اس کے قریب کوئی نہیں تھا۔

the bright state of being awake
بیدار ہونے کی روشن حالت

the feeling which he had experienced at the height of his youth

وہ احساس جو اس نے اپنی جوانی کے عروج پر محسوس کیا تھا۔

in those days after Gotama's sermon

گوتم کے خطبہ کے بعد کے دنوں میں

after the separation from Govinda

گووندا سے علیحدگی کے بعد

the tense expectation of life

زندگی کی تناؤ کی توقع

the proud state of standing alone

اکیلے کھڑے ہونے کی قابل فخر حالت

being without teachings or teachers

تعلیمات یا اساتذہ کے بغیر ہونا

the supple willingness to listen to the divine voice in his own heart

اپنے دل میں الٰہی آواز کو سننے کی کومل خواہش

all these things had slowly become a memory

یہ سب باتیں رفتہ رفتہ یادوں میں تبدیل ہو چکی تھیں۔

the memory had been fleeting, distant, and quiet

یادداشت قلیل، دور اور خاموش تھی۔

the holy source, which used to be near, now only murmured

مقدس منبع، جو قریب ہوا کرتا تھا، اب صرف بڑبڑاتا ہے۔

the holy source, which used to murmur within himself

مقدس وسیلہ، جو اپنے اندر بڑبڑاتا تھا۔

Nevertheless, many things he had learned from the Samanas

اس کے باوجود اس نے سمن سے بہت سی چیزیں سیکھی تھیں۔

he had learned from Gotama

اس نے گوتم سے سیکھا تھا۔

he had learned from his father the Brahman

اس نے اپنے والد برہمن سے سیکھا تھا۔

his father had remained within his being for a long time

اس کا باپ کافی دیر تک اس کے وجود میں رہا تھا۔

moderate living, the joy of thinking, hours of meditation

اعتدال پسند زندگی، سوچنے کی خوشی، مراقبہ کے گھنٹے

the secret knowledge of the self; his eternal entity

نفس کا خفیہ علم؛ اس کی ابدی ہستی

the self which is neither body nor consciousness

وہ نفس جو نہ جسم ہے نہ شعور

Many a part of this he still had

اس کا بہت سا حصہ اس کے پاس اب بھی تھا۔

but one part after another had been submerged

لیکن ایک کے بعد دوسرا حصہ ڈوب گیا تھا۔

and eventually each part gathered dust

اور آخر کار ہر ایک حصے میں مٹی جمع ہو گئی۔

a potter's wheel, once in motion, will turn for a long time

ایک کمہار کا پہیہ، ایک بار حرکت میں، ایک طویل عرصے تک گھومتا رہے گا۔

it loses its vigour only slowly

یہ صرف آہستہ آہستہ اپنی طاقت کھو دیتا ہے۔

and it comes to a stop only after time

اور یہ وقت کے بعد ہی رک جاتا ہے۔

Siddhartha's soul had kept on turning the wheel of asceticism

سدھارتھ کی روح تپش کا پہیہ گھومتی رہی

the wheel of thinking had kept turning for a long time

سوچ کا پہیہ کافی دیر سے گھومتا رہا۔

the wheel of differentiation had still turned for a long time

تفریق کا پہیہ اب بھی کافی دیر سے گھوم رہا تھا۔

but it turned slowly and hesitantly

لیکن یہ آہستہ آہستہ اور ہچکچاتے ہوئے بدل گیا۔

and it was close to coming to a standstill

اور یہ رک جانے کے قریب تھا۔

Slowly, like humidity entering the dying stem of a tree

آہستہ آہستہ، نمی کی طرح درخت کے مرتے ہوئے تنے میں داخل ہو رہی ہے۔

filling the stem slowly and making it rot

تنے کو آہستہ سے بھرنا اور اسے سڑنا

the world and sloth had entered Siddhartha's soul

دنیا اور کاہلی سدھارتھ کی روح میں داخل ہو چکی تھی۔

slowly it filled his soul and made it heavy

آہستہ آہستہ اس نے اس کی روح کو بھرا اور اسے بھاری بنا دیا۔

it made his soul tired and put it to sleep

اس نے اس کی روح کو تھکا دیا اور اسے نیند میں ڈال دیا۔

On the other hand, his senses had become alive

دوسری طرف اس کے حواس زندہ ہو چکے تھے۔

there was much his senses had learned

اس کے حواس بہت کچھ سیکھ چکے تھے۔

there was much his senses had experienced

اس کے حواس نے بہت کچھ تجربہ کیا تھا۔

Siddhartha had learned to trade

سدھارتھ نے تجارت کرنا سیکھ لیا تھا۔

he had learned how to use his power over people
اس نے لوگوں پر اپنی طاقت استعمال کرنے کا طریقہ سیکھ لیا تھا۔

he had learned how to enjoy himself with a woman
اس نے سیکھا تھا کہ عورت کے ساتھ کیسے لطف اندوز ہونا ہے۔

he had learned how to wear beautiful clothes
اس نے خوبصورت کپڑے پہننے کا طریقہ سیکھ لیا تھا۔

he had learned how to give orders to servants
اس نے نوکروں کو حکم دینے کا طریقہ سیکھ لیا تھا۔

he had learned how to bathe in perfumed waters
اس نے خوشبو والے پانی میں نہانا سیکھ لیا تھا۔

He had learned how to eat tenderly and carefully prepared food
اس نے نرمی اور احتیاط سے تیار کردہ کھانا کھانے کا طریقہ سیکھ لیا تھا۔

he even ate fish, meat, and poultry
وہ مچھلی، گوشت اور مرغی بھی کھاتا تھا۔

spices and sweets and wine, which causes sloth and forgetfulness
مصالحے اور مٹھائیاں اور شراب، جو کاہلی اور بھولپن کا سبب بنتی ہے۔

He had learned to play with dice and on a chess-board
اس نے نرد سے اور شطرنج کے تختے پر کھیلنا سیکھا تھا۔

he had learned to watch dancing girls
اس نے لڑکیوں کو ناچتے دیکھنا سیکھ لیا تھا۔

he learned to have himself carried about in a sedan-chair
اس نے خود کو پالکی والی کرسی پر اٹھانا سیکھا۔

he learned to sleep on a soft bed
اس نے نرم بستر پر سونا سیکھا۔

But still he felt different from others
لیکن پھر بھی وہ دوسروں سے مختلف محسوس کرتا تھا۔

he still felt superior to the others
وہ اب بھی دوسروں سے برتر محسوس کرتا تھا۔

he always watched them with some mockery
وہ ہمیشہ انہیں کچھ طنزیہ نظروں سے دیکھتا تھا۔

there was always some mocking disdain to how he felt about them
وہ ان کے بارے میں کیسا محسوس کرتا ہے اس کے بارے میں ہمیشہ کچھ طنزیہ نفرت تھی۔

the same disdain a Samana feels for the people of the world
وہی نفرت ایک سمانا دنیا کے لوگوں کے لیے محسوس کرتی ہے۔

Kamaswami was ailing and felt annoyed
کامسوامی بیمار تھے اور ناراض محسوس کرتے تھے۔

he felt insulted by Siddhartha
اسے سدھارتھ کی توہین محسوس ہوئی۔

and he was vexed by his worries as a merchant
اور وہ ایک تاجر کے طور پر اپنی پریشانیوں سے پریشان تھا۔

Siddhartha had always watched these things with mockery
سدھارتھ نے ہمیشہ ان چیزوں کو طنزیہ نظروں سے دیکھا تھا۔

but his mockery had become more tired
لیکن اس کا طنز مزید تھکا ہوا تھا۔

his superiority had become more quiet
اس کی برتری زیادہ خاموش ہو گئی تھی۔

as slowly imperceptible as the rainy season passing by
بارش کے موسم کی طرح آہستہ آہستہ ناقابل تصور

slowly, Siddhartha had assumed something of the childlike people's ways
آہستہ آہستہ، سدھارتھ نے بچوں کی طرح لوگوں کے طریقوں سے کچھ فرض کر لیا تھا۔

he had gained some of their childishness
اس نے ان کا کچھ بچکانہ پن حاصل کر لیا تھا۔

and he had gained some of their fearfulness
اور اس نے ان کی خوف میں سے کچھ حاصل کر لیا تھا۔

And yet, the more be become like them the more he envied them
اور پھر بھی، جتنا زیادہ ان جیسا بنتا جائے گا اتنا ہی وہ ان سے حسد کرتا تھا۔

He envied them for the one thing that was missing from him
اس نے ان سے اس ایک چیز پر رشک کیا جو اس سے غائب تھی۔

the importance they were able to attach to their lives
وہ اہمیت جو وہ اپنی زندگی سے منسلک کر سکتے تھے۔

the amount of passion in their joys and fears
ان کی خوشیوں اور خوف میں جذبے کی مقدار

the fearful but sweet happiness of being constantly in love
مسلسل محبت میں رہنے کی خوفناک لیکن میٹھی خوشی

These people were in love with themselves all of the time
یہ لوگ ہر وقت اپنے آپ سے محبت کرتے تھے۔

women loved their children, with honours or money
عورتیں اپنے بچوں کو عزت یا پیسے سے پیار کرتی تھیں۔

the men loved themselves with plans or hopes

مردوں نے اپنے آپ کو منصوبوں یا امیدوں سے پیار کیا۔

But he did not learn this from them

لیکن اس نے یہ بات ان سے نہیں سیکھی۔

he did not learn the joy of children

اس نے بچوں کی خوشی نہیں سیکھی۔

and he did not learn their foolishness

اور اُس نے اُن کی بے وقوفی نہیں سیکھی۔

what he mostly learned were their unpleasant things

اس نے جو زیادہ تر سیکھا وہ ان کی ناخوشگوار چیزیں تھیں۔

and he despised these things

اور اس نے ان چیزوں کو حقیر جانا

in the morning, after having had company

صبح، صحبت کے بعد

more and more he stayed in bed for a long time

زیادہ سے زیادہ وہ ایک طویل وقت کے لئے بستر پر رہے

he felt unable to think, and was tired

اس نے سوچنے سے قاصر محسوس کیا، اور تھکا ہوا تھا

he became angry and impatient when Kamaswami bored him with his worries

جب کامسوامی نے اسے اپنی پریشانیوں سے تنگ کیا تو وہ ناراض اور بے صبر ہو گیا۔

he laughed just too loud when he lost a game of dice

جب وہ ڈائس کا کھیل ہار گیا تو وہ بہت زور سے ہنسا۔

His face was still smarter and more spiritual than others

اس کا چہرہ اب بھی دوسروں سے زیادہ ہوشیار اور روحانی تھا

but his face rarely laughed anymore

لیکن اس کے چہرے پر اب کم ہی ہنسی آتی تھی۔

slowly, his face assumed other features

آہستہ آہستہ، اس کے چہرے نے دیگر خصوصیات کو سنبھال لیا

the features often found in the faces of rich people

وہ خصوصیات جو اکثر امیر لوگوں کے چہروں میں پائی جاتی ہیں۔

features of discontent, of sickliness, of ill-humour

عدم اطمینان، بیماری، بدمزاجی کی خصوصیات

features of sloth, and of a lack of love

کاہلی کی خصوصیات، اور محبت کی کمی

the disease of the soul which rich people have

روح کی بیماری جو امیر لوگوں کو ہوتی ہے۔

Slowly, this disease grabbed hold of him

آہستہ آہستہ اس بیماری نے اسے اپنی لپیٹ میں لے لیا۔

like a thin mist, tiredness came over Siddhartha
پتلی دھند کی طرح سدھارتھ پر تھکاوٹ چھا گئی۔
slowly, this mist got a bit denser every day
دھیرے دھیرے، یہ دھند ہر روز تھوڑی گھنی ہوتی گئی۔
it got a bit murkier every month
یہ ہر ماہ تھوڑا سا گہرا ہوتا ہے۔
and every year it got a bit heavier
اور ہر سال یہ تھوڑا سا بھاری ہو گیا
dresses become old with time
کپڑے وقت کے ساتھ پرانے ہو جاتے ہیں
clothes lose their beautiful colour over time
کپڑے وقت کے ساتھ اپنے خوبصورت رنگ کھو دیتے ہیں۔
they get stains, wrinkles, worn off at the seams
وہ سیون پر داغ، جھرریاں، پہنا جاتا ہے
they start to show threadbare spots here and there
وہ یہاں اور وہاں دھاگے کے دھبے دکھانا شروع کردیتے ہیں۔
this is how Siddhartha's new life was
سدھارتھ کی نئی زندگی اس طرح تھی۔
the life which he had started after his separation from Govinda
وہ زندگی جو اس نے گووندا سے علیحدگی کے بعد شروع کی تھی۔
his life had grown old and lost colour
اس کی زندگی بوڑھی ہو چکی تھی اور رنگ کھو بیٹھا تھا۔
there was less splendour to it as the years passed by
جیسے جیسے سال گزرتے گئے اس کی رونق کم تھی۔
his life was gathering wrinkles and stains
اس کی زندگی جھریاں اور داغ جمع کر رہی تھی۔
and hidden at bottom, disappointment and disgust were waiting
اور نیچے چھپی مایوسی اور بیزاری منتظر تھی۔
they were showing their ugliness
وہ اپنی بدصورتی دکھا رہے تھے۔
Siddhartha did not notice these things
سدھارتھ نے ان باتوں پر توجہ نہیں دی۔
he remembered the bright and reliable voice inside of him
اسے اپنے اندر کی روشن اور قابل اعتماد آواز یاد تھی۔
he noticed the voice had become silent
اس نے دیکھا کہ آواز خاموش ہو گئی ہے۔
the voice which had awoken in him at that time

وہ آواز جو اُس وقت اُس کے اندر جاگ گئی تھی۔
the voice that had guided him in his best times
وہ آواز جس نے اس کے بہترین وقت میں اس کی رہنمائی کی تھی۔
he had been captured by the world
وہ دنیا کی طرف سے گرفتار کیا گیا تھا
he had been captured by lust, covetousness, sloth
وہ ہوس، لالچ، کاہلی کا اسیر ہو چکا تھا۔
and finally he had been captured by his most despised vice
اور آخر کار وہ اس کے سب سے زیادہ حقیر شیطان کی گرفت میں آ گیا تھا۔
the vice which he mocked the most
جس کا اس نے سب سے زیادہ مذاق اڑایا
the most foolish one of all vices
تمام برائیوں میں سب سے زیادہ احمق
he had let greed into his heart
اس نے اپنے دل میں لالچ ڈال دی تھی۔
Property, possessions, and riches also had finally captured him
جائداد، مال و دولت نے بھی آخر کار اسے اپنی گرفت میں لے لیا۔
having things was no longer a game to him
چیزوں کا ہونا اب اس کے لیے کھیل نہیں رہا۔
his possessions had become a shackle and a burden
اس کا مال ایک بیڑی اور بوجھ بن گیا تھا۔
It had happened in a strange and devious way
یہ ایک عجیب اور منحوس طریقے سے ہوا تھا۔
Siddhartha had gotten this vice from the game of dice
سدھارتھ کو یہ خرابی ڈائس کے کھیل سے حاصل ہوئی تھی۔
he had stopped being a Samana in his heart
اس نے اپنے دل میں سمانا بننا چھوڑ دیا تھا۔
and then he began to play the game for money
اور پھر اس نے پیسے کے لیے کھیل کھیلنا شروع کیا۔
first he joined the game with a smile
پہلے وہ مسکراہٹ کے ساتھ کھیل میں شامل ہوا۔
at this time he only played casually
اس وقت وہ صرف اتفاق سے کھیلتا تھا۔
he wanted to join the customs of the childlike people
وہ بچوں جیسے لوگوں کے رسم و رواج میں شامل ہونا چاہتا تھا۔
but now he played with an increasing rage and passion
لیکن اب وہ بڑھتے ہوئے غصے اور جذبے کے ساتھ کھیلا۔
He was a feared gambler among the other merchants

وہ دوسرے تاجروں کے درمیان ایک خوف زدہ جواری تھا۔

his stakes were so audacious that few dared to take him on
اس کے داؤ اتنے بے باک تھے کہ چند لوگوں نے اسے پکڑنے کی ہمت کی۔

He played the game due to a pain of his heart
دل کے درد کی وجہ سے اس نے کھیل کھیلا۔

losing and wasting his wretched money brought him an angry joy
اپنے ناقص پیسوں کو کھونا اور ضائع کرنا اسے غصے میں خوشی لایا

he could demonstrate his disdain for wealth in no other way
وہ کسی اور طریقے سے دولت کے لیے اپنی نفرت کا مظاہرہ نہیں کر سکتا تھا۔

he could not mock the merchants' false god in a better way
وہ تاجروں کے جھوٹے خدا کا اس سے بہتر طریقے سے مذاق نہیں اڑا سکتا تھا۔

so he gambled with high stakes
تو اس نے اونچے داؤ سے جوا کھیلا۔

he mercilessly hated himself and mocked himself
اس نے بے رحمی سے اپنے آپ سے نفرت کی اور اپنا مذاق اڑایا

he won thousands, threw away thousands
اس نے ہزاروں جیتے، ہزاروں کو پھینک دیا۔

he lost money, jewellery, a house in the country
اس نے ملک میں پیسہ، زیورات، گھر کھو دیا۔

he won it again, and then he lost again
اس نے اسے دوبارہ جیتا، اور پھر وہ دوبارہ ہار گیا۔

he loved the fear he felt while he was rolling the dice
وہ اس خوف کو پسند کرتا تھا جو اس نے محسوس کیا تھا جب وہ ڈائس گھما رہا تھا۔

he loved feeling worried about losing what he gambled
اس نے جوا کھیلا اسے کھونے کے بارے میں فکر مند محسوس کرنا پسند کرتا تھا۔

he always wanted to get this fear to a slightly higher level
وہ ہمیشہ اس خوف کو قدرے بلندی پر لانا چاہتا تھا۔

he only felt something like happiness when he felt this fear
جب اس نے اس خوف کو محسوس کیا تو اسے خوشی کی طرح کچھ محسوس ہوا۔

it was something like an intoxication
یہ ایک نشہ کی طرح کچھ تھا

something like an elevated form of life
زندگی کی ایک بلند شکل کی طرح کچھ

something brighter in the midst of his dull life
اس کی مدھم زندگی کے درمیان کچھ روشن

And after each big loss, his mind was set on new riches
اور ہر بڑے نقصان کے بعد اس کا ذہن نئی دولت پر لگا ہوا تھا۔

he pursued the trade more zealously

اس نے تجارت کو زیادہ جوش سے جاری رکھا

he forced his debtors more strictly to pay

اس نے اپنے قرض داروں کو زیادہ سختی سے ادائیگی پر مجبور کیا۔

because he wanted to continue gambling

کیونکہ وہ جوا کھیلنا جاری رکھنا چاہتا تھا۔

he wanted to continue squandering

وہ اسراف جاری رکھنا چاہتا تھا۔

he wanted to continue demonstrating his disdain of wealth

وہ دولت سے نفرت کا مظاہرہ جاری رکھنا چاہتا تھا۔

Siddhartha lost his calmness when losses occurred

جب نقصان ہوا تو سدھارتھ نے اپنا سکون کھو دیا۔

he lost his patience when he was not paid on time

وقت پر ادائیگی نہ کرنے پر اس کا صبر ٹوٹ گیا۔

he lost his kindness towards beggars

اس نے بھکاریوں کے ساتھ اپنی شفقت کھو دی۔

He gambled away tens of thousands at one roll of the dice

اس نے ڈائس کے ایک رول پر دسیوں ہزار کا جوا کھیلا۔

he became more strict and more petty in his business

وہ اپنے کاروبار میں زیادہ سخت اور چھوٹا ہو گیا۔

occasionally, he was dreaming at night about money!

کبھی کبھار، وہ رات کو پیسے کے بارے میں خواب دیکھتا تھا!

whenever he woke up from this ugly spell, he continued fleeing

وہ جب بھی اس بدصورت جادو سے بیدار ہوا، بھاگتا رہا۔

whenever he found his face in the mirror to have aged, he found a new game

جب بھی اس نے آئینے میں اپنا چہرہ بوڑھا پایا، اسے ایک نیا کھیل مل گیا۔

whenever embarrassment and disgust came over him, he numbed his mind

جب بھی اس پر شرمندگی اور بیزاری آتی تھی، اس نے اپنے دماغ کو بے حس کر لیا تھا۔

he numbed his mind with sex and wine

اس نے اپنے دماغ کو جنسی اور شراب کے ساتھ بے حس کر دیا۔

and from there he fled back into the urge to pile up and obtain possessions

اور وہاں سے وہ ڈھیر لگانے اور مال حاصل کرنے کی خواہش میں واپس بھاگ گیا۔

In this pointless cycle he ran

اس بے مقصد کے چکر میں وہ بھاگتا۔

from his life he grow tired, old, and ill

اپنی زندگی سے وہ تھکا ہوا، بوڑھا اور بیمار ہوتا ہے۔

Then the time came when a dream warned him

پھر وہ وقت آیا جب ایک خواب نے اسے خبردار کیا۔

He had spent the hours of the evening with Kamala

اس نے شام کے اوقات کملا کے ساتھ گزارے تھے۔

he had been in her beautiful pleasure-garden

وہ اس کے خوبصورت خوشی کے باغ میں گیا تھا۔

They had been sitting under the trees, talking

وہ درختوں کے نیچے بیٹھے باتیں کر رہے تھے۔

and Kamala had said thoughtful words

اور کملا نے سوچے سمجھے الفاظ کہے تھے۔

words behind which a sadness and tiredness lay hidden

وہ الفاظ جن کے پیچھے ایک اداسی اور تھکن چھپی ہوئی ہے۔

She had asked him to tell her about Gotama

اس نے اسے گوتم کے بارے میں بتانے کو کہا تھا۔

she could not hear enough of him

وہ اسے کافی نہیں سن سکتی تھی۔

she loved how clear his eyes were

اسے پیار تھا کہ اس کی آنکھیں کتنی صاف تھیں۔

she loved how still and beautiful his mouth was

اسے پیار تھا کہ اس کا منہ کتنا خاموش اور خوبصورت تھا۔

she loved the kindness of his smile

اسے اس کی مسکراہٹ کی مہربانی پسند تھی۔

she loved how peaceful his walk had been

وہ پیار کرتی تھی کہ اس کی واک کتنی پرامن تھی۔

For a long time, he had to tell her about the exalted Buddha

ایک طویل عرصے تک اسے اسے مہاتما بدھ کے بارے میں بتانا پڑا

and Kamala had sighed, and spoke

اور کملا نے آہ بھری اور بولی۔

"One day, perhaps soon, I'll also follow that Buddha"

"ایک دن، شاید جلد، میں بھی اس بدھا کی پیروی کروں گا"

"I'll give him my pleasure-garden for a gift"

"میں اسے اپنا خوشی کا باغ تحفے میں دوں گا"

"and I will take my refuge in his teachings"

"اور میں اس کی تعلیمات میں پناہ لوں گا"

But after this, she had aroused him

لیکن اس کے بعد اس نے اسے اکسایا تھا۔

she had tied him to her in the act of making love

اس نے اسے پیار کرنے کے عمل میں اپنے ساتھ باندھ رکھا تھا۔

with painful fervour, biting and in tears

دردناک جوش، کاٹنے اور آنسوؤں کے ساتھ

it was as if she wanted to squeeze the last sweet drop out of this wine

ایسا لگتا تھا جیسے وہ اس شراب کے آخری میٹھے قطرے کو نچوڑنا چاہتی تھی۔

Never before had it become so strangely clear to Siddhartha

سدھارتھ پر اس سے پہلے کبھی اتنا عجیب و غریب واضح نہیں ہوا تھا۔

he felt how close lust was akin to death

اس نے محسوس کیا کہ ہوس موت کے مترادف ہے۔

he laid by her side, and Kamala's face was close to him

وہ اس کے پاس لیٹ گیا، اور کملا کا چہرہ اس کے قریب تھا۔

under her eyes and next to the corners of her mouth

اس کی آنکھوں کے نیچے اور اس کے منہ کے کونوں کے ساتھ

it was as clear as never before

یہ اتنا واضح تھا جتنا پہلے کبھی نہیں تھا۔

there read a fearful inscription

وہاں ایک خوفناک تحریر پڑھی۔

an inscription of small lines and slight grooves

چھوٹی لکیروں اور معمولی نالیوں کا ایک نوشتہ

an inscription reminiscent of autumn and old age

خزاں اور بڑھاپے کی یاد دلانے والا ایک نوشتہ

here and there, gray hairs among his black ones

یہاں اور وہاں، اس کے سیاہ بالوں میں بھوری بال

Siddhartha himself, who was only in his forties, noticed the same thing

خود سدھارتھ نے، جو صرف چالیس کی عمر میں تھا، اسی چیز کو محسوس کیا۔

Tiredness was written on Kamala's beautiful face

کملا کے خوبصورت چہرے پر تھکاوٹ لکھی ہوئی تھی۔

tiredness from walking a long path

لمبا راستہ چلنے سے تھکاوٹ

a path which has no happy destination

ایک ایسا راستہ جس کی کوئی خوشی کی منزل نہیں ہے۔

tiredness and the beginning of withering

تھکاوٹ اور مرجھانے کا آغاز

fear of old age, autumn, and having to die

بڑھاپے، خزاں اور مرنے کا خوف

With a sigh, he had bid his farewell to her

ایک آہ بھر کر اس نے اسے الوداع کیا تھا۔

the soul full of reluctance, and full of concealed anxiety
ہچکچاہٹ سے بھری روح، اور پوشیدہ اضطراب سے بھری ہوئی ہے۔

Siddhartha had spent the night in his house with dancing girls
سدھارتھ نے رات اپنے گھر میں ناچتی لڑکیوں کے ساتھ گزاری تھی۔

he acted as if he was superior to them
اس نے ایسا کام کیا جیسے وہ ان سے برتر ہو۔

he acted superior towards the fellow-members of his caste
اس نے اپنی ذات کے ساتھی ممبروں سے برتر سلوک کیا۔

but this was no longer true
لیکن یہ اب سچ نہیں تھا

he had drunk much wine that night
اس رات اس نے بہت زیادہ شراب پی تھی۔

and he went to bed a long time after midnight
اور وہ آدھی رات کے بعد کافی دیر تک سوتا رہا۔

tired and yet excited, close to weeping and despair
تھکا ہوا اور ابھی تک پرجوش، رونے اور مایوسی کے قریب

for a long time he sought to sleep, but it was in vain
کافی دیر تک وہ سونے کی کوشش کرتا رہا لیکن وہ بے سود رہا۔

his heart was full of misery
اس کا دل غم سے بھرا ہوا تھا۔

he thought he could not bear any longer
اس نے سوچا کہ وہ مزید برداشت نہیں کر سکے گا۔

he was full of a disgust, which he felt penetrating his entire body
وہ ایک بیزاری سے بھرا ہوا تھا، جو اسے اپنے پورے جسم میں گھستا ہوا محسوس ہوا۔

like the lukewarm repulsive taste of the wine
جیسے شراب کا ہلکا ناگوار ذائقہ

the dull music was a little too happy
مدھم موسیقی تھوڑی بہت خوش تھی۔

the smile of the dancing girls was a little too soft
رقص کرنے والی لڑکیوں کی مسکراہٹ قدرے نرم تھی۔

the scent of their hair and breasts was a little too sweet
ان کے بالوں اور چھاتیوں کی خوشبو تھوڑی بہت میٹھی تھی۔

But more than by anything else, he was disgusted by himself
لیکن کسی بھی چیز سے زیادہ وہ اپنے آپ سے بیزار تھا۔

he was disgusted by his perfumed hair

وہ اپنے خوشبودار بالوں سے بیزار تھا۔

he was disgusted by the smell of wine from his mouth

وہ اپنے منہ سے شراب کی بو سے بیزار تھا۔

he was disgusted by the listlessness of his skin

وہ اپنی جلد کی بے حسی سے بیزار تھا۔

Like when someone who has eaten and drunk far too much

جیسے جب کوئی جس نے بہت زیادہ کھایا اور پیا ہو۔

they vomit it back up again with agonising pain

وہ اذیت ناک درد کے ساتھ دوبارہ قے کرتے ہیں۔

but they feel relieved by the vomiting

لیکن وہ قے سے آرام محسوس کرتے ہیں۔

this sleepless man wished to free himself of these pleasures

اس بے خواب آدمی نے اپنے آپ کو ان لذتوں سے آزاد کرنا چاہا۔

he wanted to be rid of these habits

وہ ان عادات سے چھٹکارا پانا چاہتا تھا۔

he wanted to escape all of this pointless life

وہ اس بے مقصد زندگی سے بچنا چاہتا تھا۔

and he wanted to escape from himself

اور وہ خود سے بچنا چاہتا تھا۔

it wasn't until the light of the morning when he had slightly fallen sleep

ابھی صبح کی روشنی نہیں ہوئی تھی جب وہ تھوڑا سا سو گیا تھا۔

the first activities in the street were already beginning

گلی میں پہلی سرگرمیاں شروع ہو چکی تھیں۔

for a few moments he had found a hint of sleep

چند لمحوں کے لیے اسے نیند کا اشارہ ملا

In those moments, he had a dream

انہی لمحوں میں اس نے ایک خواب دیکھا

Kamala owned a small, rare singing bird in a golden cage

کملا کے پاس سونے کے پنجرے میں ایک چھوٹا، نایاب گانے والا پرندہ تھا۔

it always sung to him in the morning

یہ ہمیشہ اسے صبح کے وقت گایا جاتا تھا۔

but then he dreamt this bird had become mute

لیکن پھر اس نے خواب میں دیکھا کہ یہ پرندہ گونگا ہو گیا ہے۔

since this arose his attention, he stepped in front of the cage

جب سے اس کی توجہ اس طرف آئی، اس نے پنجرے کے سامنے قدم رکھا

he looked at the bird inside the cage

اس نے پنجرے کے اندر موجود پرندے کو دیکھا

the small bird was dead, and lay stiff on the ground
چھوٹا پرندہ مر چکا تھا، اور زمین پر اکڑ کر لیٹ گیا۔
He took the dead bird out of its cage
اس نے مردہ پرندے کو پنجرے سے باہر نکالا۔
he took a moment to weigh the dead bird in his hand
اس نے اپنے ہاتھ میں مردہ پرندے کو تولنے کے لیے ایک لمحہ لیا۔
and then threw it away, out in the street
اور پھر اسے باہر گلی میں پھینک دیا۔
in the same moment he felt terribly shocked
اسی لمحے اسے شدید جھٹکا لگا
his heart hurt as if he had thrown away all value
اس کے دل کو یوں چوٹ لگی جیسے اس نے تمام قیمتیں پھینک دی ہوں۔
everything good had been inside of this dead bird
اس مردہ پرندے کے اندر سب کچھ اچھا تھا۔
Starting up from this dream, he felt encompassed by a deep sadness
اس خواب سے شروع ہو کر وہ ایک گہری اداسی میں گھرا ہوا محسوس ہوا۔
everything seemed worthless to him
اسے سب کچھ بیکار لگ رہا تھا
worthless and pointless was the way he had been going through life
وہ جس طرح سے زندگی سے گزر رہا تھا وہ بیکار اور بے معنی تھا۔
nothing which was alive was left in his hands
اس کے ہاتھ میں کچھ بھی زندہ نہیں رہا۔
nothing which was in some way delicious could be kept
کچھ بھی نہیں رکھا جا سکتا تھا جو کسی طرح سے مزیدار تھا
nothing worth keeping would stay
رکھنے کے قابل کچھ بھی نہیں رہے گا
alone he stood there, empty like a castaway on the shore
اکیلا وہ وہاں کھڑا تھا، ساحل پر کسی تباہی کی طرح خالی تھا۔

With a gloomy mind, Siddhartha went to his pleasure-garden
اداس دماغ کے ساتھ، سدھارتھ اپنے خوشی کے باغ میں چلا گیا۔
he locked the gate and sat down under a mango-tree
وہ گیٹ بند کر کے آم کے درخت کے نیچے بیٹھ گیا۔
he felt death in his heart and horror in his chest
اس نے اپنے دل میں موت اور اپنے سینے میں وحشت محسوس کی۔
he sensed how everything died and withered in him

اس نے محسوس کیا کہ کس طرح اس میں سب کچھ مر گیا اور مرجھا گیا۔

By and by, he gathered his thoughts in his mind

بار بار اس نے اپنے ذہن میں اپنے خیالات جمع کئے

once again, he went through the entire path of his life

ایک بار پھر، وہ اپنی زندگی کے پورے راستے سے گزر گیا

he started with the first days he could remember

اس نے پہلے دنوں سے شروع کیا جو اسے یاد تھا۔

When was there ever a time when he had felt a true bliss?

کب ایسا وقت آیا جب اس نے حقیقی خوشی محسوس کی ہو؟

Oh yes, several times he had experienced such a thing

اوہ ہاں، اسے کئی بار ایسا تجربہ ہوا تھا۔

In his years as a boy he had had a taste of bliss

لڑکپن میں ہی اس نے خوشی کا مزہ چکھا تھا۔

he had felt happiness in his heart when he obtained praise from the Brahmans

اس نے اپنے دل میں خوشی محسوس کی جب اس نے برہمنوں سے تعریف حاصل کی۔

"There is a path in front of the one who has distinguished himself"

"جس نے اپنی پہچان کر لی ہے اس کے سامنے راستہ ہے۔"

he had felt bliss reciting the holy verses

اس نے مقدس آیات کی تلاوت کرتے ہوئے خوشی محسوس کی تھی۔

he had felt bliss disputing with the learned ones

اس نے سیکھنے والوں کے ساتھ جھگڑا کرتے ہوئے خوشی محسوس کی تھی۔

he had felt bliss when he was an assistant in the offerings

اس نے خوشی محسوس کی تھی جب وہ پیشکش میں معاون تھا۔

Then, he had felt it in his heart

تب اس نے اسے اپنے دل میں محسوس کیا تھا۔

"There is a path in front of you"

"آپ کے سامنے ایک راستہ ہے"

"you are destined for this path"

"تم اس راستے کے لیے مقدر ہو"

"the gods are awaiting you"

"دیوتا آپ کا انتظار کر رہے ہیں"

And again, as a young man, he had felt bliss

اور ایک بار پھر، ایک جوان آدمی کے طور پر، اس نے خوشی محسوس کی تھی

when his thoughts separated him from those thinking on the same things

جب اس کے خیالات نے اسے ایک ہی چیزوں پر سوچنے والوں سے الگ کردیا۔

when he wrestled in pain for the purpose of Brahman
جب وہ برہمن کے مقصد کے لیے درد میں کشتی لڑتا تھا۔
when every obtained knowledge only kindled new thirst in him
جب ہر حاصل شدہ علم نے اس کے اندر نئی پیاس ہی بھڑکائی
in the midst of the pain he felt this very same thing
درد کے درمیان اس نے اسی چیز کو محسوس کیا۔
"Go on! You are called upon!"
"جاؤ! تمہیں بلایا گیا ہے"!
He had heard this voice when he had left his home
یہ آواز اس نے اس وقت سنی تھی جب وہ گھر سے نکلا تھا۔
he heard heard this voice when he had chosen the life of a Samana
اس نے یہ آواز اس وقت سنی جب اس نے سمانہ کی زندگی کا انتخاب کیا تھا۔
and again he heard this voice when left the Samanas
اور سمن سے نکلتے وقت اس نے دوبارہ یہ آواز سنی
he had heard the voice when he went to see the perfected one
جب وہ کمال کو دیکھنے گیا تو اس نے آواز سنی تھی۔
and when he had gone away from the perfected one, he had heard the voice
اور جب وہ کامل سے دور چلا گیا تو اس نے آواز سنی
he had heard the voice when he went into the uncertain
جب وہ بے یقینی میں چلا گیا تو اس نے آواز سنی تھی۔
For how long had he not heard this voice anymore?
کتنی دیر سے اس نے یہ آواز نہیں سنی تھی۔
for how long had he reached no height anymore?
کتنے عرصے سے وہ اب بلندی تک نہیں پہنچی تھی۔
how even and dull was the manner in which he went through life?
اس کی زندگی کس قدر یکساں اور مدھم تھی؟
for many long years without a high goal
کئی سالوں تک بغیر کسی اعلیٰ مقصد کے
he had been without thirst or elevation
وہ پیاس یا بلندی کے بغیر رہا تھا۔
he had been content with small lustful pleasures
وہ چھوٹی موٹی لذتوں سے مطمئن تھا۔
and yet he was never satisfied!
اور پھر بھی وہ کبھی مطمئن نہیں ہوا!

For all of these years he had tried hard to become like the others

ان تمام سالوں سے اس نے دوسروں جیسا بننے کی بہت کوشش کی تھی۔

he longed to be one of the childlike people

وہ بچوں کی طرح لوگوں میں سے ایک بننا چاہتا تھا۔

but he didn't know that that was what he really wanted

لیکن وہ نہیں جانتا تھا کہ وہ واقعی یہی چاہتا تھا۔

his life had been much more miserable and poorer than theirs

ان کی زندگی ان کی زندگی سے کہیں زیادہ دکھی اور غریب تھی۔

because their goals and worries were not his

کیونکہ ان کے مقاصد اور پریشانیاں اس کی نہیں تھیں۔

the entire world of the Kamaswami-people had only been a game to him

کامسوامی کی پوری دنیا ان کے لیے صرف ایک کھیل تھی۔

their lives were a dance he would watch

ان کی زندگی ایک رقص تھی جو وہ دیکھے گا۔

they performed a comedy he could amuse himself with

انہوں نے ایک کامیڈی کا مظاہرہ کیا جس کے ساتھ وہ خود کو خوش کر سکتا تھا۔

Only Kamala had been dear and valuable to him

اس کے لیے صرف کملا ہی عزیز اور قیمتی تھی۔

but was she still valuable to him?

لیکن کیا وہ اب بھی اس کے لیے قیمتی تھی؟

Did he still need her?

کیا اسے اب بھی اس کی ضرورت تھی؟

Or did she still need him?

یا اسے اب بھی اس کی ضرورت تھی؟

Did they not play a game without an ending?

کیا انہوں نے کوئی کھیل ختم نہیں کیا؟

Was it necessary to live for this?

کیا اس کے لیے جینا ضروری تھا؟

No, it was not necessary!

نہیں، یہ ضروری نہیں تھا!

The name of this game was Sansara

اس کھیل کا نام سنسارا تھا۔

a game for children which was perhaps enjoyable to play once

بچوں کے لئے ایک کھیل جو شاید ایک بار کھیلنا خوشگوار تھا۔

maybe it could be played twice

شاید یہ دو بار کھیلا جا سکتا ہے

perhaps you could play it ten times

شاید آپ اسے دس بار کھیل سکتے ہیں۔

but should you play it for ever and ever?

لیکن کیا آپ کو اسے ہمیشہ کے لیے کھیلنا چاہیے؟

Then, Siddhartha knew that the game was over

تب، سدھارتھ کو معلوم ہوا کہ کھیل ختم ہو گیا ہے۔

he knew that he could not play it any more

وہ جانتا تھا کہ وہ اسے مزید نہیں کھیل سکتا

Shivers ran over his body and inside of him

اس کے جسم اور اس کے اندر کپکپی طاری ہو گئی۔

he felt that something had died

اس نے محسوس کیا کہ کچھ مر گیا ہے

That entire day, he sat under the mango-tree

وہ سارا دن آم کے درخت کے نیچے بیٹھا رہا۔

he was thinking of his father

وہ اپنے باپ کے بارے میں سوچ رہا تھا

he was thinking of Govinda

وہ گووندا کے بارے میں سوچ رہا تھا۔

and he was thinking of Gotama

اور وہ گوتم کے بارے میں سوچ رہا تھا۔

Did he have to leave them to become a Kamaswami?

کیا اسے کمسوامی بننے کے لیے انہیں چھوڑنا پڑا؟

He was still sitting there when the night had fallen

وہ ابھی تک وہیں بیٹھا تھا جب رات ہو چکی تھی۔

he caught sight of the stars, and thought to himself

اس نے ستاروں کو دیکھا، اور اپنے آپ کو سوچا۔

"Here I'm sitting under my mango-tree in my pleasure-garden"

"یہاں میں اپنے خوشی کے باغ میں آم کے درخت کے نیچے بیٹھا ہوں"

He smiled a little to himself

وہ خود سے ہلکا سا مسکرایا

was it really necessary to own a garden?

کیا واقعی باغ کا مالک ہونا ضروری تھا؟

was it not a foolish game?

کیا یہ احمقانہ کھیل نہیں تھا؟

did he need to own a mango-tree?

کیا اسے آم کے درخت کی ضرورت تھی؟

He also put an end to this

اس پر بھی اس نے خاتمہ کر دیا۔

this also died in him

یہ بھی اس میں مر گیا۔

He rose and bid his farewell to the mango-tree

اس نے اٹھ کر آم کے درخت کو الوداع کہا

he bid his farewell to the pleasure-garden

اس نے خوشی کے باغ کو الوداع کیا۔

Since he had been without food this day, he felt strong hunger

چونکہ وہ اس دن بغیر کھانا کھا رہا تھا، اس لیے اسے شدید بھوک لگ رہی تھی۔

and he thought of his house in the city

اور اس نے شہر میں اپنے گھر کے بارے میں سوچا۔

he thought of his chamber and bed

اس نے اپنے کمرے اور بستر کے بارے میں سوچا۔

he thought of the table with the meals on it

اس نے کھانے کی میز کے بارے میں سوچا۔

He smiled tiredly, shook himself, and bid his farewell to these things

وہ تھکے ہارے مسکرایا، خود کو ہلایا اور ان باتوں کو الوداع کہہ دیا۔

In the same hour of the night, Siddhartha left his garden

رات کی اسی گھڑی میں سدھارتھ اپنے باغ سے نکل گیا۔

he left the city and never came back

اس نے شہر چھوڑ دیا اور کبھی واپس نہیں آیا۔

For a long time, Kamaswami had people look for him

ایک طویل عرصے سے کامسوامی نے لوگوں کو ان کی تلاش میں رکھا تھا۔

they thought he had fallen into the hands of robbers

ان کا خیال تھا کہ وہ ڈاکوؤں کے ہتھے چڑھ گیا ہے۔

Kamala had no one look for him

کملا اسے ڈھونڈنے والا کوئی نہیں تھا۔

she was not astonished by his disappearance

وہ اس کی گمشدگی سے حیران نہیں ہوئی تھی۔

Did she not always expect it?

کیا وہ ہمیشہ اس کی توقع نہیں رکھتی تھی؟

Was he not a Samana?

کیا وہ سمانا نہیں تھا؟

a man who was at home nowhere, a pilgrim

ایک آدمی جو گھر پر کہیں نہیں تھا، ایک حاجی

she had felt this the last time they had been together
اس نے یہ محسوس کیا تھا کہ وہ آخری بار ایک ساتھ تھے۔

she was happy despite all the pain of the loss
نقصان کے تمام درد کے باوجود وہ خوش تھی۔

she was happy she had been with him one last time
وہ خوش تھی کہ وہ آخری بار اس کے ساتھ رہی تھی۔

she was happy she had pulled him so affectionately to her heart
وہ خوش تھی کہ اس نے اسے اتنے پیار سے اپنے دل میں کھینچ لیا تھا۔

she was happy she had felt completely possessed and penetrated by him
وہ خوش تھی کہ اس نے اسے مکمل طور پر اپنے قبضے میں اور گھسنے کو محسوس کیا تھا۔

When she received the news, she went to the window
خبر ملتے ہی وہ کھڑکی کے پاس گئی۔

at the window she held a rare singing bird
کھڑکی کے پاس اس نے ایک نایاب گاتے ہوئے پرندے کو تھام رکھا تھا۔

the bird was held captive in a golden cage
پرندے کو سونے کے پنجرے میں قید کر رکھا تھا۔

She opened the door of the cage
اس نے پنجرے کا دروازہ کھولا۔

she took the bird out and let it fly
اس نے پرندے کو باہر نکالا اور اسے اڑنے دیا۔

For a long time, she gazed after it
کافی دیر تک وہ اسے دیکھتی رہی

From this day on, she received no more visitors
اس دن کے بعد سے، اسے مزید کوئی مہمان نہیں ملا

and she kept her house locked
اور اس نے اپنے گھر کو بند کر رکھا تھا۔

But after some time, she became aware that she was pregnant
لیکن کچھ عرصے بعد اسے معلوم ہوا کہ وہ حاملہ ہے۔

she was pregnant from the last time she was with Siddhartha
وہ آخری بار سدھارتھ کے ساتھ حاملہ تھیں۔

By the River

دریا کے کنارے

Siddhartha walked through the forest

سدھارتھ جنگل میں سے گزرا۔

he was already far from the city

وہ پہلے ہی شہر سے بہت دور تھا۔

and he knew nothing but one thing

اور وہ ایک چیز کے سوا کچھ نہیں جانتا تھا۔

there was no going back for him

اس کے لئے کوئی واپس نہیں تھا

the life that he had lived for many years was over

وہ زندگی جو اس نے کئی سالوں سے گزاری تھی ختم ہو چکی تھی۔

he had tasted all of this life

اس نے اس ساری زندگی کا مزہ چکھا تھا۔

he had sucked everything out of this life

اس نے اس زندگی سے سب کچھ چھین لیا تھا۔

until he was disgusted with it

جب تک کہ وہ اس سے بیزار نہ ہو۔

the singing bird he had dreamt of was dead

وہ گانے والا پرندہ جس کا اس نے خواب دیکھا تھا مر گیا تھا۔

and the bird in his heart was dead too

اور اس کے دل کا پرندہ بھی مر چکا تھا۔

he had been deeply entangled in Sansara

وہ سنسارا میں گہرا الجھا ہوا تھا۔

he had sucked up disgust and death into his body

اس نے بیزاری اور موت کو اپنے جسم میں سمو لیا تھا۔

like a sponge sucks up water until it is full

جیسے سپنج پانی کو چوستا ہے جب تک کہ وہ بھر نہ جائے۔

he was full of misery and death

وہ مصائب اور موت سے بھرا ہوا تھا۔

there was nothing left in this world which could have attracted him

اس دنیا میں کوئی ایسی چیز باقی نہیں رہی جو اسے اپنی طرف متوجہ کر سکتی

nothing could have given him joy or comfort

کوئی چیز اسے خوشی یا سکون نہیں دے سکتی تھی۔

he passionately wished to know nothing about himself anymore

وہ جذباتی طور پر اپنے بارے میں مزید کچھ نہیں جاننا چاہتا تھا۔

he wanted to have rest and be dead

وہ آرام کرنا اور مرنا چاہتا تھا۔

he wished there was a lightning-bolt to strike him dead!

اس کی خواہش تھی کہ کوئی آسمانی بجلی اس کو مار ڈالے!

If there only was a tiger to devour him!

اگر کوئی شیر ہی اسے کھا جاتا!

If there only was a poisonous wine which would numb his senses

کاش کوئی زہریلی شراب ہوتی جو اس کے حواس کو بے حس کر دیتی

a wine which brought him forgetfulness and sleep

ایک شراب جو اسے بھولنے اور نیند لے آئی

a wine from which he wouldn't awake from

ایک ایسی شراب جس سے وہ بیدار نہیں ہوگا۔

Was there still any kind of filth he had not soiled himself with?

کیا اب بھی کوئی ایسی گندگی تھی جس سے اس نے خود کو گندا نہیں کیا تھا؟

was there a sin or foolish act he had not committed?

کیا کوئی گناہ یا احمقانہ فعل ہے جو اس نے نہیں کیا تھا؟

was there a dreariness of the soul he didn't know?

کیا روح کا کوئی ڈر تھا جسے وہ نہیں جانتا تھا؟

was there anything he had not brought upon himself?

کیا ایسی کوئی چیز ہے جو وہ اپنے اوپر نہیں لایا تھا؟

Was it still at all possible to be alive?

کیا اب بھی زندہ رہنا ممکن تھا؟

Was it possible to breathe in again and again?

کیا بار بار سانس لینا ممکن تھا؟

Could he still breathe out?

کیا وہ اب بھی سانس لے سکتا تھا؟

was he able to bear hunger?

کیا وہ بھوک برداشت کر سکتا تھا؟

was there any way to eat again?

کیا دوبارہ کھانے کا کوئی طریقہ تھا؟

was it possible to sleep again?

کیا دوبارہ سونا ممکن تھا؟

could he sleep with a woman again?

کیا وہ دوبارہ کسی عورت کے ساتھ سو سکتا ہے؟

had this cycle not exhausted itself?

کیا یہ چکر خود ختم نہیں ہوا؟

were things not brought to their conclusion?

کیا چیزوں کو ان کے نتیجے پر نہیں پہنچایا گیا؟

Siddhartha reached the large river in the forest

سدھارتھ جنگل میں بڑی ندی تک پہنچ گیا۔

it was the same river he crossed when he had still been a young man

یہ وہی دریا تھا جب اس نے نوجوانی میں ہی عبور کیا تھا۔

it was the same river he crossed from the town of Gotama

یہ وہی دریا تھا جسے اس نے گوتاما شہر سے عبور کیا تھا۔

he remembered a ferryman who had taken him over the river

اسے ایک کشتی والا یاد آیا جو اسے دریا پر لے گیا تھا۔

By this river he stopped, and hesitantly he stood at the bank

اس دریا کے کنارے وہ رک گیا، اور جھجھکتے ہوئے کنارے پر کھڑا ہو گیا۔

Tiredness and hunger had weakened him

تھکاوٹ اور بھوک نے اسے کمزور کر دیا تھا۔

"what should I walk on for?"

"مجھے کس چیز کے لیے چلنا چاہیے؟"

"to what goal was there left to go?"

"کس مقصد کی طرف جانا باقی تھا؟"

No, there were no more goals

نہیں، مزید اہداف نہیں تھے۔

there was nothing left but a painful yearning to shake off this dream

اس خواب کو جھنجھوڑ دینے کے لیے ایک دردناک تڑپ کے سوا کچھ نہیں بچا تھا۔

he yearned to spit out this stale wine

وہ اس باسی شراب کو تھوکنے کے لیے تڑپ رہا تھا۔

he wanted to put an end to this miserable and shameful life

وہ اس دکھی اور شرمناک زندگی کو ختم کرنا چاہتا تھا۔

a coconut-tree bent over the bank of the river

دریا کے کنارے پر جھکا ناریل کا درخت

Siddhartha leaned against its trunk with his shoulder

سدھارتھ اپنے کندھے کے ساتھ اس کے تنے سے جھک گیا۔

he embraced the trunk with one arm

اس نے ایک بازو سے ٹرنک کو گلے لگایا

and he looked down into the green water

اور اس نے نیچے سبز پانی میں دیکھا

the water ran under him

پانی اس کے نیچے بہہ گیا

he looked down and found himself to be entirely filled with the wish to let go

اس نے نیچے دیکھا اور اپنے آپ کو جانے کی خواہش سے پوری طرح بھرا ہوا پایا

he wanted to drown in these waters

وہ ان پانیوں میں ڈوبنا چاہتا تھا۔

the water reflected a frightening emptiness back at him

پانی اس کی طرف ایک خوفناک خالی پن کی عکاسی کرتا تھا۔

the water answered to the terrible emptiness in his soul

پانی نے اس کی روح میں خوفناک خالی پن کا جواب دیا۔

Yes, he had reached the end

ہاں وہ انجام کو پہنچ گیا تھا۔

There was nothing left for him, except to annihilate himself

اس کے پاس اپنے آپ کو فنا کرنے کے سوا کچھ نہیں بچا تھا۔

he wanted to smash the failure into which he had shaped his life

وہ اس ناکامی کو توڑنا چاہتا تھا جس میں اس نے اپنی زندگی کو تشکیل دیا تھا۔

he wanted to throw his life before the feet of mockingly laughing gods

وہ اپنی زندگی کا مذاق اڑانے والے دیوتاؤں کے قدموں کے سامنے پھینکنا چاہتا تھا۔

This was the great vomiting he had longed for; death

یہ وہ عظیم الٹی تھی جس کی وہ خواہش کر رہا تھا۔ موت

the smashing to bits of the form he hated

شکل کے ٹکڑے ٹکڑے کرنے سے اسے نفرت تھی۔

Let him be food for fishes and crocodiles

اسے مچھلیوں اور مگرمچھوں کی خوراک بننے دو

Siddhartha the dog, a lunatic

سدھارتھ کتا، ایک پاگل

a depraved and rotten body; a weakened and abused soul!

ایک خراب اور بوسیدہ جسم؛ ایک کمزور اور زیادتی کا شکار روح!

let him be chopped to bits by the daemons

اسے ڈیمن کے ٹکڑے ٹکڑے کرنے دیں۔

With a distorted face, he stared into the water

مسخ شدہ چہرے کے ساتھ اس نے پانی کی طرف دیکھا

he saw the reflection of his face and spat at it

اس نے اپنے چہرے کا عکس دیکھا اور اس پر تھوک دیا۔

In deep tiredness, he took his arm away from the trunk of the tree

گہری تھکاوٹ میں اس نے اپنا بازو درخت کے تنے سے ہٹایا

he turned a bit, in order to let himself fall straight down

وہ تھوڑا سا مڑا، تاکہ خود کو سیدھا نیچے گرنے دے

in order to finally drown in the river

تاکہ آخر کار دریا میں ڈوب جائے۔

With his eyes closed, he slipped towards death

آنکھیں بند کر کے وہ موت کی طرف کھسک گیا۔

Then, out of remote areas of his soul, a sound stirred up

پھر اس کی روح کے دور دراز علاقوں سے ایک آواز اٹھی۔

a sound stirred up out of past times of his now weary life

اس کی اب تھکی ہوئی زندگی کے ماضی کے وقتوں سے ایک آواز ابھری۔

It was a singular word, a single syllable

یہ ایک واحد لفظ تھا، ایک ہی حرف

without thinking he spoke the voice to himself

بغیر سوچے اس نے خود سے آواز دی۔

he slurred the beginning and the end of all prayers of the Brahmans

اس نے برہمنوں کی تمام دعاؤں کے آغاز اور اختتام کو گندا کر دیا۔

he spoke the holy Om

اس نے مقدس اوم بولا۔

"that what is perfect" or "the completion"

"جو کامل ہے "یا" تکمیل"

And in the moment he realized the foolishness of his actions

اور لمحہ بھر میں اسے اپنی حرکتوں کی حماقت کا احساس ہوا۔

the sound of Om touched Siddhartha's ear

اوم کی آواز سدھارتھ کے کانوں کو لگی

his dormant spirit suddenly woke up

اس کی غیر فعال روح اچانک جاگ اٹھی۔

Siddhartha was deeply shocked

سدھارتھ کو گہرا صدمہ ہوا۔

he saw this was how things were with him

اس نے دیکھا کہ اس کے ساتھ معاملات اس طرح تھے۔

he was so doomed that he had been able to seek death

وہ اتنا برباد تھا کہ وہ موت کو تلاش کرنے میں کامیاب ہو گیا تھا۔

he had lost his way so much that he wished the end

اس نے اپنا راستہ اتنا بھٹکا دیا تھا کہ وہ آخر کی خواہش کرتا تھا۔

the wish of a child had been able to grow in him

ایک بچے کی خواہش اس میں پروان چڑھنے کے قابل تھی۔

he had wished to find rest by annihilating his body!

وہ اپنے جسم کو فنا کر کے آرام حاصل کرنا چاہتا تھا!

all the agony of recent times

حالیہ دنوں کی تمام اذیتیں
all sobering realizations that his life had created
تمام سنجیدہ احساس جو اس کی زندگی نے پیدا کیے تھے۔
all the desperation that he had felt
تمام مایوسی جو اس نے محسوس کی تھی۔
these things did not bring about this moment
یہ چیزیں اس لمحے کے بارے میں نہیں لائے
when the Om entered his consciousness he became aware of himself
جب اوم اس کے ہوش میں آیا تو وہ اپنے آپ سے واقف ہوا۔
he realized his misery and his error
اسے اپنے دکھ اور غلطی کا احساس ہوا۔
Om! he spoke to himself
اوم !اس نے خود سے بات کی
Om! and again he knew about Brahman
اوم !اور وہ دوبارہ برہمن کے بارے میں جانتا تھا۔
Om! he knew about the indestructibility of life
اوم !وہ زندگی کی تباہی کے بارے میں جانتا تھا۔
Om! he knew about all that is divine, which he had forgotten
اوم !وہ ان تمام چیزوں کے بارے میں جانتا تھا جسے وہ بھول گیا تھا۔
But this was only a moment that flashed before him
لیکن یہ صرف ایک لمحہ تھا جو اس کے سامنے چمکا۔
By the foot of the coconut-tree, Siddhartha collapsed
ناریل کے درخت کے پاؤں سے سدھارتھ گر گیا۔
he was struck down by tiredness
وہ تھکاوٹ کی طرف سے مارا گیا تھا
mumbling "Om", he placed his head on the root of the tree
"اوم "کہتے ہوئے اس نے اپنا سر درخت کی جڑ پر رکھا
and he fell into a deep sleep
اور وہ گہری نیند میں گر گیا۔
Deep was his sleep, and without dreams
اس کی گہری نیند تھی، اور خوابوں کے بغیر
for a long time he had not known such a sleep any more
بہت دنوں سے اسے ایسی نیند کا پتا ہی نہیں چلا تھا۔

When he woke up after many hours, he felt as if ten years had passed
جب وہ کئی گھنٹوں کے بعد بیدار ہوا تو اسے لگا جیسے دس سال گزر گئے ہوں۔

he heard the water quietly flowing

اس نے خاموشی سے بہتے پانی کو سنا

he did not know where he was

وہ نہیں جانتا تھا کہ وہ کہاں ہے

and he did not know who had brought him here

اور وہ نہیں جانتا تھا کہ اسے یہاں کون لایا ہے۔

he opened his eyes and looked with astonishment

اس نے آنکھیں کھولیں اور حیرت سے دیکھا

there were trees and the sky above him

اس کے اوپر درخت اور آسمان تھے۔

he remembered where he was and how he got here

اسے یاد آیا کہ وہ کہاں تھا اور یہاں کیسے پہنچا

But it took him a long while for this

لیکن اس کے لیے اسے کافی وقت لگا

the past seemed to him as if it had been covered by a veil

ماضی اسے ایسا لگ رہا تھا جیسے اس پر پردہ پڑا ہوا ہو۔

infinitely distant, infinitely far away, infinitely meaningless

لامحدود دور، لامحدود دور، لامحدود بے معنی

He only knew that his previous life had been abandoned

وہ صرف اتنا جانتا تھا کہ اس کی پچھلی زندگی ترک کر دی گئی ہے۔

this past life seemed to him like a very old, previous incarnation

یہ پچھلی زندگی اسے بہت پرانی، سابقہ اوتار کی طرح لگ رہی تھی۔

this past life felt like a pre-birth of his present self

یہ پچھلی زندگی اپنے موجودہ نفس کی پیدائش سے پہلے کی طرح محسوس ہوئی۔

full of disgust and wretchedness, he had intended to throw his life away

بیزاری اور بدمزگی سے بھرا، اس نے اپنی جان پھینک دینے کا ارادہ کر لیا تھا۔

he had come to his senses by a river, under a coconut-tree

وہ ایک دریا کے کنارے، ناریل کے درخت کے نیچے ہوش میں آیا تھا۔

the holy word "Om" was on his lips

اس کے ہونٹوں پر مقدس لفظ" اوم "تھا۔

he had fallen asleep and had now woken up

وہ سو گیا تھا اور اب جاگ چکا تھا۔

he was looking at the world as a new man

وہ دنیا کو ایک نئے آدمی کے طور پر دیکھ رہا تھا۔

Quietly, he spoke the word "Om" to himself

خاموشی سے اس نے خود سے لفظ" اوم "بولا۔

the "Om" he was speaking when he had fallen asleep

"اوم "وہ بول رہا تھا جب وہ سو گیا تھا۔

his sleep felt like nothing more than a long meditative recitation of "Om"

اس کی نیند" اوم "کی لمبی مراقبہ کی تلاوت کے سوا کچھ نہیں محسوس ہوئی۔

all his sleep had been a thinking of "Om"

اس کی ساری نیند" اوم "کی سوچ میں تھی

a submergence and complete entering into "Om"

ڈوب جانا اور" اوم "میں مکمل داخل ہونا

a going into the perfected and completed

ایک مکمل اور مکمل میں جانا

What a wonderful sleep this had been!

یہ کتنی شاندار نیند تھی!

he had never before been so refreshed by sleep

وہ پہلے کبھی نیند سے اتنا تروتازہ نہیں ہوا تھا۔

Perhaps, he really had died

شاید، وہ واقعی مر گیا تھا

maybe he had drowned and was reborn in a new body?

شاید وہ ڈوب گیا تھا اور نئے جسم میں دوبارہ پیدا ہوا تھا؟

But no, he knew himself and who he was

لیکن نہیں، وہ خود کو جانتا تھا اور وہ کون تھا۔

he knew his hands and his feet

وہ اپنے ہاتھ اور پاؤں جانتا تھا۔

he knew the place where he lay

وہ اس جگہ کو جانتا تھا جہاں وہ لیٹا تھا۔

he knew this self in his chest

وہ اپنے سینے میں اس خود کو جانتا تھا۔

Siddhartha the eccentric, the weird one

سدھارتھ سنکی، عجیب و غریب

but this Siddhartha was nevertheless transformed

لیکن یہ سدھارتھ اس کے باوجود بدل گیا تھا۔

he was strangely well rested and awake

وہ عجیب طرح سے آرام اور جاگ رہا تھا۔

and he was joyful and curious

اور وہ خوش اور متجسس تھا

Siddhartha straightened up and looked around

سدھارتھ نے سیدھا ہو کر ادھر ادھر دیکھا

then he saw a person sitting opposite to him

پھر دیکھا کہ ایک شخص اس کے سامنے بیٹھا ہے۔

a monk in a yellow robe with a shaven head
منڈوا سر کے ساتھ پیلے رنگ کے لباس میں ایک راہب
he was sitting in the position of pondering
وہ سوچنے کی پوزیشن میں بیٹھا تھا۔
He observed the man, who had neither hair on his head nor a beard
اس نے اس شخص کو دیکھا جس کے سر پر نہ بال تھے اور نہ داڑھی۔
he had not observed him for long when he recognised this monk
جب اس نے اس راہب کو پہچانا تو اس نے اسے زیادہ دیر تک نہیں دیکھا
it was Govinda, the friend of his youth
یہ گووندا تھا، جو اس کی جوانی کا دوست تھا۔
Govinda, who had taken his refuge with the exalted Buddha
گووندا، جس نے مہاتما بدھ کے پاس پناہ لی تھی۔
Like Siddhartha, Govinda had also aged
سدھارتھ کی طرح گووندا بھی بوڑھے ہو چکے تھے۔
but his face still bore the same features
لیکن اس کا چہرہ اب بھی وہی خصوصیات رکھتا ہے۔
his face still expressed zeal and faithfulness
اس کے چہرے سے اب بھی جوش اور وفاداری کا اظہار ہوتا ہے۔
you could see he was still searching, but timidly
آپ دیکھ سکتے تھے کہ وہ اب بھی تلاش کر رہا تھا، لیکن ڈرپوک
Govinda sensed his gaze, opened his eyes, and looked at him
گووندا نے اپنی نظروں کو محسوس کیا، آنکھیں کھولیں، اور اس کی طرف دیکھا
Siddhartha saw that Govinda did not recognise him
سدھارتھ نے دیکھا کہ گووندا نے اسے نہیں پہچانا۔
Govinda was happy to find him awake
گووندا اسے بیدار پا کر خوش ہوا۔
apparently, he had been sitting here for a long time
بظاہر وہ کافی دیر سے یہاں بیٹھا تھا۔
he had been waiting for him to wake up
وہ اس کے بیدار ہونے کا انتظار کر رہا تھا۔
he waited, although he did not know him
اس نے انتظار کیا، حالانکہ وہ اسے نہیں جانتا تھا۔
"I have been sleeping" said Siddhartha
"میں سو رہا ہوں "سدھارتھ نے کہا
"How did you get here?"
"تم یہاں کیسے پہنچے؟"

"You have been sleeping" answered Govinda
"تم سو رہے ہو" گووندا نے جواب دیا۔
"It is not good to be sleeping in such places"
"ایسی جگہوں پر سونا اچھا نہیں لگتا"
"snakes and the animals of the forest have their paths here"
"سانپ اور جنگل کے جانوروں کے یہاں راستے ہیں"
"I, oh sir, am a follower of the exalted Gotama"
"میں، اوہ جناب، برگزیدہ گوتم کا پیروکار ہوں"
"I was on a pilgrimage on this path"
"میں اس راستے پر حج پر تھا"
"I saw you lying and sleeping in a place where it is dangerous to sleep"
"میں نے آپ کو ایسی جگہ لیٹے اور سوتے دیکھا جہاں سونا خطرناک ہے"
"Therefore, I sought to wake you up"
"اس لیے میں نے تمہیں جگانے کی کوشش کی"
"but I saw that your sleep was very deep"
"لیکن میں نے دیکھا کہ تمہاری نیند بہت گہری تھی"
"so I stayed behind from my group"
"تو میں اپنے گروپ سے پیچھے رہ گیا"
"and I sat with you until you woke up"
"اور میں آپ کے ساتھ بیٹھا رہا یہاں تک کہ آپ بیدار ہو گئے"
"And then, so it seems, I have fallen asleep myself"
"اور پھر، ایسا لگتا ہے، میں خود سو گیا ہوں"
"I, who wanted to guard your sleep, fell asleep"
"میں جو تمہاری نیند کی حفاظت کرنا چاہتا تھا سو گیا"
"Badly, I have served you"
"بری طرح، میں نے آپ کی خدمت کی ہے"
"tiredness had overwhelmed me"
"تھکاوٹ نے مجھے حاوی کر لیا تھا"
"But since you're awake, let me go to catch up with my brothers"
"لیکن جب سے تم جاگ رہے ہو، مجھے اپنے بھائیوں سے ملنے جانے دو۔"
"I thank you, Samana, for watching out over my sleep" spoke Siddhartha
"میں آپ کا شکریہ، سمانا، میری نیند پر نظر رکھنے کے لیے" سدھارتھ نے کہا
"You're friendly, you followers of the exalted one"

"تم دوست ہو، تم اعلیٰ کے پیروکار ہو"

"Now you may go to them"

"اب تم ان کے پاس جا سکتے ہو"

"I'm going, sir. May you always be in good health"

"میں جا رہا ہوں جناب، آپ ہمیشہ سلامت رہیں"

"I thank you, Samana"

"میں آپ کا شکریہ ادا کرتا ہوں سمانہ"

Govinda made the gesture of a salutation and said "Farewell"

گووندا نے سلام کا اشارہ کیا اور کہا" الوداعی"

"Farewell, Govinda" said Siddhartha

"الوداعی، گووندا "سدھارتھ نے کہا

The monk stopped as if struck by lightning

راہب اس طرح رک گیا جیسے بجلی گر گئی ہو۔

"Permit me to ask, sir, from where do you know my name?"

"مجھے پوچھنے کی اجازت دیں جناب، آپ میرا نام کہاں سے جانتے ہیں؟"

Siddhartha smiled, "I know you, oh Govinda, from your father's hut"

سدھارتھ نے مسکرا کر کہا،" میں تمہیں جانتا ہوں، اوہ گووندا، تمہارے باپ کی جھونپڑی سے۔"

"and I know you from the school of the Brahmans"

"اور میں تمہیں برہمنوں کے مکتب سے جانتا ہوں"

"and I know you from the offerings"

"اور میں تمہیں پیشکشوں سے جانتا ہوں"

"and I know you from our walk to the Samanas"

"اور میں تمہیں ہمارے سمن تک جانے سے جانتا ہوں"

"and I know you from when you took refuge with the exalted one"

"اور میں تمہیں اس وقت سے جانتا ہوں جب تم نے اس برگزیدہ کے پاس پناہ لی ہے"

"You're Siddhartha," Govinda exclaimed loudly, "Now, I recognise you"

"تم سدھارتھ ہو، "گووندا نے زور سے کہا،" اب، میں تمہیں پہچانتا ہوں"

"I don't comprehend how I couldn't recognise you right away"

"مجھے سمجھ نہیں آرہا کہ میں آپ کو فوراً کیسے پہچان نہیں پایا۔"

"Siddhartha, my joy is great to see you again"

"سدھارتھا، آپ کو دوبارہ دیکھ کر مجھے بہت خوشی ہوئی"

"It also gives me joy, to see you again" spoke Siddhartha

"یہ مجھے بھی خوشی دیتا ہے، آپ کو دوبارہ دیکھ کر" سدھارتھ نے کہا

"You've been the guard of my sleep"

"تم میری نیند کے محافظ رہے ہو"

"again, I thank you for this"

"ایک بار پھر، میں اس کے لئے آپ کا شکریہ"

"but I wouldn't have required any guard"

"لیکن مجھے کسی گارڈ کی ضرورت نہیں پڑے گی"

"Where are you going to, oh friend?"

"کہاں جا رہے ہو اے دوست؟"

"I'm going nowhere," answered Govinda

"میں کہیں نہیں جا رہا ہوں،" گووندا نے جواب دیا۔

"We monks are always travelling"

"ہم راہب ہمیشہ سفر کرتے ہیں"

"whenever it is not the rainy season, we move from one place to another"

"جب بھی بارش کا موسم نہیں ہوتا، ہم ایک جگہ سے دوسری جگہ جاتے ہیں"

"we live according to the rules of the teachings passed on to us"

"ہم ان تعلیمات کے اصولوں کے مطابق زندگی گزارتے ہیں جو ہمیں منتقل ہوئی ہیں"

"we accept alms, and then we move on"

"ہم خیرات قبول کرتے ہیں، اور پھر آگے بڑھتے ہیں"

"It is always like this"

"ہمیشہ ایسا ہی ہوتا ہے"

"But you, Siddhartha, where are you going to?"

"لیکن تم، سدھارتھ، تم کہاں جا رہے ہو؟"

"for me it is as it is with you"

"میرے لیے ویسا ہی ہے جیسا آپ کے ساتھ ہے"

"I'm going nowhere; I'm just travelling"

"میں کہیں نہیں جا رہا ہوں، بس سفر کر رہا ہوں"

"I'm also on a pilgrimage"

"میں بھی حج پر ہوں"

Govinda spoke "You say you're on a pilgrimage, and I believe you"

گووندا بولے "آپ کہتے ہیں کہ آپ یاترا پر ہیں، اور میں آپ پر یقین کرتا ہوں"

"But, forgive me, oh Siddhartha, you do not look like a pilgrim"

"لیکن، مجھے معاف کر دو، سدھارتھ، تم ایک یاتری کی طرح نہیں لگتے"

"You're wearing a rich man's garments"

"تم نے ایک امیر آدمی کا لباس پہن رکھا ہے"

"you're wearing the shoes of a distinguished gentleman"

"آپ نے ایک معزز شریف آدمی کے جوتے پہن رکھے ہیں"

"and your hair, with the fragrance of perfume, is not a pilgrim's hair"

"اور آپ کے بال، عطر کی خوشبو کے ساتھ، حاجی کے بال نہیں ہیں"

"you do not have the hair of a Samana"

"تمہارے پاس سمانہ کے بال نہیں ہیں"

"you are right, my dear"

"تم ٹھیک کہتے ہو میرے پیارے"

"you have observed things well"

"تم نے چیزوں کو اچھی طرح دیکھا ہے"

"your keen eyes see everything"

"آپ کی گہری آنکھیں سب کچھ دیکھتی ہیں"

"But I haven't said to you that I was a Samana"

"لیکن میں نے تم سے یہ نہیں کہا کہ میں سمانہ ہوں"

"I said I'm on a pilgrimage"

"میں نے کہا کہ میں حج پر ہوں"

"And so it is, I'm on a pilgrimage"

"اور ایسا ہی ہے، میں حج پر ہوں"

"You're on a pilgrimage" said Govinda

گووندا نے کہا" تم یاترا پر ہو"

"But few would go on a pilgrimage in such clothes"

"لیکن ایسے کپڑے پہن کر حج پر بہت کم لوگ جائیں گے"

"few would pilger in such shoes"

"کچھ ہی ایسے جوتے پہنیں گے"

"and few pilgrims have such hair"

"اور چند حاجیوں کے ایسے بال ہیں"

"I have never met such a pilgrim"

"میں ایسے حاجی سے کبھی نہیں ملا"

"and I have been a pilgrim for many years"

"اور میں کئی سالوں سے حاجی ہوں"

"I believe you, my dear Govinda"
"میں آپ پر یقین کرتا ہوں، میرے پیارے گووندا"
"But now, today, you've met a pilgrim just like this"
"لیکن اب، آج، آپ کی ملاقات ایسے ہی ایک حاجی سے ہوئی ہے"
"a pilgrim wearing these kinds of shoes and garment"
"اس قسم کے جوتے اور لباس پہنے ہوئے حاجی"
"Remember, my dear, the world of appearances is not eternal"
"یاد رکھو میرے عزیز، ظہور کی دنیا ابدی نہیں ہے"
"our shoes and garments are anything but eternal"
"ہمارے جوتے اور کپڑے ابدی کے سوا کچھ بھی ہیں"
"our hair and bodies are not eternal either"
"ہمارے بال اور جسم بھی ابدی نہیں ہیں"
I'm wearing a rich man's clothes"
"میں ایک امیر آدمی کا لباس پہنتا ہوں"
"you've seen this quite right"
"آپ نے یہ بالکل ٹھیک دیکھا ہے"
"I'm wearing them, because I have been a rich man"
"میں انہیں پہن رہا ہوں، کیونکہ میں ایک امیر آدمی رہا ہوں"
"and I'm wearing my hair like the worldly and lustful people"
"اور میں اپنے بالوں کو دنیا دار اور ہوس پرست لوگوں کی طرح پہنتا ہوں"
"because I have been one of them"
"کیونکہ میں ان میں سے ایک رہا ہوں"
"And what are you now, Siddhartha?" Govinda asked
"اور اب تم کیا ہو سدھارتھ؟ "گووندا نے پوچھا
"I don't know it, just like you"
"میں نہیں جانتا، بالکل آپ کی طرح"
"I was a rich man, and now I am not a rich man anymore"
"میں ایک امیر آدمی تھا، اور اب میں امیر آدمی نہیں ہوں"
"and what I'll be tomorrow, I don't know"
"اور میں کل کیا ہو گا، مجھے نہیں معلوم"
"You've lost your riches?" asked Govinda
"تم نے اپنی دولت کھو دی ہے؟ "گووندا نے پوچھا
"I've lost my riches, or they have lost me"
"میں نے اپنی دولت کھو دی ہے، یا انہوں نے مجھے کھو دیا ہے"

"My riches somehow happened to slip away from me"

"میری دولت کسی طرح مجھ سے دور ہو گئی"

"The wheel of physical manifestations is turning quickly, Govinda"

"جسمانی اظہار کا پہیہ تیزی سے گھوم رہا ہے، گووندا"

"Where is Siddhartha the Brahman?"

"سدھارتھ برہمن کہاں ہے؟"

"Where is Siddhartha the Samana?"

"سدھارتھ سمانا کہاں ہے؟"

"Where is Siddhartha the rich man?"

"سدھارتھ امیر آدمی کہاں ہے؟"

"Non-eternal things change quickly, Govinda, you know it"

"غیر ابدی چیزیں تیزی سے بدل جاتی ہیں، گووندا، تم جانتے ہو"

Govinda looked at the friend of his youth for a long time

گووندا دیر تک اپنی جوانی کے دوست کی طرف دیکھتا رہا

he looked at him with doubt in his eyes

اس نے شک کی نظروں سے اسے دیکھا

After that, he gave him the salutation which one would use on a gentleman

اس کے بعد آپ صلی اللہ علیہ وسلم نے اسے سلام کیا جو کسی شریف آدمی پر استعمال کرے گا۔

and he went on his way, and continued his pilgrimage

اور وہ اپنے راستے پر چلا گیا، اور اپنا حج جاری رکھا

With a smiling face, Siddhartha watched him leave

مسکراتے ہوئے چہرے کے ساتھ سدھارتھ نے اسے جاتے ہوئے دیکھا

he loved him still, this faithful, fearful man

وہ اب بھی اس سے پیار کرتا تھا، اس وفادار، خوفزدہ آدمی

how could he not have loved everybody and everything in this moment?

وہ کیسے اس لمحے میں سب سے اور ہر چیز سے پیار نہیں کر سکتا تھا؟

in the glorious hour after his wonderful sleep, filled with Om!

اس کی شاندار نیند کے بعد شاندار گھنٹے میں، اوم سے بھرا ہوا!

The enchantment, which had happened inside of him in his sleep

وہ سحر جو نیند میں اس کے اندر ہوا تھا۔

this enchantment was everything that he loved

یہ جادو وہ سب کچھ تھا جس سے وہ پیار کرتا تھا۔

he was full of joyful love for everything he saw

وہ ہر چیز کے لئے خوشی سے بھرا ہوا تھا جو اس نے دیکھا

exactly this had been his sickness before

بالکل یہ اس سے پہلے اس کی بیماری تھی

he had not been able to love anybody or anything

وہ کسی سے یا کسی چیز سے محبت کرنے کے قابل نہیں تھا۔

With a smiling face, Siddhartha watched the leaving monk

مسکراتے ہوئے چہرے کے ساتھ سدھارتھ نے راہب کو جاتے ہوئے دیکھا

The sleep had strengthened him a lot

نیند نے اسے بہت مضبوط کر دیا تھا۔

but hunger gave him great pain

لیکن بھوک نے اسے بہت تکلیف دی۔

by now he had not eaten for two days

اب تک اس نے دو دن سے کچھ نہیں کھایا تھا۔

the times were long past when he could resist such hunger

وہ وقت گزر چکا تھا جب وہ اس طرح کی بھوک کا مقابلہ کر سکتا تھا۔

With sadness, and yet also with a smile, he thought of that time

اداسی کے ساتھ، اور پھر بھی مسکراہٹ کے ساتھ، اس نے اس وقت کے بارے میں سوچا۔

In those days, so he remembered, he had boasted of three things to Kamala

اُن دنوں اُسے یاد آیا، اُس نے کملا پر تین باتوں کی بڑائی کی تھی۔

he had been able to do three noble and undefeatable feats

وہ تین عظیم اور ناقابل شکست کارنامے انجام دینے میں کامیاب رہا تھا۔

he was able to fast, wait, and think

وہ روزہ رکھنے، انتظار کرنے اور سوچنے کے قابل تھا۔

These had been his possessions; his power and strength

یہ اس کا مال تھا۔ اس کی طاقت اور طاقت

in the busy, laborious years of his youth, he had learned these three feats

اپنی جوانی کے مصروف، محنتی سالوں میں، اس نے یہ تین کارنامے سیکھے تھے۔

And now, his feats had abandoned him

اور اب، اس کے کارناموں نے اسے چھوڑ دیا تھا۔

none of his feats were his any more

اس کے کارناموں میں سے کوئی بھی اب اس کا نہیں تھا۔

neither fasting, nor waiting, nor thinking

نہ روزہ، نہ انتظار، نہ سوچ

he had given them up for the most wretched things

اُس نے اُنہیں سب سے بری چیزوں کے لیے چھوڑ دیا تھا۔

what is it that fades most quickly?

وہ کون سی چیز ہے جو سب سے جلدی ختم ہو جاتی ہے؟

sensual lust, the good life, and riches!

جنسی ہوس، اچھی زندگی، اور دولت!

His life had indeed been strange

اس کی زندگی واقعی عجیب تھی۔

And now, so it seemed, he had really become a childlike person

اور اب، ایسا لگ رہا تھا، وہ واقعی بچوں جیسا انسان بن گیا تھا۔

Siddhartha thought about his situation

سدھارتھ نے اپنی حالت کے بارے میں سوچا۔

Thinking was hard for him now

سوچنا اب اس کے لیے مشکل تھا۔

he did not really feel like thinking

وہ واقعی سوچنے کی طرح محسوس نہیں کیا

but he forced himself to think

لیکن اس نے خود کو سوچنے پر مجبور کر دیا۔

"all these most easily perishing things have slipped from me"

"یہ سب آسانی سے ختم ہونے والی چیزیں مجھ سے پھسل گئی ہیں"

"again, now I'm standing here under the sun"

"دوبارہ، اب میں یہاں سورج کے نیچے کھڑا ہوں"

"I am standing here just like a little child"

''میں یہاں بالکل چھوٹے بچے کی طرح کھڑا ہوں''

"nothing is mine, I have no abilities"

"میرا کچھ نہیں، مجھ میں کوئی صلاحیت نہیں"

"there is nothing I could bring about"

"ایسا کچھ نہیں ہے جو میں لا سکتا ہوں"

"I have learned nothing from my life"

"میں نے اپنی زندگی سے کچھ نہیں سیکھا"

"How wondrous all of this is!"

"یہ سب کتنا حیرت انگیز ہے"!

"it's wondrous that I'm no longer young"

"یہ حیرت انگیز ہے کہ میں اب جوان نہیں ہوں"

"my hair is already half gray and my strength is fading"

"میرے بال پہلے ہی آدھے سفید ہو چکے ہیں اور میری طاقت ختم ہو رہی ہے"

"and now I'm starting again at the beginning, as a child!"

"اور اب میں ایک بچے کے طور پر شروع میں دوبارہ شروع کر رہا ہوں"!

Again, he had to smile to himself

ایک بار پھر اسے خود سے مسکرانا پڑا

Yes, his fate had been strange!

ہاں، اس کی قسمت عجیب تھی!

Things were going downhill with him

اس کے ساتھ معاملات نیچے کی طرف جا رہے تھے۔

and now he was again facing the world naked and stupid

اور اب وہ پھر سے برہنہ اور بیوقوف دنیا کا سامنا کر رہا تھا۔

But he could not feel sad about this

لیکن وہ اس بات پر رنجیدہ نہ ہو سکا

no, he even felt a great urge to laugh

نہیں، اس نے ہنسنے کی شدید خواہش بھی محسوس کی۔

he felt an urge to laugh about himself

اس نے اپنے بارے میں ہنسنے کی خواہش محسوس کی۔

he felt an urge to laugh about this strange, foolish world

اس نے اس عجیب، احمقانہ دنیا کے بارے میں ہنسنے کی خواہش محسوس کی۔

"Things are going downhill with you!" he said to himself

"آپ کے ساتھ چیزیں نیچے کی طرف جا رہی ہیں۔" اس نے اپنے آپ سے کہا

and he laughed about his situation

اور وہ اپنی حالت پر ہنسا۔

as he was saying it he happened to glance at the river

جب وہ یہ کہہ رہا تھا تو اس کی نظر دریا پر پڑی۔

and he also saw the river going downhill

اور اس نے دریا کو نیچے کی طرف جاتے دیکھا

it was singing and being happy about everything

یہ گانا گا رہا تھا اور ہر چیز کے بارے میں خوش تھا۔

He liked this, and kindly he smiled at the river

اسے یہ پسند آیا، اور وہ دریا کی طرف دیکھ کر مسکرا دیا۔

Was this not the river in which he had intended to drown himself?

کیا یہ وہ دریا نہیں تھا جس میں اس نے اپنے آپ کو غرق کرنے کا ارادہ کیا تھا؟

in past times, a hundred years ago

ماضی میں، سو سال پہلے

or had he dreamed this?

یا اس نے یہ خواب دیکھا تھا؟

"Wondrous indeed was my life" he thought

"واقعی میری زندگی حیرت انگیز تھی" اس نے سوچا۔

"my life has taken wondrous detours"

"میری زندگی نے حیرت انگیز راستے اختیار کیے ہیں"

"As a boy, I only dealt with gods and offerings"

"لڑکے کے طور پر، میں نے صرف دیوتاؤں اور قربانیوں کے ساتھ معاملہ کیا"

"As a youth, I only dealt with asceticism"

"جوانی کے طور پر، میں نے صرف سنت پرستی کا معاملہ کیا"

"I spent my time in thinking and meditation"

"میں نے اپنا وقت سوچنے اور مراقبہ میں گزارا"

"I was searching for Brahman

"میں برہمن کی تلاش میں تھا۔

"and I worshipped the eternal in the Atman"

"اور میں نے اتمان میں ازلی کی پرستش کی"

"But as a young man, I followed the penitents"

"لیکن ایک نوجوان کے طور پر، میں نے توبہ کرنے والوں کی پیروی کی"

"I lived in the forest and suffered heat and frost"

"میں جنگل میں رہتا تھا اور گرمی اور ٹھنڈ کا سامنا کرتا تھا"

"there I learned how to overcome hunger"

"وہاں میں نے بھوک پر قابو پانے کا طریقہ سیکھا"

"and I taught my body to become dead"

"اور میں نے اپنے جسم کو مردہ بننا سکھایا"

"Wonderfully, soon afterwards, insight came towards me"

"حیرت کی بات ہے، کچھ ہی دیر بعد، بصیرت میری طرف آئی"

"insight in the form of the great Buddha's teachings"

"مہاتما بدھ کی تعلیمات کی شکل میں بصیرت"

"I felt the knowledge of the oneness of the world"

"میں نے دنیا کی وحدانیت کا علم محسوس کیا"

"I felt it circling in me like my own blood"

"میں نے محسوس کیا کہ یہ میرے اپنے خون کی طرح میرے اندر گردش کرتا ہے"

"But I also had to leave Buddha and the great knowledge"

"لیکن مجھے بدھ اور عظیم علم کو بھی چھوڑنا پڑا"

"I went and learned the art of love with Kamala"

"میں نے جا کر کملا سے محبت کا فن سیکھا"

"I learned trading and business with Kamaswami"

"میں نے کامسوامی کے ساتھ تجارت اور کاروبار سیکھا"

"I piled up money, and wasted it again"

"میں نے پیسہ جمع کیا، اور اسے دوبارہ ضائع کیا"

"I learned to love my stomach and please my senses"

"میں نے اپنے پیٹ سے پیار کرنا اور اپنے حواس کو خوش کرنا سیکھا"

"I had to spend many years losing my spirit"

"مجھے اپنی روح کھوتے ہوئے کئی سال گزارنے پڑے"

"and I had to unlearn thinking again"

"اور مجھے دوبارہ سوچنا سیکھنا پڑا"

"there I had forgotten the oneness"

"وہاں میں وحدانیت کو بھول گیا تھا"

"Isn't it just as if I had turned slowly from a man into a child"?

"کیا ایسا نہیں ہے جیسے میں آہستہ آہستہ ایک آدمی سے بچہ بن گیا ہوں"؟

"from a thinker into a childlike person"

"ایک مفکر سے بچوں کی طرح انسان میں"

"And yet, this path has been very good"

"اور پھر بھی، یہ راستہ بہت اچھا رہا ہے"

"and yet, the bird in my chest has not died"

"اور ابھی تک، میرے سینے میں پرندہ نہیں مرا"

"what a path has this been!"

"یہ کیسا راستہ رہا ہے"!

"I had to pass through so much stupidity"

"مجھے اتنی حماقت سے گزرنا پڑا"

"I had to pass through so much vice"

"مجھے بہت ساری خرابیوں سے گزرنا پڑا"

"I had to make so many errors"

"مجھے بہت سی غلطیاں کرنی پڑیں"

"I had to feel so much disgust and disappointment"

"مجھے بہت نفرت اور مایوسی محسوس کرنی پڑی"

"I had to do all this to become a child again"

"مجھے دوبارہ بچہ بننے کے لیے یہ سب کرنا پڑا"

"and then I could start over again"

"اور پھر میں دوبارہ شروع کر سکتا ہوں"

"But it was the right way to do it"

"لیکن یہ کرنے کا یہ صحیح طریقہ تھا"

"my heart says yes to it and my eyes smile to it"

"میرا دل اس پر ہاں کہتا ہے اور میری آنکھیں اس پر مسکراتی ہیں"

"I've had to experience despair"

"مجھے مایوسی کا سامنا کرنا پڑا"
"I've had to sink down to the most foolish of all thoughts"
"مجھے تمام خیالات میں سب سے زیادہ احمقانہ سوچ میں ڈوبنا پڑا"
"I've had to think to the thoughts of suicide"
"مجھے خودکشی کے خیالات کے بارے میں سوچنا پڑا"
"only then would I be able to experience divine grace"
"تب ہی میں خدائی فضل کا تجربہ کر سکوں گا"
"only then could I hear Om again"
"تبھی میں دوبارہ اوم کو سن سکتا تھا"
"only then would I be able to sleep properly and awake again"
"تب ہی میں ٹھیک سے سو سکوں گا اور دوبارہ جاگ سکوں گا"
"I had to become a fool, to find Atman in me again"
"مجھے احمق بننا تھا، اپنے اندر اتمان کو دوبارہ تلاش کرنے کے لیے"
"I had to sin, to be able to live again"
"مجھے دوبارہ جینے کے قابل ہونے کے لیے گناہ کرنا پڑا"
"Where else might my path lead me to?"
"میرا راستہ مجھے اور کہاں لے جا سکتا ہے؟"
"It is foolish, this path, it moves in loops"
"یہ بے وقوفی ہے، یہ راستہ، یہ گھومتا پھرتا ہے"
"perhaps it is going around in a circle"
"شاید یہ ایک دائرے میں گھوم رہا ہے"
"Let this path go where it likes"
"اس راستے کو جانے دو جہاں چاہو"
"where ever this path goes, I want to follow it"
"جہاں بھی یہ راستہ جاتا ہے، میں اس پر چلنا چاہتا ہوں"
he felt joy rolling like waves in his chest
اس نے خوشی کو اپنے سینے میں لہروں کی طرح لڑھکتا ہوا محسوس کیا۔
he asked his heart, "from where did you get this happiness?"
اس نے اپنے دل سے پوچھا یہ سعادت تمہیں کہاں سے ملی؟
"does it perhaps come from that long, good sleep?"
"کیا یہ شاید اتنی لمبی، اچھی نیند سے آتی ہے؟"
"the sleep which has done me so much good"
"وہ نیند جس نے مجھے بہت اچھا کیا ہے"
"or does it come from the word Om, which I said?"
"یا یہ لفظ اوم سے آیا ہے، جو میں نے کہا؟"
"Or does it come from the fact that I have escaped?"

"یا یہ اس حقیقت سے آتا ہے کہ میں فرار ہو گیا ہوں؟"

"does this happiness come from standing like a child under the sky?"

"کیا یہ خوشی آسمان کے نیچے بچوں کی طرح کھڑے رہنے سے ملتی ہے؟"

"Oh how good is it to have fled"

"ارے بھاگ جانا کتنا اچھا ہے"

"it is great to have become free!"

"آزاد ہونا بہت اچھا ہے"!

"How clean and beautiful the air here is"

"یہاں کی ہوا کتنی صاف اور خوبصورت ہے"

"the air is good to breath"

"ہوا سانس لینے کے لیے اچھی ہے"

"where I ran away from everything smelled of ointments"

"جہاں میں مرہم کی بدبو والی ہر چیز سے بھاگا تھا"

"spices, wine, excess, sloth"

"مصالحے، شراب، ضرورت سے زیادہ، کاہلی"

"How I hated this world of the rich"

"مجھے امیروں کی اس دنیا سے کتنی نفرت تھی"

"I hated those who revel in fine food and the gamblers!"

"میں ان لوگوں سے نفرت کرتا ہوں جو عمدہ کھانوں سے لطف اندوز ہوتے ہیں اور جواریوں سے"!

"I hated myself for staying in this terrible world for so long!

"مجھے اس خوفناک دنیا میں اتنے عرصے تک رہنے کے لیے خود سے نفرت تھی!

"I have deprived, poisoned, and tortured myself"

"میں نے خود کو محروم کیا، زہر دیا، اور اذیت دی"

"I have made myself old and evil!"

"میں نے اپنے آپ کو بوڑھا اور برا بنا لیا ہے"!

"No, I will never again do the things I liked doing so much"

"نہیں، میں پھر کبھی وہ کام نہیں کروں گا جو مجھے کرنا بہت پسند تھا"

"I won't delude myself into thinking that Siddhartha was wise!"

"میں اپنے آپ کو یہ سوچ کر دھوکہ نہیں دوں گا کہ سدھارتھ عقلمند تھا"!

"But this one thing I have done well"

"لیکن یہ ایک کام میں نے اچھا کیا ہے"

"this I like, this I must praise"

"یہ مجھے پسند ہے، مجھے اس کی تعریف کرنی چاہیے"

"I like that there is now an end to that hatred against myself"
"مجھے پسند ہے کہ اب میرے خلاف اس نفرت کا خاتمہ ہو گیا ہے"

"there is an end to that foolish and dreary life!"
"اس احمقانہ اور خوفناک زندگی کا خاتمہ ہے"!

"I praise you, Siddhartha, after so many years of foolishness"
"سدھارتھا، اتنے سالوں کی بے وقوفی کے بعد میں تمہاری تعریف کرتا ہوں"

"you have once again had an idea"
"آپ کو ایک بار پھر خیال آیا ہے"

"you have heard the bird in your chest singing"
"تم نے اپنے سینے میں پرندے کو گاتے سنا ہے"

"and you followed the song of the bird!"
"اور تم نے پرندے کے گانے کی پیروی کی"!

with these thoughts he praised himself
ان خیالات کے ساتھ اس نے اپنی تعریف کی۔

he had found joy in himself again
اس نے اپنے آپ میں ایک بار پھر خوشی محسوس کی۔

he listened curiously to his stomach rumbling with hunger
اس نے تجسس سے اپنے پیٹ کی بھوک سے گڑگڑاہٹ سنائی

he had tasted and spat out a piece of suffering and misery
اس نے مصائب اور مصائب کا ایک ٹکڑا چکھا اور تھوک دیا۔

in these recent times and days, this is how he felt
ان حالیہ دنوں اور دنوں میں، اس نے ایسا محسوس کیا۔

he had devoured it up to the point of desperation and death
وہ اسے مایوسی اور موت تک کھا چکا تھا۔

how everything had happened was good
سب کچھ کیسے ہوا اچھا تھا

he could have stayed with Kamaswami for much longer
وہ کامسوامی کے ساتھ زیادہ دیر تک رہ سکتا تھا۔

he could have made more money, and then wasted it
وہ زیادہ پیسہ کما سکتا تھا، اور پھر اسے ضائع کر سکتا تھا۔

he could have filled his stomach and let his soul die of thirst
وہ اپنا پیٹ بھر سکتا تھا اور اپنی روح کو پیاس سے مرنے دیتا تھا۔

he could have lived in this soft upholstered hell much longer
وہ اس نرم افولسٹرڈ جہنم میں زیادہ دیر تک رہ سکتا تھا۔

if this had not happened, he would have continued this life
اگر ایسا نہ ہوتا تو وہ یہ زندگی جاری رکھتا

the moment of complete hopelessness and despair

مکمل ناامیدی اور مایوسی کا لمحہ

the most extreme moment when he hung over the rushing waters

سب سے انتہائی لمحہ جب وہ بہتے ہوئے پانیوں پر لٹک گیا۔

the moment he was ready to destroy himself

جس لمحے وہ خود کو تباہ کرنے کے لیے تیار تھا۔

the moment he had felt this despair and deep disgust

جس لمحے اس نے اس مایوسی اور گہری نفرت کو محسوس کیا تھا۔

he had not succumbed to it

وہ اس کا شکار نہیں ہوا تھا۔

the bird was still alive after all

پرندہ اب بھی زندہ تھا۔

this was why he felt joy and laughed

اس لیے اس نے خوشی محسوس کی اور ہنس دیا۔

this was why his face was smiling brightly under his hair

اس لیے اس کا چہرہ بالوں کے نیچے چمک رہا تھا۔

his hair which had now turned gray

اس کے بال جو اب سفید ہو چکے تھے۔

"It is good," he thought, "to get a taste of everything for oneself"

"یہ اچھا ہے،" اس نے سوچا، "اپنے لیے ہر چیز کا مزہ چکھنا"

"everything which one needs to know"

"ہر وہ چیز جسے جاننے کی ضرورت ہے"

"lust for the world and riches do not belong to the good things"

"دنیا اور دولت کی ہوس اچھی چیزوں سے تعلق نہیں رکھتی"

"I have already learned this as a child"

"میں بچپن میں ہی یہ سیکھ چکا ہوں"

"I have known it for a long time"

"میں اسے کافی عرصے سے جانتا ہوں"

"but I hadn't experienced it until now"

"لیکن میں نے ابھی تک اس کا تجربہ نہیں کیا تھا"

"And now that I I've experienced it I know it"

"اور اب جب میں نے اس کا تجربہ کیا ہے میں اسے جانتا ہوں"

"I don't just know it in my memory, but in my eyes, heart, and stomach"

"میں اسے صرف اپنی یاد میں نہیں جانتا، لیکن میری آنکھوں، دل اور پیٹ میں"

"it is good for me to know this!"

"یہ جاننا میرے لیے اچھا ہے"!

For a long time, he pondered his transformation
کافی دیر تک وہ اپنی تبدیلی پر غور کرتا رہا۔

he listened to the bird, as it sang for joy
اس نے پرندے کی بات سنی، جیسے وہ خوشی میں گا رہا تھا۔

Had this bird not died in him?
کیا اس میں یہ پرندہ نہ مرتا؟

had he not felt this bird's death?
کیا اس نے اس پرندے کی موت کو محسوس نہیں کیا تھا؟

No, something else from within him had died
نہیں، اس کے اندر سے کوئی اور چیز مر چکی تھی۔

something which yearned to die had died
جو کچھ مرنے کی خواہش رکھتا تھا وہ مر گیا

Was it not this that he used to intend to kill?
کیا یہ قتل کرنے کا ارادہ نہیں تھا؟

Was it not his his small, frightened, and proud self that had died?
کیا یہ اس کا چھوٹا، خوفزدہ اور مغرور نفس نہیں تھا جو مر گیا تھا؟

he had wrestled with his self for so many years
وہ اتنے سالوں سے اپنے نفس سے کشتی لڑتا رہا تھا۔

the self which had defeated him again and again
وہ نفس جس نے اسے بار بار شکست دی تھی۔

the self which was back again after every killing
وہ نفس جو ہر قتل کے بعد دوبارہ لوٹ آیا تھا۔

the self which prohibited joy and felt fear?
وہ نفس جس نے خوشی کو روکا اور خوف محسوس کیا؟

Was it not this self which today had finally come to its death?
کیا یہ نفس تو نہیں تھا جو آج آخرکار اپنی موت کو آن پہنچا تھا؟

here in the forest, by this lovely river
یہاں جنگل میں، اس خوبصورت ندی کے کنارے

Was it not due to this death, that he was now like a child?
کیا اس موت کی وجہ سے یہ نہیں تھا کہ وہ اب ایک بچے کی طرح تھا؟

so full of trust and joy, without fear
اعتماد اور خوشی سے بھرا ہوا، بغیر کسی خوف کے

Now Siddhartha also got some idea of why he had fought this self in vain
اب سدھارتھ کو بھی کچھ خیال آیا کہ اس نے خود سے بے فائدہ کیوں لڑا ہے۔

he knew why he couldn't fight his self as a Brahman
وہ جانتا تھا کہ وہ ایک برہمن کے طور پر اپنے نفس سے کیوں نہیں لڑ سکتا تھا۔
Too much knowledge had held him back
بہت زیادہ علم نے اسے روک رکھا تھا۔
too many holy verses, sacrificial rules, and self-castigation
بہت زیادہ مقدس آیات، قربانی کے قواعد، اور خود کو ملامت کرنا
all these things held him back
ان سب چیزوں نے اسے روک رکھا تھا۔
so much doing and striving for that goal!
اس مقصد کے لیے بہت کچھ کرنا اور کوشش کرنا!
he had been full of arrogance
وہ تکبر سے بھرا ہوا تھا۔
he was always the smartest
وہ ہمیشہ ہوشیار تھا
he was always working the most
وہ ہمیشہ سب سے زیادہ کام کر رہا تھا
he had always been one step ahead of all others
وہ ہمیشہ دوسروں سے ایک قدم آگے تھا۔
he was always the knowing and spiritual one
وہ ہمیشہ جاننے والا اور روحانی تھا۔
he was always considered the priest or wise one
اسے ہمیشہ پادری یا عقلمند سمجھا جاتا تھا۔
his self had retreated into being a priest, arrogance, and spirituality
اس کا نفس کاہن، تکبر اور روحانیت میں پیچھے ہٹ گیا تھا۔
there it sat firmly and grew all this time
وہاں یہ مضبوطی سے بیٹھا اور اس وقت تک بڑھتا رہا۔
and he had thought he could kill it by fasting
اور اس نے سوچا تھا کہ وہ اسے روزے سے مار سکتا ہے۔
Now he saw his life as it had become
اب اس نے اپنی زندگی کو ویسا ہی دیکھا جیسے وہ بن چکی تھی۔
he saw that the secret voice had been right
اس نے دیکھا کہ خفیہ آواز درست تھی۔
no teacher would ever have been able to bring about his salvation
کوئی استاد کبھی بھی اس کی نجات نہیں لا سکتا تھا۔
Therefore, he had to go out into the world
اس لیے اسے دنیا میں جانا پڑا
he had to lose himself to lust and power

اسے اپنے آپ کو ہوس اور طاقت کے سامنے کھونا پڑا
he had to lose himself to women and money
اسے خود کو عورتوں اور پیسوں کے لیے کھونا پڑا
he had to become a merchant, a dice-gambler, a drinker
اسے سوداگر، جواری، شراب پینے والا بننا تھا۔
and he had to become a greedy person
اور اسے لالچی شخص بننا پڑا
he had to do this until the priest and Samana in him was dead
اسے یہ کام اس وقت تک کرنا پڑا جب تک کہ اس میں موجود پادری اور سمانہ مر نہ جائے۔
Therefore, he had to continue bearing these ugly years
اس لیے اسے ان بدصورت سالوں کو برداشت کرنا پڑا
he had to bear the disgust and the teachings
اسے نفرت اور تعلیمات کو برداشت کرنا پڑا
he had to bear the pointlessness of a dreary and wasted life
اُسے ایک بے سود اور برباد زندگی کی بے مقصدیت کو برداشت کرنا پڑا
he had to conclude it up to its bitter end
اسے اس کے تلخ انجام تک پہنچانا پڑا
he had to do this until Siddhartha the lustful could also die
اسے یہ کام اس وقت تک کرنا پڑا جب تک کہ سدھارتھ کو ہوس پرست بھی مر نہ جائے۔
He had died and a new Siddhartha had woken up from the sleep
وہ مر چکا تھا اور ایک نیا سدھارتھ نیند سے بیدار ہوا تھا۔
this new Siddhartha would also grow old
یہ نیا سدھارتھ بھی بوڑھا ہو جائے گا۔
he would also have to die eventually
اسے بھی آخرکار مرنا پڑے گا۔
Siddhartha was still mortal, as is every physical form
سدھارتھ اب بھی فانی تھا، جیسا کہ ہر جسمانی شکل ہے۔
But today he was young and a child and full of joy
لیکن آج وہ جوان اور بچہ تھا اور خوشی سے بھرا ہوا تھا۔
He thought these thoughts to himself
یہ خیالات اس نے اپنے آپ میں سوچے۔
he listened with a smile to his stomach
اس نے اپنے پیٹ پر مسکراہٹ کے ساتھ سنا
he listened gratefully to a buzzing bee
اس نے شکر گزاری سے مکھی کی آواز سنی

Cheerfully, he looked into the rushing river

خوشی سے اس نے بہتے دریا کی طرف دیکھا

he had never before liked a water as much as this one

اس نے پہلے کبھی اتنا پانی پسند نہیں کیا تھا جتنا اس پانی کو

he had never before perceived the voice so stronger

اس نے اتنی مضبوط آواز پہلے کبھی نہیں دیکھی تھی۔

he had never understood the parable of the moving water so strongly

چلتے پانی کی تمثیل کو اس نے اتنی مضبوطی سے کبھی نہیں سمجھا تھا۔

he had never before noticed how beautifully the river moved

اس نے پہلے کبھی نہیں دیکھا تھا کہ دریا کتنی خوبصورتی سے حرکت کرتا ہے۔

It seemed to him, as if the river had something special to tell him

اسے ایسا لگ رہا تھا، جیسے دریا کے پاس اسے بتانے کے لیے کوئی خاص چیز ہو۔

something he did not know yet, which was still awaiting him

وہ ابھی تک نہیں جانتا تھا، جو ابھی تک اس کا انتظار کر رہا تھا۔

In this river, Siddhartha had intended to drown himself

اس ندی میں سدھارتھ نے خود کو ڈوبنے کا ارادہ کیا تھا۔

in this river the old, tired, desperate Siddhartha had drowned today

اس ندی میں بوڑھا، تھکا ہوا، مایوس سدھارتھ آج ڈوب گیا تھا۔

But the new Siddhartha felt a deep love for this rushing water

لیکن نئے سدھارتھ کو اس بہتے ہوئے پانی سے گہری محبت محسوس ہوئی۔

and he decided for himself, not to leave it very soon

اور اس نے اپنے لیے فیصلہ کیا کہ وہ اسے جلد ہی نہیں چھوڑے گا۔

The Ferryman
فیری مین

"By this river I want to stay," thought Siddhartha
"میں اس ندی کے کنارے رہنا چاہتا ہوں، "سدھارتھ نے سوچا۔

"it is the same river which I have crossed a long time ago"
"یہ وہی دریا ہے جسے میں بہت پہلے پار کر چکا ہوں"

"I was on my way to the childlike people"
"میں بچوں جیسے لوگوں کے پاس جا رہا تھا"

"a friendly ferryman had guided me across the river"
"ایک دوستانہ فیری مین نے دریا کے اس پار میری رہنمائی کی تھی"

"he is the one I want to go to"
"وہ وہی ہے جس کے پاس میں جانا چاہتا ہوں"

"starting out from his hut, my path led me to a new life"
"اس کی جھونپڑی سے شروع ہوکر، میرا راستہ مجھے ایک نئی زندگی کی طرف لے گیا"

"a path which had grown old and is now dead"
"ایک راستہ جو پرانا ہو چکا تھا اور اب مر چکا ہے"

"my present path shall also take its start there!"
"میرا موجودہ راستہ بھی وہاں سے شروع ہوگا"!

Tenderly, he looked into the rushing water
نرمی سے اس نے بہتے پانی کی طرف دیکھا

he looked into the transparent green lines the water drew
اس نے پانی کی طرف کھینچی ہوئی شفاف سبز لکیروں کو دیکھا

the crystal lines of water were rich in secrets
پانی کی کرسٹل لائنیں رازوں سے مالا مال تھیں۔

he saw bright pearls rising from the deep
اُس نے گہرائی سے چمکتے موتی اُٹھتے دیکھا

quiet bubbles of air floating on the reflecting surface
عکاسی کرنے والی سطح پر تیرتے ہوا کے خاموش بلبلے۔

the blue of the sky depicted in the bubbles
بلبلوں میں دکھایا گیا آسمان کا نیلا

the river looked at him with a thousand eyes
دریا نے ہزار آنکھوں سے اسے دیکھا

the river had green eyes and white eyes
دریا کی آنکھیں سبز اور سفید آنکھیں تھیں۔

the river had crystal eyes and sky-blue eyes
دریا کی کرسٹل آنکھیں اور آسمانی نیلی آنکھیں تھیں۔

he loved this water very much, it delighted him

اسے یہ پانی بہت پسند تھا، اس نے اسے خوشی دی۔

he was grateful to the water

وہ پانی کا شکر گزار تھا۔

In his heart he heard the voice talking

اس نے اپنے دل میں بات کرتے ہوئے آواز سنی

"Love this water! Stay near it!"

"اس پانی سے پیار کرو !اس کے قریب رہو"!

"Learn from the water!" his voice commanded him

"پانی سے سیکھو "!اس کی آواز نے اسے حکم دیا

Oh yes, he wanted to learn from it

اوہ ہاں، وہ اس سے سیکھنا چاہتا تھا۔

he wanted to listen to the water

وہ پانی کو سننا چاہتا تھا۔

He who would understand this water's secrets

جو اس پانی کے راز کو سمجھے گا۔

he would also understand many other things

وہ بہت سی دوسری چیزیں بھی سمجھے گا۔

this is how it seemed to him

یہ اس کے لئے ایسا لگتا تھا

But out of all secrets of the river, today he only saw one

لیکن دریا کے تمام رازوں میں سے آج اسے صرف ایک نظر آیا

this secret touched his soul

یہ راز اس کی روح کو چھو گیا۔

this water ran and ran, incessantly

یہ پانی لگاتار بہتا اور بھاگتا رہا۔

the water ran, but nevertheless it was always there

پانی بہہ گیا، لیکن اس کے باوجود یہ ہمیشہ موجود تھا۔

the water always, at all times, was the same

پانی ہمیشہ، ہر وقت، ایک جیسا تھا۔

and at the same time it was new in every moment

اور ساتھ ہی یہ ہر لمحہ نیا تھا۔

he who could grasp this would be great

جو اس کو سمجھ سکتا ہے وہ بہت اچھا ہوگا۔

but he didn't understand or grasp it

لیکن اس نے اسے سمجھا یا نہ سمجھا

he only felt some idea of it stirring

اس نے صرف ہلچل کا کچھ خیال محسوس کیا۔

it was like a distant memory, a divine voices

یہ ایک دور کی یاد، ایک الہی آواز کی طرح تھا

Siddhartha rose as the workings of hunger in his body became unbearable
سدھارتھ اس وقت اٹھا جب اس کے جسم میں بھوک کا کام ناقابل برداشت ہو گیا۔
In a daze he walked further away from the city
چکرا کر وہ شہر سے کچھ دور چلا گیا۔
he walked up the river along the path by the bank
وہ کنارے کے راستے دریا کے کنارے چلا گیا۔
he listened to the current of the water
اس نے پانی کے کرنٹ کو سنا
he listened to the rumbling hunger in his body
اس نے اپنے جسم میں بھڑکتی ہوئی بھوک کو سنا
When he reached the ferry, the boat was just arriving
جب وہ فیری پر پہنچا تو کشتی ابھی آ رہی تھی۔
the same ferryman who had once transported the young Samana across the river
وہی فیری مین جس نے ایک بار نوجوان سمانا کو دریا کے پار پہنچایا تھا۔
he stood in the boat and Siddhartha recognised him
وہ کشتی میں کھڑا ہوا اور سدھارتھ نے اسے پہچان لیا۔
he had also aged very much
وہ بھی بہت بوڑھا ہو چکا تھا۔
the ferryman was astonished to see such an elegant man walking on foot
فیری مین اتنے خوبصورت آدمی کو پیدل چلتے دیکھ کر حیران رہ گیا۔
"Would you like to ferry me over?" he asked
"کیا تم مجھے لے جانا پسند کرو گے؟ "اس نے پوچھا
he took him into his boat and pushed it off the bank
وہ اسے اپنی کشتی میں لے گیا اور اسے کنارے سے دھکیل دیا۔
"It's a beautiful life you have chosen for yourself" the passenger spoke
"یہ ایک خوبصورت زندگی ہے جسے آپ نے اپنے لیے چنا ہے "مسافر بولا۔
"It must be beautiful to live by this water every day"
"ہر روز اس پانی کے پاس رہنا خوبصورت ہونا چاہیے"
"and it must be beautiful to cruise on it on the river"
"اور دریا پر اس پر سیر کرنا خوبصورت ہونا چاہیے"
With a smile, the man at the oar moved from side to side
ایک مسکراہٹ کے ساتھ، وہ آدمی ایک طرف سے دوسری طرف چلا گیا۔
"It is as beautiful as you say, sir"

"یہ اتنا ہی خوبصورت ہے جتنا آپ کہتے ہیں جناب"
"But isn't every life and all work beautiful?"
"لیکن کیا ہر زندگی اور تمام کام خوبصورت نہیں ہوتے؟"
"This may be true" replied Siddhartha
"یہ سچ ہو سکتا ہے "سدھارتھا نے جواب دیا۔
"But I envy you for your life"
"لیکن میں آپ کی زندگی کے لئے آپ سے حسد کرتا ہوں"
"Ah, you would soon stop enjoying it"
"آہ، تم جلد ہی اس سے لطف اندوز ہونا چھوڑ دو گے"
"This is no work for people wearing fine clothes"
"اچھے کپڑے پہننے والوں کے لیے یہ کوئی کام نہیں"
Siddhartha laughed at the observation
سدھارتھ اس مشاہدے پر ہنس پڑا
"Once before, I have been looked upon today because of my clothes"
"پہلے ایک بار، آج مجھے میرے کپڑوں کی وجہ سے دیکھا گیا ہے"
"I have been looked upon with distrust"
"مجھے بے اعتمادی سے دیکھا گیا ہے"
"they are a nuisance to me"
"وہ میرے لیے پریشانی کا باعث ہیں"
"Wouldn't you, ferryman, like to accept these clothes"
"کیا تم، فیری مین، یہ کپڑے قبول کرنا پسند نہیں کرو گے؟"
"because you must know, I have no money to pay your fare"
"کیونکہ آپ کو معلوم ہونا چاہیے، میرے پاس آپ کا کرایہ ادا کرنے کے لیے پیسے نہیں ہیں"
"You're joking, sir," the ferryman laughed
"آپ مذاق کر رہے ہیں جناب، "کشتی والا ہنسا۔
"I'm not joking, friend"
"میں مذاق نہیں کر رہا ہوں دوست"
"once before you have ferried me across this water in your boat"
"ایک بار اس سے پہلے کہ تم مجھے اپنی کشتی میں اس پانی کے پار لے جا چکے ہو"
"you did it for the immaterial reward of a good deed"
"تم نے یہ ایک نیکی کے غیر مادی اجر کے لیے کیا"
"ferry me across the river and accept my clothes for it"
"مجھے دریا کے پار لے جاؤ اور اس کے لیے میرے کپڑے قبول کرو"

"And do you, sir, intent to continue travelling without clothes?"

"اور جناب کیا آپ بغیر کپڑوں کے سفر جاری رکھنے کا ارادہ رکھتے ہیں؟"

"Ah, most of all I wouldn't want to continue travelling at all"

"آہ، سب سے زیادہ میں سفر جاری نہیں رکھنا چاہتا"

"I would rather you gave me an old loincloth"

"میں چاہتا ہوں کہ آپ مجھے ایک پرانا لنگوٹی دے دیں"

"I would like it if you kept me with you as your assistant"

"میں یہ پسند کروں گا اگر آپ مجھے اپنے اسسٹنٹ کے طور پر اپنے ساتھ رکھیں"

"or rather, I would like if you accepted me as your trainee"

"یا اس کے بجائے، میں چاہوں گا کہ اگر آپ مجھے اپنے ٹرینی کے طور پر قبول کرتے ہیں"

"because first I'll have to learn how to handle the boat"

"کیونکہ پہلے مجھے کشتی کو سنبھالنا سیکھنا پڑے گا"

For a long time, the ferryman looked at the stranger

کافی دیر تک کشتی والا اجنبی کی طرف دیکھتا رہا۔

he was searching in his memory for this strange man

وہ اپنی یاد میں اس عجیب آدمی کو تلاش کر رہا تھا۔

"Now I recognise you," he finally said

"اب میں تمہیں پہچانتا ہوں،" اس نے آخر میں کہا

"At one time, you've slept in my hut"

"ایک زمانے میں تم میری جھونپڑی میں سوتے تھے"

"this was a long time ago, possibly more than twenty years"

"یہ ایک طویل عرصہ پہلے کی بات ہے، ممکنہ طور پر بیس سال سے زیادہ"

"and you've been ferried across the river by me"

"اور تمہیں میرے ذریعے دریا کے پار لے جایا گیا ہے"

"that day we parted like good friends"

"اس دن ہم اچھے دوستوں کی طرح جدا ہوئے"

"Haven't you been a Samana?"

"کیا تم سمانہ نہیں ہو گئی؟"

"I can't think of your name anymore"

"میں اب آپ کا نام نہیں سوچ سکتا"

"My name is Siddhartha, and I was a Samana"

"میرا نام سدھارتھا ہے اور میں سمانا تھا"

"I had still been a Samana when you last saw me"

"جب تم نے مجھے آخری بار دیکھا تھا تب بھی میں سمانا تھا"

"So be welcome, Siddhartha. My name is Vasudeva"

"تو خوش آمدید سدھارتھ، میرا نام واسودیو ہے"

"You will, so I hope, be my guest today as well"

"آپ بھی آئیں گے، مجھے امید ہے کہ آج بھی میرے مہمان بنیں گے"

"and you may sleep in my hut"

"اور تم میری جھونپڑی میں سو سکتے ہو"

"and you may tell me, where you're coming from"

"اور آپ مجھے بتا سکتے ہیں، آپ کہاں سے آ رہے ہیں"

"and you may tell me why these beautiful clothes are such a nuisance to you"

"اور آپ مجھے بتا سکتے ہیں کہ یہ خوبصورت کپڑے آپ کے لیے اتنے پریشان کیوں ہیں؟"

They had reached the middle of the river

وہ دریا کے بیچ میں پہنچ چکے تھے۔

Vasudeva pushed the oar with more strength

واسودیو نے مزید طاقت کے ساتھ اون کو دھکیل دیا۔

in order to overcome the current

کرنٹ پر قابو پانے کے لیے

He worked calmly, with brawny arms

اس نے چپکے چپکے بازوؤں کے ساتھ کام کیا۔

his eyes were fixed in on the front of the boat

اس کی نظریں کشتی کے اگلے حصے پر جمی ہوئی تھیں۔

Siddhartha sat and watched him

سدھارتھ بیٹھا اسے دیکھتا رہا۔

he remembered his time as a Samana

اسے اپنا وقت سمانا یاد تھا۔

he remembered how love for this man had stirred in his heart

اسے یاد آیا کہ اس شخص کے لیے اس کے دل میں کتنی محبت پیدا ہوئی تھی۔

Gratefully, he accepted Vasudeva's invitation

شکرگزار، اس نے واسودیو کی دعوت قبول کر لی

When they had reached the bank, he helped him to tie the boat to the stakes

جب وہ کنارے پر پہنچے تو اس نے کشتی کو داؤ پر باندھنے میں اس کی مدد کی۔

after this, the ferryman asked him to enter the hut

اس کے بعد کشتی والے نے اسے جھونپڑی میں داخل ہونے کو کہا

he offered him bread and water, and Siddhartha ate with eager pleasure

اس نے اسے روٹی اور پانی پیش کیا، اور سدھارتھ نے بے تابی سے کھایا

and he also ate with eager pleasure of the mango fruits Vasudeva offered him

اور اس نے واسودیو کے پیش کردہ آم کے پھل بھی شوق سے کھائے۔

Afterwards, it was almost the time of the sunset

اس کے بعد تقریباً غروب آفتاب کا وقت تھا۔

they sat on a log by the bank

وہ بینک کی طرف سے ایک لاگ پر بیٹھ گئے

Siddhartha told the ferryman about where he originally came from

سدھارتھ نے فیری مین کو بتایا کہ وہ اصل میں کہاں سے آیا ہے۔

he told him about his life as he had seen it today

اس نے اسے اپنی زندگی کے بارے میں بتایا جیسا کہ اس نے آج دیکھا تھا۔

the way he had seen it in that hour of despair

جس طرح اس نے مایوسی کی اس گھڑی میں اسے دیکھا تھا۔

the tale of his life lasted late into the night

اس کی زندگی کی کہانی رات گئے تک جاری رہی

Vasudeva listened with great attention

واسودیو نے بڑی توجہ سے سنا

Listening carefully, he let everything enter his mind

غور سے سن کر اس نے سب کچھ اپنے دماغ میں داخل ہونے دیا۔

birthplace and childhood, all that learning

جائے پیدائش اور بچپن، وہ سب کچھ سیکھنا

all that searching, all joy, all distress

وہ ساری تلاش، ساری خوشی، تمام پریشانی

This was one of the greatest virtues of the ferryman

یہ فیری مین کی سب سے بڑی خوبیوں میں سے ایک تھی۔

like only a few, he knew how to listen

صرف چند لوگوں کی طرح، وہ سننا جانتا تھا۔

he did not have to speak a word

اسے ایک لفظ بولنے کی ضرورت نہیں تھی۔

but the speaker sensed how Vasudeva let his words enter his mind

لیکن اسپیکر نے محسوس کیا کہ کس طرح واسودیو نے اپنے الفاظ کو اپنے دماغ میں داخل ہونے دیا۔

his mind was quiet, open, and waiting

اس کا دماغ خاموش، کھلا اور انتظار کر رہا تھا۔

he did not lose a single word

اس نے ایک لفظ بھی نہیں کھویا

he did not await a single word with impatience
اس نے بے صبری سے ایک لفظ کا انتظار نہیں کیا۔

he did not add his praise or rebuke
اس نے اپنی تعریف یا سرزنش نہیں کی۔

he was just listening, and nothing else
وہ صرف سن رہا تھا، اور کچھ نہیں

Siddhartha felt what a happy fortune it is to confess to such a listener
سدھارتھ نے محسوس کیا کہ ایسے سننے والے کے سامنے اعتراف کرنا کتنی خوش قسمتی ہے۔

he felt fortunate to bury in his heart his own life
اس نے اپنی زندگی کو اپنے دل میں دفن کرنا خوش قسمت محسوس کیا۔

he buried his own search and suffering
اس نے اپنی تلاش اور تکلیف کو دفن کر دیا۔

he told the tale of Siddhartha's life
اس نے سدھارتھ کی زندگی کی کہانی سنائی

when he spoke of the tree by the river
جب اس نے دریا کے کنارے درخت کی بات کی۔

when he spoke of his deep fall
جب اس نے اپنے گہرے زوال کی بات کی۔

when he spoke of the holy Om
جب اس نے مقدس اوم کی بات کی۔

when he spoke of how he had felt such a love for the river
جب اس نے بتایا کہ اس نے دریا کے لیے اتنی محبت کیسے محسوس کی تھی۔

the ferryman listened to these things with twice as much attention
کشتی والے نے ان باتوں کو دگنی توجہ سے سنا

he was entirely and completely absorbed by it
وہ مکمل طور پر اور مکمل طور پر اس کی طرف سے جذب کیا گیا تھا

he was listening with his eyes closed
وہ آنکھیں بند کیے سن رہا تھا۔

when Siddhartha fell silent a long silence occurred
سدھارتھ خاموش ہوئے تو ایک لمبی خاموشی چھا گئی۔

then Vasudeva spoke "It is as I thought"
پھر واسودیو بولے" ایسا ہی ہے جیسا میں نے سوچا تھا"

"The river has spoken to you"
"دریا نے تم سے بات کی ہے"

"the river is your friend as well"
"دریا بھی تمہارا دوست ہے"

"the river speaks to you as well"

"دریا تم سے بھی بات کرتا ہے"

"That is good, that is very good"

"یہ اچھا ہے، یہ بہت اچھا ہے"

"Stay with me, Siddhartha, my friend"

"میرے ساتھ رہو، سدھارتھ، میرے دوست"

"I used to have a wife"

"میری ایک بیوی تھی"

"her bed was next to mine"

"اس کا بستر میرے پاس تھا"

"but she has died a long time ago"

"لیکن وہ کافی عرصہ پہلے مر چکی ہے"

"for a long time, I have lived alone"

"ایک لمبے عرصے سے، میں اکیلا رہتا ہوں"

"Now, you shall live with me"

"اب تم میرے ساتھ رہو گے"

"there is enough space and food for both of us"

"ہم دونوں کے لیے کافی جگہ اور کھانا ہے"

"I thank you," said Siddhartha

"میں آپ کا شکریہ ادا کرتا ہوں، "سدھارتھا نے کہا

"I thank you and accept"

"میں آپ کا شکریہ ادا کرتا ہوں اور قبول کرتا ہوں"

"And I also thank you for this, Vasudeva"

"اور میں اس کے لیے بھی آپ کا شکریہ ادا کرتا ہوں، واسودیو"

"I thank you for listening to me so well"

"میں آپ کا شکریہ ادا کرتا ہوں کہ آپ مجھے اچھی طرح سے سن رہے ہیں"

"people who know how to listen are rare"

"جو لوگ سننا جانتے ہیں وہ نایاب ہیں"

"I have not met a single person who knew it as well as you do"

"میں کسی ایک شخص سے نہیں ملا جو اسے جانتا ہو جیسا کہ آپ کرتے ہیں"

"I will also learn in this respect from you"

"میں بھی آپ سے اس سلسلے میں سیکھوں گا"

"You will learn it," spoke Vasudeva

"تم اسے سیکھو گے، "واسودیو نے کہا

"but you will not learn it from me"

"لیکن تم مجھ سے نہیں سیکھو گے"

"The river has taught me to listen"

"دریا نے مجھے سننا سکھایا ہے"

"you will learn to listen from the river as well"

"تم دریا سے بھی سننا سیکھو گے"

"It knows everything, the river"

"یہ سب کچھ جانتا ہے، دریا"

"everything can be learned from the river"

"دریا سے سب کچھ سیکھا جا سکتا ہے"

"See, you've already learned this from the water too"

"دیکھو تم نے یہ بات پانی سے بھی سیکھ لی ہے"

"you have learned that it is good to strive downwards"

"آپ نے سیکھا ہے کہ نیچے کی طرف کوشش کرنا اچھا ہے"

"you have learned to sink and to seek depth"

"تم نے ڈوبنا اور گہرائی تلاش کرنا سیکھ لیا ہے"

"The rich and elegant Siddhartha is becoming an oarsman's servant"

"امیر اور خوبصورت سدھارتھ ایک شگفتہ کا نوکر بن رہا ہے"

"the learned Brahman Siddhartha becomes a ferryman"

"علم برہمن سدھارتھ ایک فیری مین بن جاتا ہے"

"this has also been told to you by the river"

"یہ بھی تمہیں دریا نے بتایا ہے"

"You'll learn the other thing from it as well"

"آپ اس سے دوسری چیز بھی سیکھیں گے"

Siddhartha spoke after a long pause

سدھارتھ ایک طویل توقف کے بعد بولا۔

"What other things will I learn, Vasudeva?"

"میں اور کیا چیزیں سیکھوں گا، واسودیو؟"

Vasudeva rose. "It is late," he said

واسودیو اٹھا۔ "دیر ہو رہی ہے،" اس نے کہا

and Vasudeva proposed going to sleep

اور واسودیو نے سونے کی تجویز پیش کی۔

"I can't tell you that other thing, oh friend"

"میں تمہیں وہ اور بات نہیں بتا سکتا اوہ دوست"

"You'll learn the other thing, or perhaps you know it already"

"آپ دوسری چیز سیکھ لیں گے، یا شاید آپ اسے پہلے ہی جانتے ہوں گے"

"See, I'm no learned man"

"دیکھو میں کوئی پڑھا لکھا آدمی نہیں ہوں"

"I have no special skill in speaking"

"مجھے بولنے میں کوئی خاص مہارت نہیں ہے"

"I also have no special skill in thinking"

"مجھے سوچنے میں بھی کوئی خاص مہارت نہیں ہے"

"All I'm able to do is to listen and to be godly"

"میں جو کچھ کر سکتا ہوں وہ سننا اور خدا پرستی کرنا ہے"

"I have learned nothing else"

"میں نے اور کچھ نہیں سیکھا"

"If I was able to say and teach it, I might be a wise man"

"اگر میں اسے کہنے اور سکھانے کے قابل ہوں تو میں ایک عقلمند آدمی ہوں"

"but like this I am only a ferryman"

"لیکن اس طرح میں صرف ایک فیری مین ہوں"

"and it is my task to ferry people across the river"

"اور لوگوں کو دریا کے پار لانا میرا کام ہے"

"I have transported many thousands of people"

"میں نے ہزاروں لوگوں کو منتقل کیا ہے"

"and to all of them, my river has been nothing but an obstacle"

"اور ان سب کے لیے میرا دریا ایک رکاوٹ کے سوا کچھ نہیں رہا"

"it was something that got in the way of their travels"

"یہ کچھ تھا جو ان کے سفر کے راستے میں آ گیا"

"they travelled to seek money and business"

"وہ پیسے اور کاروبار کی تلاش میں سفر کرتے تھے"

"they travelled for weddings and pilgrimages"

"وہ شادیوں اور زیارتوں کے لیے سفر کرتے تھے"

"and the river was obstructing their path"

"اور دریا ان کا راستہ روک رہا تھا"

"the ferryman's job was to get them quickly across that obstacle"

"فیری مین کا کام انہیں اس رکاوٹ کو تیزی سے عبور کرنا تھا"

"But for some among thousands, a few, the river has stopped being an obstacle"

"لیکن ہزاروں میں سے کچھ کے لیے، چند کے لیے، دریا نے رکاوٹ بننا چھوڑ دیا ہے"

"they have heard its voice and they have listened to it"

"انہوں نے اس کی آواز سنی ہے اور انہوں نے اسے سنا ہے"

"and the river has become sacred to them"

"اور دریا ان کے لیے مقدس ہو گیا ہے"

"it become sacred to them as it has become sacred to me"

"یہ ان کے لیے مقدس ہو گیا جیسا کہ یہ میرے لیے مقدس ہو گیا ہے"

"for now, let us rest, Siddhartha"

"ابھی کے لیے، ہمیں آرام کرنے دو، سدھارتھ"

Siddhartha stayed with the ferryman and learned to operate the boat

سدھارتھ فیری مین کے ساتھ رہے اور کشتی چلانا سیکھا۔

when there was nothing to do at the ferry, he worked with Vasudeva in the rice-field

جب فیری پر کرنے کے لیے کچھ نہیں تھا، اس نے واسودیو کے ساتھ چاول کے کھیت میں کام کیا۔

he gathered wood and plucked the fruit off the banana-trees

اس نے لکڑیاں اکٹھی کیں اور کیلے کے درختوں سے پھل اکھاڑ پھینکا۔

He learned to build an oar and how to mend the boat

اُس نے شگاف بنانا اور کشتی کو ٹھیک کرنا سیکھا۔

he learned how to weave baskets and repaid the hut

اس نے ٹوکریاں بُننا سیکھ لیا اور جھونپڑی کی ادائیگی کی۔

and he was joyful because of everything he learned

اور وہ سب کچھ سیکھنے کی وجہ سے خوش تھا۔

the days and months passed quickly

دن اور مہینے تیزی سے گزر گئے۔

But more than Vasudeva could teach him, he was taught by the river

لیکن اس سے زیادہ واسودیو اسے سکھا سکتا تھا، اسے دریا نے سکھایا تھا۔

Incessantly, he learned from the river

مسلسل اس نے دریا سے سیکھا۔

Most of all, he learned to listen

سب سے بڑھ کر اس نے سننا سیکھا۔

he learned to pay close attention with a quiet heart

اس نے خاموش دل سے توجہ دینا سیکھا۔

he learned to keep a waiting, open soul

اس نے انتظار کرنا سیکھا، کھلی روح

he learned to listen without passion

اس نے شوق کے بغیر سننا سیکھا۔

he learned to listen without a wish
اس نے بغیر کسی خواہش کے سننا سیکھا۔
he learned to listen without judgement
اس نے بغیر فیصلے کے سننا سیکھا۔
he learned to listen without an opinion
اس نے بغیر کسی رائے کے سننا سیکھا۔

In a friendly manner, he lived side by side with Vasudeva
دوستانہ انداز میں وہ واسودیو کے ساتھ ساتھ رہتے تھے۔
occasionally they exchanged some words
کبھی کبھار وہ کچھ الفاظ کا تبادلہ کرتے تھے۔
then, at length, they thought about the words
پھر، لمبائی میں، انہوں نے الفاظ کے بارے میں سوچا۔
Vasudeva was no friend of words
واسودیو الفاظ کا دوست نہیں تھا۔
Siddhartha rarely succeeded in persuading him to speak
سدھارتھ شاذ و نادر ہی اسے بولنے پر آمادہ کرنے میں کامیاب ہوتا تھا۔
"did you too learn that secret from the river?"
"کیا تم نے بھی دریا سے یہ راز سیکھا؟"
"the secret that there is no time?"
"یہ راز کہ وقت نہیں ہے؟"
Vasudeva's face was filled with a bright smile
واسودیو کا چہرہ روشن مسکراہٹ سے بھر گیا۔
"Yes, Siddhartha," he spoke
"ہاں، سدھارتھ،" وہ بولا۔
"I learned that the river is everywhere at once"
"میں نے سیکھا کہ دریا ہر جگہ ایک ہی وقت میں ہے"
"it is at the source and at the mouth of the river"
"یہ دریا کے منبع اور منہ پر ہے"
"it is at the waterfall and at the ferry"
"یہ آبشار اور فیری پر ہے"
"it is at the rapids and in the sea"
"یہ ریپڈز اور سمندر میں ہے"
"it is in the mountains and everywhere at once"
"یہ پہاڑوں میں اور ہر جگہ ایک ساتھ ہے"
"and I learned that there is only the present time for the river"
"اور میں نے سیکھا کہ دریا کے لیے صرف موجودہ وقت ہے"

"it does not have the shadow of the past"

"اس پر ماضی کا سایہ نہیں ہوتا"

"and it does not have the shadow of the future"

"اور اس پر مستقبل کا سایہ نہیں ہے"

"is this what you mean?" he asked

"کیا یہ تمہارا مطلب ہے؟ "اس نے پوچھا

"This is what I meant," said Siddhartha

"میرا مطلب یہی تھا، "سدھارتھا نے کہا

"And when I had learned it, I looked at my life"

"اور جب میں نے یہ سیکھا تو میں نے اپنی زندگی کو دیکھا"

"and my life was also a river"

"اور میری زندگی بھی ایک دریا تھی"

"the boy Siddhartha was only separated from the man Siddhartha by a shadow"

"لڑکا سدھارتھ صرف ایک سائے کے ذریعہ آدمی سدھارتھ سے الگ ہوا تھا"

"and a shadow separated the man Siddhartha from the old man Siddhartha"

"اور ایک سائے نے سدھارتھ کو بوڑھے آدمی سدھارتھ سے الگ کر دیا"

"things are separated by a shadow, not by something real"

"چیزیں سائے سے الگ ہوتی ہیں، حقیقی چیز سے نہیں"

"Also, Siddhartha's previous births were not in the past"

"اس کے علاوہ، سدھارتھ کے پچھلے جنم ماضی میں نہیں تھے"

"and his death and his return to Brahma is not in the future"

"اور اس کی موت اور اس کی برہما کی طرف واپسی مستقبل میں نہیں ہے"

"nothing was, nothing will be, but everything is"

"کچھ نہیں تھا، کچھ نہیں ہوگا، لیکن سب کچھ ہے"

"everything has existence and is present"

"ہر چیز موجود ہے اور موجود ہے"

Siddhartha spoke with ecstasy

سدھارتھ خوشی سے بولا۔

this enlightenment had delighted him deeply

اس روشن خیالی نے اسے بہت خوش کیا تھا۔

"was not all suffering time?"

"سب تکلیف کا وقت نہیں تھا؟"

"were not all forms of tormenting oneself a form of time?"

"کیا خود کو اذیت دینے کی تمام شکلیں وقت کی ایک شکل نہیں تھیں؟"

"was not everything hard and hostile because of time?"

"کیا وقت کی وجہ سے سب کچھ مشکل اور مخالف نہیں تھا؟"
"is not everything evil overcome when one overcomes time?"
"کیا ہر چیز برائی پر قابو نہیں پاتی جب کوئی وقت پر قابو پا لیتا ہے؟"
"as soon as time leaves the mind, does suffering leave too?"
"جیسے ہی وقت دماغ سے نکل جاتا ہے، کیا مصیبت بھی رخصت ہو جاتی ہے؟"
Siddhartha had spoken in ecstatic delight
سدھارتھ خوشی سے بولا تھا۔

but Vasudeva smiled at him brightly and nodded in confirmation
لیکن واسودیو اس کی طرف دیکھ کر مسکرایا اور اثبات میں سر ہلایا
silently he nodded and brushed his hand over Siddhartha's shoulder
خاموشی سے اس نے سر ہلایا اور سدھارتھ کے کندھے پر ہاتھ پھیر دیا۔
and then he turned back to his work
اور پھر وہ اپنے کام پر واپس چلا گیا۔

And Siddhartha asked Vasudeva again another time
اور سدھارتھ نے ایک بار پھر واسودیو سے پوچھا
the river had just increased its flow in the rainy season
بارش کے موسم میں دریا نے اپنا بہاؤ بڑھا دیا تھا۔
and it made a powerful noise
اور اس نے ایک طاقتور شور کیا۔
"Isn't it so, oh friend, the river has many voices?"
"ایسا نہیں اے دوست، دریا کی آوازیں بہت ہیں۔"
"Hasn't it the voice of a king and of a warrior?"
"کیا یہ کسی بادشاہ اور جنگجو کی آواز نہیں ہے؟"
"Hasn't it the voice of of a bull and of a bird of the night?"
"کیا یہ بیل کی اور رات کے پرندے کی آواز نہیں ہے؟"
"Hasn't it the voice of a woman giving birth and of a sighing man?"
"کیا یہ ایک عورت کی آواز نہیں ہے جو بچے کو جنم دیتی ہے اور مرد کی آہیں بھرتی ہے؟"
"and does it not also have a thousand other voices?"
"اور کیا اس میں ایک ہزار دوسری آوازیں بھی نہیں ہیں؟"
"it is as you say it is," Vasudeva nodded
"یہ ویسا ہی ہے جیسا تم کہتے ہو،" واسودیوا نے سر ہلایا
"all voices of the creatures are in its voice"
"مخلوق کی تمام آوازیں اس کی آواز میں ہیں"

"And do you know..." Siddhartha continued

"اور کیا تم جانتے ہو..."سدھارتھ نے بات جاری رکھی۔

"what word does it speak when you succeed in hearing all of voices at once?"

"جب آپ ایک ساتھ تمام آوازیں سننے میں کامیاب ہو جاتے ہیں تو یہ کون سا لفظ بولتا ہے؟"

Happily, Vasudeva's face was smiling

خوشی سے واسودیو کا چہرہ مسکرا رہا تھا۔

he bent over to Siddhartha and spoke the holy Om into his ear

وہ سدھارتھ کی طرف جھکا اور اس کے کان میں مقدس اوم بولا۔

And this had been the very thing which Siddhartha had also been hearing

اور یہ وہی بات تھی جو سدھارتھ نے بھی سنی تھی۔

time after time, his smile became more similar to the ferryman's

وقت کے بعد، اس کی مسکراہٹ فیری مین کی طرح زیادہ ملتی گئی

his smile became almost just as bright as the ferryman's

اس کی مسکراہٹ فیری مین کی طرح ہی چمکدار ہو گئی۔

it was almost just as thoroughly glowing with bliss

یہ تقریباً بالکل اسی طرح خوشی سے چمک رہا تھا۔

shining out of thousand small wrinkles

ہزار چھوٹی جھریوں سے چمکتا ہے۔

just like the smile of a child

بالکل ایک بچے کی مسکراہٹ کی طرح

just like the smile of an old man

جیسے کسی بوڑھے کی مسکراہٹ

Many travellers, seeing the two ferrymen, thought they were brothers

بہت سے مسافروں نے ان دونوں کشتیوں کو دیکھ کر سوچا کہ وہ بھائی ہیں۔

Often, they sat in the evening together by the bank

اکثر شام کو بینک کے پاس اکٹھے بیٹھتے تھے۔

they said nothing and both listened to the water

انہوں نے کچھ نہیں کہا اور دونوں نے پانی کی بات سنی

the water, which was not water to them

پانی، جو ان کے لیے پانی نہیں تھا۔

it wasn't water, but the voice of life

یہ پانی نہیں بلکہ زندگی کی آواز تھی۔

the voice of what exists and what is eternally taking shape

جو کچھ موجود ہے اور جو ابدی شکل اختیار کر رہا ہے اس کی آواز

it happened from time to time that both thought of the same thing

وقتاً فوقتاً ایسا ہوا کہ دونوں ایک ہی چیز کے بارے میں سوچتے تھے۔

they thought of a conversation from the day before

انہوں نے ایک دن پہلے کی بات چیت کے بارے میں سوچا۔

they thought of one of their travellers

انہوں نے اپنے مسافروں میں سے ایک کے بارے میں سوچا۔

they thought of death and their childhood

وہ موت اور اپنے بچپن کے بارے میں سوچتے تھے۔

they heard the river tell them the same thing

انہوں نے دریا کو بھی یہی کہتے سنا

both delighted about the same answer to the same question

دونوں ایک ہی سوال کے ایک ہی جواب کے بارے میں خوش ہوئے۔

There was something about the two ferrymen which was transmitted to others

دونوں فیری مین کے بارے میں کچھ تھا جو دوسروں تک پہنچایا گیا۔

it was something which many of the travellers felt

یہ وہ چیز تھی جسے بہت سے مسافروں نے محسوس کیا۔

travellers would occasionally look at the faces of the ferrymen

مسافر کبھی کبھار کشتی والوں کے چہروں کی طرف دیکھتے تھے۔

and then they told the story of their life

اور پھر انہوں نے اپنی زندگی کی کہانی سنائی

they confessed all sorts of evil things

انہوں نے ہر طرح کی برائیوں کا اقرار کیا۔

and they asked for comfort and advice

اور انہوں نے تسلی اور مشورہ طلب کیا۔

occasionally someone asked for permission to stay for a night

کبھی کبھار کسی نے رات ٹھہرنے کی اجازت مانگی۔

they also wanted to listen to the river

وہ بھی دریا کو سننا چاہتے تھے۔

It also happened that curious people came

ایسا بھی ہوا کہ متجسس لوگ آگئے۔

they had been told that there were two wise men

انہیں بتایا گیا تھا کہ دو عقلمند آدمی تھے۔

or they had been told there were two sorcerers

یا انہیں بتایا گیا تھا کہ دو جادوگر تھے۔

The curious people asked many questions

متجسس لوگوں نے بہت سے سوالات کئے

but they got no answers to their questions

لیکن انہیں اپنے سوالوں کا کوئی جواب نہیں ملا

they found neither sorcerers nor wise men

انہیں نہ جادوگر ملے اور نہ عقلمند

they only found two friendly little old men, who seemed to be mute

انہیں صرف دو دوستانہ چھوٹے بوڑھے ملے، جو گونگا لگ رہے تھے۔

they seemed to have become a bit strange in the forest by themselves

وہ جنگل میں خود ہی کچھ عجیب سا لگ رہا تھا۔

And the curious people laughed about what they had heard

اور متجسس لوگ جو کچھ سنا تھا اس پر ہنس پڑے

they said common people were foolishly spreading empty rumours

ان کا کہنا تھا کہ عام لوگ بے وقوفانہ طور پر خالی افواہیں پھیلا رہے ہیں۔

The years passed by, and nobody counted them

سال گزرتے گئے اور کسی نے ان کا شمار نہیں کیا۔

Then, at one time, monks came by on a pilgrimage

پھر، ایک وقت میں، راہب زیارت پر آئے

they were followers of Gotama, the Buddha

وہ گوتم بدھ کے پیروکار تھے۔

they asked to be ferried across the river

انہوں نے دریا کے پار لے جانے کو کہا

they told them they were in a hurry to get back to their wise teacher

انہوں نے انہیں بتایا کہ وہ اپنے دانشمند استاد کے پاس واپس جانے کی جلدی میں ہیں۔

news had spread the exalted one was deadly sick

خبر پھیل گئی تھی کہ ایک صاحب جان لیوا بیمار ہیں۔

he would soon die his last human death

وہ جلد ہی اپنی آخری انسانی موت مر جائے گا۔

in order to become one with the salvation

نجات کے ساتھ ایک بننے کے لئے

It was not long until a new flock of monks came

زیادہ دیر نہیں گزری تھی کہ راہبوں کا ایک نیا ریوڑ آیا

they were also on their pilgrimage

وہ بھی اپنے حج پر تھے۔

most of the travellers spoke of nothing other than Gotama

زیادہ تر مسافروں نے گوتم کے علاوہ کچھ نہیں بتایا

his impending death was all they thought about

اس کی آنے والی موت کے بارے میں وہ سب سوچ رہے تھے۔

if there had been war, just as many would travel

اگر جنگ ہوتی تو اتنے ہی لوگ سفر کرتے

just as many would come to the coronation of a king

جیسے بہت سے لوگ بادشاہ کی تاجپوشی کے لیے آئیں گے۔

they gathered like ants in droves

وہ چیونٹیوں کی طرح جمع ہو گئے۔

they flocked, like being drawn onwards by a magic spell

وہ اڑ گئے، جیسے کسی جادوئی منتر سے آگے کی طرف کھینچا جا رہا ہو۔

they went to where the great Buddha was awaiting his death

وہ وہاں گئے جہاں مہاتما بدھ اپنی موت کا انتظار کر رہے تھے۔

the perfected one of an era was to become one with the glory

ایک زمانے کے کامل کو جلال کے ساتھ ایک ہونا تھا۔

Often, Siddhartha thought in those days of the dying wise man

اکثر، سدھارتھ مرتے ہوئے عقلمند آدمی کے ان دنوں میں سوچتا تھا۔

the great teacher whose voice had admonished nations

وہ عظیم استاد جس کی آواز نے قوموں کو نصیحت کی۔

the one who had awoken hundreds of thousands

وہ جس نے لاکھوں لوگوں کو جگایا تھا۔

a man whose voice he had also once heard

ایک آدمی جس کی آواز اس نے بھی ایک بار سنی تھی۔

a teacher whose holy face he had also once seen with respect

ایک استاد جس کا مقدس چہرہ اس نے بھی ایک بار عزت کی نگاہ سے دیکھا تھا۔

Kindly, he thought of him

مہربانی سے اس نے اس کے بارے میں سوچا۔

he saw his path to perfection before his eyes

اس نے اپنی آنکھوں کے سامنے کمال کا راستہ دیکھا

and he remembered with a smile those words he had said to him

اور اسے مسکراتے ہوئے وہ الفاظ یاد آئے جو اس نے اس سے کہے تھے۔

when he was a young man and spoke to the exalted one

جب وہ جوان تھا اور اس بزرگ سے بات کرتا تھا۔

They had been, so it seemed to him, proud and precious words

وہ تھے، تو یہ اسے، فخر اور قیمتی الفاظ لگ رہا تھا

with a smile, he remembered the the words

مسکراہٹ کے ساتھ اسے الفاظ یاد آ گئے۔

he knew that there was nothing standing between Gotama and him any more

وہ جانتا تھا کہ گوتما اور اس کے درمیان اب کچھ بھی نہیں ہے۔

he had known this for a long time already

وہ یہ بات کافی عرصے سے جانتا تھا۔

though he was still unable to accept his teachings

حالانکہ وہ ابھی تک ان کی تعلیمات کو قبول کرنے سے قاصر تھا۔

there was no teaching a truly searching person

واقعی تلاش کرنے والے شخص کی کوئی تعلیم نہیں تھی۔

someone who truly wanted to find, could accept

کوئی ہے جو واقعی تلاش کرنا چاہتا ہے، قبول کر سکتا ہے

But he who had found the answer could approve of any teaching

لیکن جس نے جواب پایا وہ کسی بھی تعلیم کو منظور کر سکتا ہے۔

every path, every goal, they were all the same

ہر راستہ، ہر مقصد، وہ سب ایک جیسے تھے۔

there was nothing standing between him and all the other thousands any more

اس کے اور باقی تمام ہزاروں کے درمیان اب کوئی چیز کھڑی نہیں تھی۔

the thousands who lived in that what is eternal

ہزاروں جو اس میں رہتے تھے جو ابدی ہے۔

the thousands who breathed what is divine

ہزاروں لوگ جنہوں نے سانس لیا جو الٰہی ہے۔

On one of these days, Kamala also went to him

ان میں سے ایک دن کملا بھی اس کے پاس گئی۔

she used to be the most beautiful of the courtesans

وہ درباریوں میں سب سے خوبصورت ہوا کرتی تھی۔

A long time ago, she had retired from her previous life

کافی عرصہ پہلے وہ اپنی سابقہ زندگی سے ریٹائر ہو چکے تھے۔

she had given her garden to the monks of Gotama as a gift

اس نے اپنا باغ گوتم کے راہبوں کو بطور تحفہ دیا تھا۔

she had taken her refuge in the teachings

اس نے تعلیمات میں پناہ لی تھی۔

she was among the friends and benefactors of the pilgrims

وہ حاجیوں کے دوستوں اور خیر خواہوں میں سے تھی۔

she was together with Siddhartha, the boy

وہ لڑکے سدھارتھ کے ساتھ تھی۔

Siddhartha the boy was her son

سدھارتھ لڑکا اس کا بیٹا تھا۔

she had gone on her way due to the news of the near death of Gotama

وہ گوتم کی موت کی خبر پا کر اپنے راستے پر چلی گئی تھی۔

she was in simple clothes and on foot

وہ سادہ لباس میں اور پیدل تھی۔

and she was With her little son

اور وہ اپنے چھوٹے بیٹے کے ساتھ تھی۔

she was travelling by the river

وہ دریا کے کنارے سفر کر رہی تھی۔

but the boy had soon grown tired

لیکن لڑکا جلد ہی تھک گیا تھا۔

he desired to go back home

وہ گھر واپس جانا چاہتا تھا۔

he desired to rest and eat

وہ آرام کرنا اور کھانا چاہتا تھا۔

he became disobedient and started whining

وہ نافرمان ہو گیا اور رونے لگا

Kamala often had to take a rest with him

کملا کو اکثر اپنے ساتھ آرام کرنا پڑتا تھا۔

he was accustomed to getting what he wanted

وہ جو چاہتا تھا اسے حاصل کرنے کا عادی تھا۔

she had to feed him and comfort him

اسے اسے کھانا کھلانا اور تسلی دینا تھی۔

she had to scold him for his behaviour

اسے اس کے رویے پر اسے ڈانٹنا پڑا

He did not comprehend why he had to go on this exhausting pilgrimage

اس کی سمجھ میں نہیں آرہا تھا کہ اسے اس تھکا دینے والی زیارت پر کیوں جانا پڑا

he did not know why he had to go to an unknown place

وہ نہیں جانتا تھا کہ اسے کسی انجان جگہ کیوں جانا پڑا

he did know why he had to see a holy dying stranger

وہ جانتا تھا کہ اسے ایک مقدس مرتے ہوئے اجنبی کو کیوں دیکھنا پڑا

"So what if he died?" he complained

"تو کیا اگر وہ مر گیا؟ "اس نے شکایت کی

why should this concern him?

اس کی فکر کیوں کرنی چاہیے؟

The pilgrims were getting close to Vasudeva's ferry

یاتری واسودیو کی فیری کے قریب پہنچ رہے تھے۔

little Siddhartha once again forced his mother to rest

ننھے سدھارتھ نے ایک بار پھر اپنی ماں کو آرام کرنے پر مجبور کیا۔

Kamala had also become tired

کملا بھی تھک چکی تھی۔

while the boy was chewing a banana, she crouched down on the ground

جب لڑکا کیلا چبا رہا تھا، وہ زمین پر گر گئی۔

she closed her eyes a bit and rested

اس نے آنکھیں بند کیں اور آرام کیا۔

But suddenly, she uttered a wailing scream

لیکن اچانک اس نے ایک چیخ ماری۔

the boy looked at her in fear

لڑکے نے خوف سے اسے دیکھا

he saw her face had grown pale from horror

اس نے دیکھا کہ اس کا چہرہ خوف سے پیلا ہو گیا تھا۔

and from under her dress, a small, black snake fled

اور اس کے لباس کے نیچے سے ایک چھوٹا سا کالا سانپ بھاگ گیا۔

a snake by which Kamala had been bitten

ایک سانپ جس نے کملا کو کاٹا تھا۔

Hurriedly, they both ran along the path, to reach people

جلدی جلدی وہ دونوں لوگوں تک پہنچنے کے لیے راستے میں بھاگے۔

they got near to the ferry and Kamala collapsed

وہ فیری کے قریب پہنچے اور کملا گر گئی۔

she was not able to go any further

وہ مزید جانے کے قابل نہیں تھا

the boy started crying miserably

لڑکا بری طرح رونے لگا

his cries were only interrupted when he kissed his mother

جب اس نے اپنی ماں کو چوما تو اس کے رونے میں خلل پڑا

she also joined his loud screams for help

وہ بھی مدد کے لیے اس کی بلند چیخوں میں شامل ہو گئی۔

she screamed until the sound reached Vasudeva's ears

وہ چیختی رہی یہاں تک کہ آواز واسودیو کے کانوں تک پہنچ گئی۔

Vasudeva quickly came and took the woman on his arms

واسودیو جلدی سے آیا اور عورت کو اپنی بانہوں میں لے لیا۔

he carried her into the boat and the boy ran along

وہ اسے کشتی میں لے گیا اور لڑکا ساتھ بھاگا۔

soon they reached the hut, where Siddhartha stood by the stove

جلد ہی وہ جھونپڑی پر پہنچے، جہاں سدھارتھ چولہے کے پاس کھڑا تھا۔

he was just lighting the fire

وہ صرف آگ جلا رہا تھا۔

He looked up and first saw the boy's face

اس نے نظر اٹھا کر پہلے لڑکے کا چہرہ دیکھا

it wondrously reminded him of something

اس نے حیرت انگیز طور پر اسے کچھ یاد دلایا

like a warning to remember something he had forgotten

جیسے کسی چیز کو یاد کرنے کی تنبیہ جو وہ بھول گیا ہو۔

Then he saw Kamala, whom he instantly recognised

پھر اس نے کملا کو دیکھا، جسے اس نے فوراً پہچان لیا۔

she lay unconscious in the ferryman's arms

وہ فیری مین کی بانہوں میں بے ہوش پڑی تھی۔

now he knew that it was his own son

اب وہ جانتا تھا کہ یہ اس کا اپنا بیٹا ہے۔

his son whose face had been such a warning reminder to him

اس کا بیٹا جس کا چہرہ اس کے لیے ایک انتباہی یاد دہانی تھا۔

and the heart stirred in his chest

اور دل اس کے سینے میں ہل گیا

Kamala's wound was washed, but had already turned black

کملا کا زخم دھویا گیا تھا، لیکن پہلے ہی سیاہ ہو چکا تھا۔

and her body was swollen

اور اس کا جسم سوج گیا تھا۔

she was made to drink a healing potion

اسے شفا بخش دوائیاں پینے کے لیے بنایا گیا تھا۔

Her consciousness returned and she lay on Siddhartha's bed

اس کا ہوش واپس آیا اور وہ سدھارتھ کے بستر پر لیٹ گئی۔

Siddhartha stood over Kamala, who he used to love so much

سدھارتھ کملا کے اوپر کھڑا تھا، جس سے وہ بہت پیار کرتا تھا۔

It seemed like a dream to her

یہ اسے ایک خواب سا لگتا تھا۔

with a smile, she looked at her friend's face

مسکراہٹ کے ساتھ اس نے اپنے دوست کے چہرے کی طرف دیکھا

slowly she realized her situation

آہستہ آہستہ اسے اپنی حالت کا احساس ہوا۔

she remembered she had been bitten

اسے یاد آیا کہ اسے کاٹا گیا تھا۔

and she timidly called for her son

اور اس نے ڈرتے ڈرتے اپنے بیٹے کو پکارا۔

"He's with you, don't worry," said Siddhartha

''وہ تمہارے ساتھ ہے، فکر نہ کرو، ''سدھارتھا نے کہا

Kamala looked into his eyes

کملا نے اس کی آنکھوں میں دیکھا

She spoke with a heavy tongue, paralysed by the poison

وہ زہر سے مفلوج ہو کر بھاری زبان سے بولی۔

"You've become old, my dear," she said

''تم بوڑھے ہو گئے ہو میری جان۔ ''اس نے کہا

"you've become gray," she added

"آپ سرمئی ہو گئے ہیں، "اس نے مزید کہا

"But you are like the young Samana, who came without clothes"

"لیکن تم تو اس نوجوان سمانہ جیسی ہو جو بغیر کپڑوں کے آئی تھی"

"you're like the Samana who came into my garden with dusty feet"

"تم سمانہ کی طرح ہو جو میرے باغ میں خاک آلود قدموں کے ساتھ آئی"

"You are much more like him than you were when you left me"

"تم اس سے کہیں زیادہ اس کی طرح ہو جب تم نے مجھے چھوڑا تھا"

"In the eyes, you're like him, Siddhartha"

"آنکھوں میں، تم اس کی طرح ہو، سدھارتھ"

"Alas, I have also grown old"

"افسوس میں بھی بوڑھا ہو گیا ہوں"

"could you still recognise me?"

"کیا تم اب بھی مجھے پہچان سکتے ہو؟"

Siddhartha smiled, "Instantly, I recognised you, Kamala, my dear"

سدھارتھ مسکرایا،" کملا، میری پیاری، میں نے فوراً تمہیں پہچان لیا"

Kamala pointed to her boy

کملا نے اپنے لڑکے کی طرف اشارہ کیا۔

"Did you recognise him as well?"

"کیا تم نے اسے بھی پہچانا؟"

"He is your son," she confirmed

"وہ تمہارا بیٹا ہے،" اس نے تصدیق کی۔

Her eyes became confused and fell shut
اس کی آنکھیں الجھ کر بند ہو گئیں۔

The boy wept and Siddhartha took him on his knees
لڑکا رو پڑا اور سدھارتھ نے اسے گھٹنوں کے بل بٹھا لیا۔

he let him weep and petted his hair
اس نے اسے رونے دیا اور اس کے بالوں کو پیوست کیا۔

at the sight of the child's face, a Brahman prayer came to his mind
بچے کے چہرے کو دیکھ کر اس کے ذہن میں برہمن کی دعا آئی

a prayer which he had learned a long time ago
ایک دعا جو اس نے بہت پہلے سیکھی تھی۔

a time when he had been a little boy himself
ایک وقت جب وہ خود ایک چھوٹا لڑکا تھا۔

Slowly, with a singing voice, he started to speak
دھیرے دھیرے گاتے ہوئے بولنا شروع کیا۔

from his past and childhood, the words came flowing to him
اس کے ماضی اور بچپن کے الفاظ اس کے پاس آتے تھے۔

And with that song, the boy became calm
اور اس گانے سے لڑکا پرسکون ہو گیا۔

he was only now and then uttering a sob
وہ ابھی اور پھر ایک سسکیاں بول رہا تھا۔

and finally he fell asleep
اور آخر کار وہ سو گیا۔

Siddhartha placed him on Vasudeva's bed
سدھارتھ نے اسے واسودیو کے بستر پر بٹھا دیا۔

Vasudeva stood by the stove and cooked rice
واسودیو نے چولہے کے پاس کھڑے ہو کر چاول پکائے۔

Siddhartha gave him a look, which he returned with a smile
سدھارتھ نے اس پر ایک نظر ڈالی، جسے اس نے مسکراتے ہوئے واپس کردیا۔

"She'll die," Siddhartha said quietly
"وہ مر جائے گی۔" سدھارتھ نے خاموشی سے کہا

Vasudeva knew it was true, and nodded
واسودیو کو معلوم تھا کہ یہ سچ ہے، اور سر ہلایا

over his friendly face ran the light of the stove's fire
اس کے دوستانہ چہرے پر چولہے کی آگ کی روشنی دوڑ رہی تھی۔

once again, Kamala returned to consciousness
ایک بار پھر، کملا ہوش میں لوٹ آئی

the pain of the poison distorted her face

زہر کے درد نے اس کے چہرے کو مسخ کر دیا۔

Siddhartha's eyes read the suffering on her mouth

سدھارتھا کی آنکھیں اس کے منہ پر دکھ پڑھ رہی تھیں۔

from her pale cheeks he could see that she was suffering

اس کے پیلے گالوں سے وہ دیکھ سکتا تھا کہ وہ تکلیف میں ہے۔

Quietly, he read the pain in her eyes

اس نے خاموشی سے اس کی آنکھوں میں درد پڑھا۔

attentively, waiting, his mind become one with her suffering

دھیان سے، انتظار کرتے ہوئے، اس کا دماغ اس کے دکھ سے ایک ہو جاتا ہے۔

Kamala felt it and her gaze sought his eyes

کملا نے اسے محسوس کیا اور اس کی نگاہیں اس کی آنکھوں کو ڈھونڈیں۔

Looking at him, she spoke

وہ اسے دیکھتے ہوئے بولی۔

"Now I see that your eyes have changed as well"

"اب میں دیکھ رہا ہوں کہ تمہاری آنکھیں بھی بدل گئی ہیں"

"They've become completely different"

"وہ بالکل مختلف ہو گئے ہیں"

"what do I still recognise in you that is Siddhartha?

"میں تم میں اب بھی کیا پہچانتا ہوں جو سدھارتھ ہے؟

"It's you, and it's not you"

"یہ تم ہو، اور یہ تم نہیں ہو"

Siddhartha said nothing, quietly his eyes looked at hers

سدھارتھ نے کچھ نہیں کہا، خاموشی سے اس کی نظریں اس کی طرف دیکھنے لگیں۔

"You have achieved it?" she asked

"تم نے اسے حاصل کر لیا ہے؟ "اس نے پوچھا

"You have found peace?"

"تمہیں سکون ملا ہے؟"

He smiled and placed his hand on hers

اس نے مسکرا کر اس کے سر پر ہاتھ رکھا

"I'm seeing it" she said

"میں دیکھ رہی ہوں "اس نے کہا

"I too will find peace"

"مجھے بھی سکون ملے گا"

"You have found it," Siddhartha spoke in a whisper

''تمہیں مل گیا ہے، ''سدھارتھ نے سرگوشی میں کہا

Kamala never stopped looking into his eyes

کملا نے کبھی اس کی آنکھوں میں دیکھنا چھوڑ دیا۔

She thought about her pilgrimage to Gotama

اس نے گوتم کی زیارت کے بارے میں سوچا۔
the pilgrimage which she wanted to take

وہ حج جو وہ جانا چاہتی تھی۔
in order to see the face of the perfected one

کامل کا چہرہ دیکھنے کے لیے
in order to breathe his peace

تاکہ وہ سکون کا سانس لے
but she had now found it in another place

لیکن اب اسے دوسری جگہ مل گئی تھی۔
and this she thought that was good too

اور اس نے سوچا کہ یہ بھی اچھا ہے۔
it was just as good as if she had seen the other one

یہ اتنا ہی اچھا تھا جیسے اس نے دوسرے کو دیکھا ہو۔
She wanted to tell this to him

وہ اسے یہ بتانا چاہتی تھی۔
but her tongue no longer obeyed her will

لیکن اس کی زبان اب اس کی مرضی نہیں مانتی تھی۔
Without speaking, she looked at him

وہ بولے بغیر اس کی طرف دیکھنے لگی
he saw the life fading from her eyes

اس نے اس کی آنکھوں سے زندگی کو دھندلا ہوا دیکھا
the final pain filled her eyes and made them grow dim

آخری درد نے اس کی آنکھیں بھر دیں اور انہیں مدھم کر دیا۔
the final shiver ran through her limbs

آخری کپکپاہٹ اس کے اعضاء میں سے گزری۔
his finger closed her eyelids

اس کی انگلی نے اس کی پلکیں بند کر دیں۔

For a long time, he sat and looked at her peacefully dead face

وہ کافی دیر تک بیٹھا اس کے مردہ چہرے کو دیکھتا رہا۔
For a long time, he observed her mouth

کافی دیر تک وہ اس کا منہ دیکھتا رہا۔
her old, tired mouth, with those lips, which had become thin

اس کا پرانا، تھکا ہوا منہ، ان ہونٹوں کے ساتھ، جو پتلے ہو چکے تھے۔
he remembered he used to compare this mouth with a freshly cracked fig

اسے یاد آیا کہ وہ اس منہ کا موازنہ تازہ پھٹے ہوئے انجیر سے کرتا تھا۔
this was in the spring of his years

یہ اس کے سالوں کے موسم بہار میں تھا

For a long time, he sat and read the pale face
دیر تک بیٹھا پھیکا چہرہ پڑھتا رہا۔

he read the tired wrinkles
اس نے تھکی ہوئی جھریوں کو پڑھا۔

he filled himself with this sight
اس نے خود کو اس نظارے سے بھر لیا۔

he saw his own face in the same manner
اس نے اپنا چہرہ اسی طرح دیکھا

he saw his face was just as white
اس نے دیکھا کہ اس کا چہرہ بالکل سفید تھا۔

he saw his face was just as quenched out
اس نے دیکھا کہ اس کا چہرہ بالکل جیسے بجھ گیا تھا۔

at the same time he saw his face and hers being young
ساتھ ہی اس نے اپنا چہرہ اور اس کا جوان دیکھا

their faces with red lips and fiery eyes
سرخ ہونٹوں اور جلتی آنکھوں کے ساتھ ان کے چہرے

the feeling of both being real at the same time
ایک ہی وقت میں دونوں کے حقیقی ہونے کا احساس

the feeling of eternity completely filled every aspect of his being
ابدیت کے احساس نے اس کے وجود کے ہر پہلو کو مکمل طور پر بھر دیا۔

in this hour he felt more deeply than than he had ever felt before
اس گھڑی میں اس نے اس سے زیادہ گہرائی سے محسوس کیا جتنا اس نے پہلے کبھی محسوس نہیں کیا تھا۔

he felt the indestructibility of every life
اس نے ہر زندگی کی تباہی کو محسوس کیا۔

he felt the eternity of every moment
اس نے ہر لمحے کی ابدیت کو محسوس کیا۔

When he rose, Vasudeva had prepared rice for him
جب وہ اٹھا تو واسودیو نے اس کے لیے چاول تیار کر رکھے تھے۔

But Siddhartha did not eat that night
لیکن سدھارتھ نے اس رات کھانا نہیں کھایا

In the stable their goat stood
اصطبل میں ان کی بکری کھڑی تھی۔

the two old men prepared beds of straw for themselves
دونوں بوڑھوں نے اپنے لیے بھوسے کے بستر تیار کر لیے

Vasudeva laid himself down to sleep

واسودیو اپنے آپ کو سونے کے لیے لیٹ گیا۔

But Siddhartha went outside and sat before the hut

لیکن سدھارتھ باہر جا کر جھونپڑی کے سامنے بیٹھ گیا

he listened to the river, surrounded by the past

اس نے ماضی سے گھرے دریا کو سنا

he was touched and encircled by all times of his life at the same time

وہ ایک ہی وقت میں اپنی زندگی کے تمام اوقات کو چھوا اور گھیرے ہوئے تھے۔

occasionally he rose and he stepped to the door of the hut

کبھی کبھار وہ اٹھتا اور جھونپڑی کے دروازے پر قدم رکھتا

he listened whether the boy was sleeping

اس نے سنا کہ لڑکا سو رہا ہے۔

before the sun could be seen, Vasudeva came out of the stable

اس سے پہلے کہ سورج نظر آتا، واسودیو اصطبل سے باہر نکل آئے

he walked over to his friend

وہ اپنے دوست کے پاس چلا گیا۔

"You haven't slept," he said

"تم سوئے نہیں،" اس نے کہا

"No, Vasudeva. I sat here"

"نہیں، واسودیو۔ میں یہیں بیٹھا تھا۔"

"I was listening to the river"

"میں دریا سن رہا تھا"

"the river has told me a lot"

"دریا نے مجھے بہت کچھ بتایا ہے"

"it has deeply filled me with the healing thought of oneness"

"اس نے مجھے وحدانیت کی شفا بخش سوچ سے بھر دیا ہے"

"You've experienced suffering, Siddhartha"

"تم نے تکلیف کا تجربہ کیا ہے، سدھارتھ"

"but I see no sadness has entered your heart"

"لیکن میں دیکھ رہا ہوں کہ تمہارے دل میں کوئی اداسی نہیں آئی"

"No, my dear, how should I be sad?"

"نہیں میرے عزیز، میں کیسے اداس رہوں؟"

"I, who have been rich and happy"

"میں، جو امیر اور خوش رہا ہوں"

"I have become even richer and happier now"

"میں اب اور بھی امیر اور خوش ہو گیا ہوں"

"My son has been given to me"

"میرا بیٹا مجھے دیا گیا ہے"

"Your son shall be welcome to me as well"

"تمہارا بیٹا بھی میرا استقبال کرے گا"

"But now, Siddhartha, let's get to work"

"لیکن اب سدھارتھا، چلو کام پر لگتے ہیں"

"there is much to be done"

"بہت کچھ کرنا باقی ہے"

"Kamala has died on the same bed on which my wife had died"

کملا کا انتقال اسی بستر پر ہوا ہے جس پر میری بیوی کا انتقال ہوا تھا۔

"Let us build Kamala's funeral pile on the hill"

"آؤ ہم پہاڑی پر کملا کے جنازے کا ڈھیر بنائیں"

"the hill on which I my wife's funeral pile is"

"وہ پہاڑی جس پر میں اپنی بیوی کے جنازے کا ڈھیر ہے"

While the boy was still asleep, they built the funeral pile

جب لڑکا ابھی تک سو رہا تھا، انہوں نے جنازے کا ڈھیر بنایا

The Son
بیٹا

Timid and weeping, the boy had attended his mother's funeral

ڈرپوک اور روتا ہوا لڑکا اپنی ماں کے جنازے میں شریک ہوا تھا۔

gloomy and shy, he had listened to Siddhartha

اداس اور شرمیلی، اس نے سدھارتھ کی بات سنی تھی۔

Siddhartha greeted him as his son

سدھارتھ نے اسے اپنے بیٹے کی طرح سلام کیا۔

he welcomed him at his place in Vasudeva's hut

اس نے واسودیو کی جھونپڑی میں اس کا استقبال کیا۔

Pale, he sat for many days by the hill of the dead

پیلا، وہ کئی دنوں تک مردہ پہاڑی کے پاس بیٹھا رہا۔

he did not want to eat

وہ کھانا نہیں چاہتا تھا۔

he did not look at anyone

اس نے کسی کی طرف نہیں دیکھا

he did not open his heart

اس نے اپنا دل نہیں کھولا۔

he met his fate with resistance and denial

اس نے مزاحمت اور انکار کے ساتھ اپنی قسمت کا سامنا کیا۔

Siddhartha spared giving him lessons

سدھارتھ نے اسے سبق دینے سے بچایا

and he let him do as he pleased

اور اُس نے اُسے جیسا چاہا کرنے دیا۔

Siddhartha honoured his son's mourning

سدھارتھ نے اپنے بیٹے کے ماتم کا احترام کیا۔

he understood that his son did not know him

وہ سمجھ گیا کہ اس کا بیٹا اسے نہیں جانتا

he understood that he could not love him like a father

وہ سمجھ گیا کہ وہ اسے باپ کی طرح پیار نہیں کر سکتا

Slowly, he also understood that the eleven-year-old was a pampered boy

آہستہ آہستہ وہ بھی سمجھ گیا کہ گیارہ سال کا بچہ لاڈ پیار کرنے والا لڑکا ہے۔

he saw that he was a mother's boy

اس نے دیکھا کہ وہ ماں کا لڑکا ہے۔

he saw that he had grown up in the habits of rich people

اس نے دیکھا کہ وہ امیر لوگوں کی عادتوں میں پلا بڑھا ہے۔

he was accustomed to finer food and a soft bed
وہ بہتر کھانے اور نرم بستر کا عادی تھا۔

he was accustomed to giving orders to servants
وہ نوکروں کو حکم دینے کا عادی تھا۔

the mourning child could not suddenly be content with a life among strangers
سوگوار بچہ اچانک اجنبیوں کے درمیان زندگی سے مطمئن نہیں ہو سکتا تھا۔

Siddhartha understood the pampered child would not willingly be in poverty
سدھارتھ سمجھ گیا کہ لاڈ پیار کرنے والا بچہ اپنی مرضی سے غربت میں نہیں رہے گا۔

He did not force him to do these these things
اس نے اسے یہ کام کرنے پر مجبور نہیں کیا۔

Siddhartha did many chores for the boy
سدھارتھ نے لڑکے کے لیے بہت سے کام کیے تھے۔

he always saved the best piece of the meal for him
اس نے ہمیشہ اس کے لیے کھانے کا بہترین ٹکڑا بچایا

Slowly, he hoped to win him over, by friendly patience
آہستہ آہستہ، اس نے دوستانہ صبر سے، اسے جیتنے کی امید کی۔

Rich and happy, he had called himself, when the boy had come to him
امیر اور خوش، اس نے خود کو بلایا تھا، جب لڑکا اس کے پاس آیا تھا۔

Since then some time had passed
تب سے کچھ وقت گزر گیا تھا۔

but the boy remained a stranger and in a gloomy disposition
لیکن لڑکا اجنبی اور اداس مزاج میں رہا۔

he displayed a proud and stubbornly disobedient heart
اس نے ایک مغرور اور ضدی نافرمان دل دکھایا

he did not want to do any work
وہ کوئی کام نہیں کرنا چاہتا تھا۔

he did not pay his respect to the old men
اس نے بوڑھوں کا احترام نہیں کیا۔

he stole from Vasudeva's fruit-trees
اس نے واسودیو کے پھل دار درختوں سے چوری کی۔

his son had not brought him happiness and peace
اس کا بیٹا اسے خوشی اور سکون نہیں لایا تھا۔

the boy had brought him suffering and worry
لڑکا اسے تکلیف اور پریشانی لایا تھا۔

slowly Siddhartha began to understand this

آہستہ آہستہ سدھارتھ کو یہ بات سمجھ آنے لگی

But he loved him regardless of the suffering he brought him

لیکن وہ اس سے محبت کرتا تھا قطع نظر اس کے کہ اس نے جو بھی تکلیف اٹھائی

he preferred the suffering and worries of love over happiness and joy without the boy

اس نے لڑکے کے بغیر خوشی اور خوشی پر محبت کے مصائب اور پریشانیوں کو ترجیح دی۔

from when young Siddhartha was in the hut the old men had split the work

جب سے نوجوان سدھارتھ جھونپڑی میں تھا، بوڑھوں نے کام تقسیم کر دیا تھا۔

Vasudeva had again taken on the job of the ferryman

واسودیو نے پھر سے فیری مین کا کام سنبھال لیا تھا۔

and Siddhartha, in order to be with his son, did the work in the hut and the field

اور سدھارتھ نے اپنے بیٹے کے ساتھ رہنے کے لیے جھونپڑی اور کھیت میں کام کیا۔

for long months Siddhartha waited for his son to understand him

طویل مہینوں تک سدھارتھ اپنے بیٹے کا اسے سمجھنے کا انتظار کرتا رہا۔

he waited for him to accept his love

وہ اس کی محبت کو قبول کرنے کا انتظار کر رہا تھا۔

and he waited for his son to perhaps reciprocate his love

اور اس نے انتظار کیا کہ اس کا بیٹا شاید اس کی محبت کا بدلہ دے گا۔

For long months Vasudeva waited, watching

طویل مہینوں تک واسودیو انتظار کرتے رہے، دیکھتے رہے۔

he waited and said nothing

اس نے انتظار کیا اور کچھ نہیں کہا

One day, young Siddhartha tormented his father very much

ایک دن نوجوان سدھارتھ نے اپنے والد کو بہت ستایا

he had broken both of his rice-bowls

اس نے چاول کے دونوں پیالے توڑ دیے تھے۔

Vasudeva took his friend aside and talked to him

واسودیو اپنے دوست کو ایک طرف لے گیا اور اس سے بات کی۔

"Pardon me," he said to Siddhartha

"مجھے معاف کر دو،" اس نے سدھارتھ سے کہا

"from a friendly heart, I'm talking to you"

"ایک دوستانہ دل سے، میں آپ سے بات کر رہا ہوں"

"I'm seeing that you are tormenting yourself"

"میں دیکھ رہا ہوں کہ تم خود کو اذیت دے رہے ہو"

"I'm seeing that you're in grief"

"میں دیکھ رہا ہوں کہ تم غم میں ہو"

"Your son, my dear, is worrying you"

"تمہارا بیٹا میری جان تمہاری فکر کر رہا ہے"

"and he is also worrying me"

"اور وہ میری فکر بھی کر رہا ہے"

"That young bird is accustomed to a different life"

"وہ نوجوان پرندہ ایک مختلف زندگی کا عادی ہے"

"he is used to living in a different nest"

"وہ ایک مختلف گھونسلے میں رہنے کا عادی ہے"

"he has not, like you, run away from riches and the city"

"وہ تمہاری طرح دولت اور شہر سے بھاگا نہیں ہے"

"he was not disgusted and fed up with the life in Sansara"

"وہ سنسارا کی زندگی سے بیزار اور تنگ نہیں تھا"

"he had to do all these things against his will"

"اسے یہ سب کچھ اپنی مرضی کے خلاف کرنا پڑا"

"he had to leave all this behind"

"اسے یہ سب چھوڑنا پڑا"

"I asked the river, oh friend"

"میں نے دریا سے پوچھا اے دوست"

"many times I have asked the river"

"میں نے کئی بار دریا سے پوچھا ہے"

"But the river laughs at all of this"

"لیکن دریا اس سب پر ہنستا ہے"

"it laughs at me and it laughs at you"

"یہ مجھ پر ہنستا ہے اور یہ آپ پر ہنستا ہے"

"the river is shaking with laughter at our foolishness"

"دریا ہماری بے وقوفی پر ہنسی سے کانپ رہا ہے"

"Water wants to join water as youth wants to join youth"

"پانی پانی میں شامل ہونا چاہتا ہے جیسے نوجوان نوجوانوں میں شامل ہونا چاہتا ہے"

"your son is not in the place where he can prosper"

"تمہارا بیٹا اس جگہ نہیں ہے جہاں وہ ترقی کر سکے"

"you too should ask the river"

"تم بھی دریا سے پوچھ لو"

"you too should listen to it!"

"تم بھی سنو"!

Troubled, Siddhartha looked into his friendly face

پریشان ہو کر سدھارتھ نے اپنے دوستانہ چہرے کی طرف دیکھا

he looked at the many wrinkles in which there was incessant cheerfulness

اس نے بہت سی جھریوں کی طرف دیکھا جن میں مسلسل خوشی تھی۔

"How could I part with him?" he said quietly, ashamed

"میں اس کے ساتھ کیسے الگ ہوسکتا ہوں؟" اس نے شرماتے ہوئے کہا

"Give me some more time, my dear"

"مجھے کچھ اور وقت دو میرے پیارے"

"See, I'm fighting for him"

"دیکھو میں اس کے لیے لڑ رہا ہوں"

"I'm seeking to win his heart"

"میں اس کا دل جیتنا چاہتا ہوں"

"with love and with friendly patience I intend to capture it"

"محبت اور دوستانہ صبر کے ساتھ میں اسے پکڑنے کا ارادہ رکھتا ہوں"

"One day, the river shall also talk to him"

"ایک دن دریا بھی اس سے بات کرے گا"

"he also is called upon"

"اسے بھی بلایا جاتا ہے"

Vasudeva's smile flourished more warmly

واسودیو کی مسکراہٹ مزید گرمجوشی سے پھیل گئی۔

"Oh yes, he too is called upon"

"ارے ہاں اسے بھی بلایا گیا ہے"

"he too is of the eternal life"

"وہ بھی ابدی زندگی کا ہے"

"But do we, you and me, know what he is called upon to do?"

"لیکن کیا ہم، آپ اور میں، جانتے ہیں کہ اسے کیا کرنے کے لیے بلایا گیا ہے؟"

"we know what path to take and what actions to perform"

"ہم جانتے ہیں کہ کون سا راستہ اختیار کرنا ہے اور کون سے اقدامات کرنا ہیں"

"we know what pain we have to endure"

"ہم جانتے ہیں کہ ہمیں کیا درد برداشت کرنا پڑتا ہے"

"but does he know these things?"

"لیکن کیا وہ ان چیزوں کو جانتا ہے؟"

"Not a small one, his pain will be"

"چھوٹا نہیں، اس کا درد ہو گا"

"after all, his heart is proud and hard"

"آخر، اس کا دل فخر اور سخت ہے"

"people like this have to suffer and err a lot"

"ایسے لوگوں کو بہت نقصان اٹھانا پڑتا ہے "

"they have to do much injustice"

"انہیں بہت ظلم کرنا پڑے گا"

"and they have burden themselves with much sin"

"اور انہوں نے اپنے اوپر بہت گناہ کا بوجھ ڈالا ہوا ہے"

"Tell me, my dear," he asked of Siddhartha

"مجھے بتاؤ، میرے پیارے، "اس نے سدھارتھ سے پوچھا

"you're not taking control of your son's upbringing?"

"آپ اپنے بیٹے کی پرورش کا کنٹرول نہیں لے رہے ہیں؟"

"You don't force him, beat him, or punish him?"

"تم اسے مجبور نہیں کرتے، اسے مارتے یا سزا نہیں دیتے؟"

"No, Vasudeva, I don't do any of these things"

"نہیں، واسودیو، میں ان میں سے کوئی کام نہیں کرتا۔"

"I knew it. You don't force him"

"میں جانتا تھا تم اسے زبردستی مت کرو"

"you don't beat him and you don't give him orders"

"آپ اسے نہیں مارتے اور آپ اسے حکم نہیں دیتے"

"because you know softness is stronger than hard"

"کیونکہ آپ جانتے ہیں کہ نرمی سختی سے زیادہ مضبوط ہے"

"you know water is stronger than rocks"

"تم جانتے ہو پانی پتھروں سے زیادہ طاقتور ہے "

"and you know love is stronger than force"

"اور تم جانتے ہو کہ محبت طاقت سے زیادہ مضبوط ہے "

"Very good, I praise you for this"

"بہت اچھا، میں اس کے لیے آپ کی تعریف کرتا ہوں"

"But aren't you mistaken in some way?"

"لیکن کیا تم کسی طرح سے غلط نہیں ہو رہے ہو؟"

"don't you think that you are forcing him?"

"کیا تمہیں نہیں لگتا کہ تم اسے مجبور کر رہے ہو؟"

"don't you perhaps punish him a different way?"

"کیا تم اسے کسی اور طریقے سے سزا نہیں دیتے؟"

"Don't you shackle him with your love?"

"کیا تم اسے اپنی محبت کا بیڑہ نہیں باندھتے؟"

"Don't you make him feel inferior every day?"

"کیا تم اسے ہر روز کمتر محسوس نہیں کرتے؟"

"doesn't your kindness and patience make it even harder for him?"

"کیا آپ کی مہربانی اور صبر اس کے لیے مزید مشکل نہیں بناتا؟"

"aren't you forcing him to live in a hut with two old banana-eaters?"

"کیا تم اسے دو پرانے کیلے کھانے والوں کے ساتھ جھونپڑی میں رہنے پر مجبور نہیں کر رہے ہو؟"

"old men to whom even rice is a delicacy"

"بوڑھے آدمی جن کے لیے چاول بھی لذیذ ہے"

"old men whose thoughts can't be his"

"بوڑھے آدمی جن کے خیالات اس کے نہیں ہوسکتے"

"old men whose hearts are old and quiet"

"بوڑھے آدمی جن کے دل بوڑھے اور پرسکون ہیں"

"old men whose hearts beat in a different pace than his"

"وہ بوڑھے جن کے دل ان کی رفتار سے مختلف ہوتے ہیں"

"Isn't he forced and punished by all this?""

"کیا وہ اس سب سے مجبور اور سزا نہیں ہے؟"

Troubled, Siddhartha looked to the ground

پریشان ہو کر سدھارتھ نے زمین کی طرف دیکھا

Quietly, he asked, "What do you think should I do?"

خاموشی سے اس نے پوچھا،" آپ کے خیال میں مجھے کیا کرنا چاہیے؟"

Vasudeva spoke, "Bring him into the city"

واسودیو بولا،" اسے شہر میں لے آؤ"

"bring him into his mother's house"

"اسے اس کی ماں کے گھر لے آؤ"

"there'll still be servants around, give him to them"

"ابھی بھی آس پاس نوکر ہوں گے، انہیں دے دو"

"And if there aren't any servants, bring him to a teacher"

"اور اگر کوئی نوکر نہ ہو تو اسے استاد کے پاس لے آؤ۔"

"but don't bring him to a teacher for teachings' sake"

"لیکن تعلیمات کی خاطر اسے کسی استاد کے پاس مت لانا"

"bring him to a teacher so that he is among other children"

"اسے استاد کے پاس لاؤ تاکہ وہ دوسرے بچوں کے درمیان ہو"

"and bring him to the world which is his own"

"اور اسے اس دنیا میں لے آؤ جو اس کی اپنی ہے"

"have you never thought of this?"

"کیا تم نے کبھی یہ نہیں سوچا؟"

"you're seeing into my heart," Siddhartha spoke sadly
"تم میرے دل میں دیکھ رہے ہو،" سدھارتھ نے اداسی سے کہا
"Often, I have thought of this"
"اکثر، میں نے یہ سوچا ہے"
"but how can I put him into this world?"
"لیکن میں اسے اس دنیا میں کیسے رکھ سکتا ہوں؟"
"Won't he become exuberant?"
"کیا وہ پرجوش نہیں ہو جائے گا؟"
"won't he lose himself to pleasure and power?"
"کیا وہ اپنے آپ کو لذت اور طاقت سے محروم نہیں کرے گا؟"
"won't he repeat all of his father's mistakes?"
"کیا وہ اپنے والد کی تمام غلطیاں نہیں دہرائے گا؟"
"won't he perhaps get entirely lost in Sansara?"
"کیا وہ شاید پوری طرح سے سنسارا میں گم نہیں ہو جائے گا؟"
Brightly, the ferryman's smile lit up
چمکتے ہوئے، کشتی والے کی مسکراہٹ چمک اٹھی۔
softly, he touched Siddhartha's arm
آہستہ سے، اس نے سدھارتھ کے بازو کو چھوا
"Ask the river about it, my friend!"
"اس کے بارے میں دریا سے پوچھو، میرے دوست"!
"Hear the river laugh about it!"
"اس کے بارے میں دریا کی ہنسی سنو"!
"Would you actually believe that you had committed your foolish acts?
"کیا آپ واقعی یقین کریں گے کہ آپ نے اپنی احمقانہ حرکتیں کی ہیں؟
"in order to spare your son from committing them too"
"اپنے بیٹے کو بھی ان کے ارتکاب سے بچانے کے لیے "
"And could you in any way protect your son from Sansara?"
"اور کیا آپ کسی بھی طرح اپنے بیٹے کو سنسارا سے بچا سکتے ہیں؟"
"How could you protect him from Sansara?"
"تم اسے سنسارا سے کیسے بچا سکتے ہو؟"
"By means of teachings, prayer, admonition?"
"تعلیم، دعا، نصیحت کے ذریعے؟"
"My dear, have you entirely forgotten that story?"
"میرے پیارے، کیا تم اس کہانی کو بالکل بھول گئے ہو؟"
"the story containing so many lessons"
"بہت سے اسباق پر مشتمل کہانی"

"the story about Siddhartha, a Brahman's son"
"ایک برہمن کے بیٹے سدھارتھ کے بارے میں کہانی"
"the story which you once told me here on this very spot?"
"وہ کہانی جو تم نے مجھے یہاں اسی جگہ سنائی تھی؟"
"Who has kept the Samana Siddhartha safe from Sansara?"
"سمانا سدھارتھ کو سنسارا سے کس نے محفوظ رکھا ہے؟"
"who has kept him from sin, greed, and foolishness?"
"اس کو گناہ، لالچ اور حماقت سے کس نے رکھا؟"
"Were his father's religious devotion able to keep him safe?"
"کیا اس کے والد کی مذہبی عقیدت اسے محفوظ رکھنے کے قابل تھی؟"
"were his teacher's warnings able to keep him safe?"
"کیا اس کے استاد کی انتباہات اسے محفوظ رکھنے کے قابل تھیں؟"
"could his own knowledge keep him safe?"
"کیا اس کا اپنا علم اسے محفوظ رکھ سکتا ہے؟"
"was his own search able to keep him safe?"
"کیا اس کی اپنی تلاش اسے محفوظ رکھنے کے قابل تھی؟"
"What father has been able to protect his son?"
"کون سا باپ اپنے بیٹے کی حفاظت کر سکتا ہے؟"
"what father could keep his son from living his life for himself?"
"کون سا باپ اپنے بیٹے کو اپنے لیے زندگی گزارنے سے روک سکتا ہے؟"
"what teacher has been able to protect his student?"
"کون سا استاد اپنے طالب علم کی حفاظت کر سکتا ہے؟"
"what teacher can stop his student from soiling himself with life?"
"کون سا استاد اپنے طالب علم کو خود کو زندگی سے آلودہ کرنے سے روک سکتا ہے؟"
"who could stop him from burdening himself with guilt?"
"کون روک سکتا ہے اسے اپنے اوپر جرم کا بوجھ ڈالنے سے؟"
"who could stop him from drinking the bitter drink for himself?"
"اسے اپنے لیے کڑوا مشروب پینے سے کون روک سکتا ہے؟"
"who could stop him from finding his path for himself?"
"کون اسے روک سکتا ہے کہ وہ اپنے لیے اپنا راستہ تلاش کرے؟"
"did you think anybody could be spared from taking this path?"

"کیا آپ نے سوچا کہ کسی کو یہ راستہ اختیار کرنے سے بچایا جا سکتا ہے؟"
"did you think that perhaps your little son would be spared?"

"کیا تم نے سوچا کہ شاید تمہارا چھوٹا بیٹا بچ جائے گا؟"
"did you think your love could do all that?"

"کیا تم نے سوچا کہ تمہاری محبت یہ سب کر سکتی ہے؟"
"did you think your love could keep him from suffering"

"کیا آپ کو لگتا ہے کہ آپ کی محبت اسے تکلیف سے بچا سکتی ہے؟"
"did you think your love could protect him from pain and disappointment?

"کیا آپ نے سوچا کہ آپ کی محبت اسے درد اور مایوسی سے بچا سکتی ہے؟"
"you could die ten times for him"

"تم اس کے لیے دس بار مر سکتے ہو"
"but you could take no part of his destiny upon yourself"

"لیکن تم اس کی تقدیر کا کوئی حصہ اپنے اوپر نہیں لے سکتے ہو"
Never before, Vasudeva had spoken so many words

اس سے پہلے کبھی واسودیو نے اتنے الفاظ نہیں بولے تھے۔
Kindly, Siddhartha thanked him

مہربانی سے، سدھارتھ نے اس کا شکریہ ادا کیا۔
he went troubled into the hut

وہ پریشان جھونپڑی میں چلا گیا۔

he could not sleep for a long time

وہ کافی دیر تک سو نہیں سکا
Vasudeva had told him nothing he had not already thought and known

واسودیو نے اسے کچھ نہیں بتایا تھا جو اس نے پہلے سے سوچا بھی نہ تھا اور نہ ہی جانتا تھا۔
But this was a knowledge he could not act upon

لیکن یہ ایک ایسا علم تھا جس پر وہ عمل نہیں کر سکتا تھا۔
stronger than knowledge was his love for the boy

علم سے زیادہ اس کی محبت لڑکے سے تھی۔
stronger than knowledge was his tenderness

علم سے زیادہ اس کی نرمی تھی۔
stronger than knowledge was his fear to lose him

علم سے زیادہ اس کا خوف اسے کھونے کا تھا۔
had he ever lost his heart so much to something?

کیا اس نے کبھی کسی چیز سے اتنا دل کھو دیا ہے؟

had he ever loved any person so blindly?
کیا اس نے کبھی کسی سے اتنی اندھی محبت کی ہے؟
had he ever suffered for someone so unsuccessfully?
کیا اس نے کبھی کسی کے لیے اتنی ناکامی کا سامنا کیا ہے؟
had he ever made such sacrifices for anyone and yet been so unhappy?
کیا اس نے کبھی کسی کے لیے ایسی قربانیاں دی ہیں اور پھر بھی اتنے ناخوش تھے؟
Siddhartha could not heed his friend's advice
سدھارتھ اپنے دوست کی نصیحت پر کان نہ دھر سکے۔
he could not give up the boy
وہ لڑکے کو نہیں چھوڑ سکتا تھا۔
He let the boy give him orders
اس نے لڑکے کو حکم دینے دیا۔
he let him disregard him
اس نے اسے نظر انداز کرنے دیا
He said nothing and waited
اس نے کچھ نہیں کہا اور انتظار کیا۔
daily, he attempted the struggle of friendliness
روزانہ، اس نے دوستی کی جدوجہد کی کوشش کی۔
he initiated the silent war of patience
اس نے صبر کی خاموش جنگ شروع کی۔
Vasudeva also said nothing and waited
واسودیو نے بھی کچھ نہ کہا اور انتظار کرنے لگا
They were both masters of patience
وہ دونوں صبر کے مالک تھے۔

one time the boy's face reminded him very much of Kamala
ایک بار لڑکے کے چہرے نے اسے کملا کی بہت یاد دلائی
Siddhartha suddenly had to think of something Kamala had once said
سدھارتھ کو اچانک کچھ سوچنا پڑا کہ کملا نے ایک بار کہا تھا۔
"You cannot love" she had said to him
"تم محبت نہیں کر سکتے" وہ اس سے بولی تھی۔
and he had agreed with her
اور اس نے اس سے اتفاق کیا تھا۔
and he had compared himself with a star
اور اس نے اپنا موازنہ ایک ستارے سے کیا تھا۔
and he had compared the childlike people with falling leaves

اور اس نے بچوں جیسے لوگوں کا موازنہ گرتے پتوں سے کیا تھا۔

but nevertheless, he had also sensed an accusation in that line

لیکن اس کے باوجود، اس نے اس لائن میں ایک الزام بھی محسوس کیا تھا

Indeed, he had never been able to love

درحقیقت، وہ کبھی محبت کرنے کے قابل نہیں تھا

he had never been able to devote himself completely to another person

وہ کبھی بھی اپنے آپ کو مکمل طور پر کسی دوسرے شخص کے لیے وقف کرنے کے قابل نہیں تھا۔

he had never been able to to forget himself

وہ کبھی بھی اپنے آپ کو بھول نہیں سکا تھا۔

he had never been able to commit foolish acts for the love of another person

وہ کبھی بھی کسی دوسرے کی محبت کے لیے احمقانہ حرکتیں کرنے کے قابل نہیں تھا۔

at that time it seemed to set him apart from the childlike people

اس وقت ایسا لگتا تھا کہ وہ اسے بچوں جیسے لوگوں سے الگ کر رہا ہے۔

But ever since his son was here, Siddhartha also become a childlike person

لیکن جب سے ان کا بیٹا یہاں آیا ہے، سدھارتھ بھی بچوں جیسا انسان بن گیا۔

he was suffering for the sake of another person

وہ دوسرے شخص کی خاطر تکلیف اٹھا رہا تھا۔

he was loving another person

وہ کسی اور شخص سے محبت کر رہا تھا

he was lost to a love for someone else

وہ کسی اور کی محبت میں کھو گیا تھا۔

he had become a fool on account of love

وہ محبت کی وجہ سے بے وقوف بن گیا تھا۔

Now he too felt the strongest and strangest of all passions

اب وہ بھی تمام جذبات میں سب سے مضبوط اور عجیب محسوس کر رہا تھا۔

he suffered from this passion miserably

وہ اس جذبے سے بری طرح متاثر ہوا۔

and he was nevertheless in bliss

اور وہ اس کے باوجود خوشی میں تھا۔

he was nevertheless renewed in one respect

اس کے باوجود ایک لحاظ سے اس کی تجدید ہوئی۔

he was enriched by this one thing

وہ اس ایک چیز سے مالا مال تھا۔

He sensed very well that this blind love for his son was a passion

اس نے اچھی طرح محسوس کیا کہ اس کے بیٹے کے لیے یہ اندھی محبت ایک جذبہ ہے۔

he knew that it was something very human

وہ جانتا تھا کہ یہ بہت انسانی چیز ہے۔

he knew that it was Sansara

وہ جانتا تھا کہ یہ سنسارا ہے۔

he knew that it was a murky source, dark waters

وہ جانتا تھا کہ یہ ایک گہرا ذریعہ تھا، گہرا پانی

but he felt it was not worthless, but necessary

لیکن اس نے محسوس کیا کہ یہ بیکار نہیں بلکہ ضروری ہے۔

it came from the essence of his own being

یہ اس کے اپنے وجود کے جوہر سے آیا ہے۔

This pleasure also had to be atoned for

اس لذت کا بھی کفارہ ہونا تھا۔

this pain also had to be endured

یہ درد بھی سہنا پڑا

these foolish acts also had to be committed

یہ احمقانہ حرکتیں بھی کرنی پڑیں۔

Through all this, the son let him commit his foolish acts

اس سب کے ذریعے بیٹے نے اسے اپنی احمقانہ حرکتیں کرنے دیں۔

he let him court for his affection

اس نے اسے اپنے پیار کے لئے عدالت کرنے دیا۔

he let him humiliate himself every day

اس نے اسے ہر روز اپنے آپ کو ذلیل کرنے دیا

he gave in to the moods of his son

اس نے اپنے بیٹے کے مزاج کو تسلیم کر لیا۔

his father had nothing which could have delighted him

اس کے والد کے پاس کچھ بھی نہیں تھا جو اسے خوش کر سکتا تھا۔

and he nothing that the boy feared

اور وہ کچھ بھی نہیں جس سے لڑکا ڈرتا تھا۔

He was a good man, this father

اچھا آدمی تھا یہ باپ

he was a good, kind, soft man

وہ ایک اچھا، مہربان، نرم آدمی تھا۔

perhaps he was a very devout man

شاید وہ بہت پرہیزگار آدمی تھا۔

perhaps he was a saint, the boy thought

لڑکے نے سوچا کہ شاید وہ سنت ہے۔

but all these attributes could not win the boy over

لیکن یہ تمام اوصاف لڑکے کو جیت نہیں سکتے تھے۔

He was bored by this father, who kept him imprisoned

وہ اس باپ سے غضب ناک تھا، جس نے اسے قید رکھا

a prisoner in this miserable hut of his

اس کی اس دکھی جھونپڑی میں ایک قیدی۔

he was bored of him answering every naughtiness with a smile

وہ اس کی ہر شرارت کا مسکراہٹ کے ساتھ جواب دینے سے بیزار تھا۔

he didn't appreciate insults being responded to by friendliness

اس نے دوستی کی طرف سے جوابی توہین کی تعریف نہیں کی۔

he didn't like viciousness returned in kindness

وہ پسند نہیں کرتا تھا کہ شیطانی مہربانی میں واپس آئے

this very thing was the hated trick of this old sneak

یہی بات اس پرانے چپکے کی مکروہ چال تھی۔

Much more the boy would have liked it if he had been threatened by him

اس سے کہیں زیادہ لڑکا اسے پسند کرتا اگر اسے اس کی طرف سے دھمکی دی جاتی

he wanted to be abused by him

وہ اس کے ساتھ زیادتی کرنا چاہتا تھا۔

A day came when young Siddhartha had had enough

ایک دن آیا جب نوجوان سدھارتھ کو کافی ہو چکا تھا۔

what was on his mind came bursting forth

جو اس کے دماغ میں تھا وہ پھٹ گیا۔

and he openly turned against his father

اور وہ کھلے عام اپنے باپ کے خلاف ہو گیا۔

Siddhartha had given him a task

سدھارتھ نے اسے ایک ٹاسک دیا تھا۔

he had told him to gather brushwood

اس نے اسے برش کی لکڑی جمع کرنے کو کہا تھا۔

But the boy did not leave the hut

لیکن لڑکے نے جھونپڑی نہیں چھوڑی۔

in stubborn disobedience and rage, he stayed where he was

سخت نافرمانی اور غصے میں، وہ جہاں تھا وہیں رہا۔

he thumped on the ground with his feet

اس نے اپنے پیروں سے زمین پر پٹخ دیا۔
he clenched his fists and screamed in a powerful outburst
اس نے اپنی مٹھیاں بھینچیں اور زور دار دھماکے میں چیخا۔
he screamed his hatred and contempt into his father's face
اس نے اپنی نفرت اور حقارت اپنے باپ کے چہرے پر ڈالی۔
"Get the brushwood for yourself!" he shouted, foaming at the mouth
"اپنے لیے برش ووڈ لے لو "!اس نے منہ سے جھاگ نکالتے ہوئے کہا
"I'm not your servant"
''میں تمہارا خادم نہیں ہوں''
"I know that you won't hit me, you wouldn't dare"
"میں جانتا ہوں کہ تم مجھے نہیں مارو گے، تمہاری ہمت نہیں ہوگی"
"I know that you constantly want to punish me"
"میں جانتا ہوں کہ تم مجھے مسلسل سزا دینا چاہتے ہو"
"you want to put me down with your religious devotion and your indulgence"
"تم مجھے اپنی مذہبی عقیدت اور اپنی خوشنودی سے نیچا کرنا چاہتے ہو"
"You want me to become like you"
"آپ چاہتے ہیں کہ میں آپ جیسا بن جاؤں"
"you want me to be just as devout, soft, and wise as you"
"آپ چاہتے ہیں کہ میں بھی آپ کی طرح دیندار، نرم مزاج اور عقلمند بنوں"
"but I won't do it, just to make you suffer"
"لیکن میں ایسا نہیں کروں گا، صرف تمہیں تکلیف پہنچانے کے لیے"
"I would rather become a highway-robber than be as soft as you"
"میں آپ جیسا نرم مزاج بننے کے بجائے ہائی وے ڈاکو بننا پسند کروں گا"
"I would rather be a murderer than be as wise as you"
"میں آپ جیسا عقلمند بننے کے بجائے قاتل بننا پسند کروں گا"
"I would rather go to hell, than to become like you!"
"میں آپ جیسا بننے کے بجائے جہنم میں جانا پسند کروں گا"!
"I hate you, you're not my father
"میں آپ سے نفرت کرتا ہوں، آپ میرے والد نہیں ہیں۔
"even if you've slept with my mother ten times, you are not my father!"
"اگر تم دس بار میری ماں کے ساتھ سو چکے ہو، تم میرے باپ نہیں ہو"!
Rage and grief boiled over in him
غصہ اور غم اس کے اندر ابل پڑا

he foamed at his father in a hundred savage and evil words

اس نے اپنے باپ کو سو وحشی اور برے الفاظ میں جھاگ دیا۔

Then the boy ran away into the forest

پھر لڑکا بھاگ کر جنگل میں چلا گیا۔

it was late at night when the boy returned

لڑکا واپس آیا تو رات ہو چکی تھی۔

But the next morning, he had disappeared

لیکن اگلی صبح وہ غائب ہو گیا تھا۔

What had also disappeared was a small basket

جو غائب ہو گیا تھا وہ ایک چھوٹی ٹوکری تھی۔

the basket in which the ferrymen kept those copper and silver coins

وہ ٹوکری جس میں کشتی والوں نے تانبے اور چاندی کے سکے رکھے تھے۔

the coins which they received as a fare

وہ سکے جو انہیں کرایہ کے طور پر ملے تھے۔

The boat had also disappeared

کشتی بھی غائب ہو چکی تھی۔

Siddhartha saw the boat lying by the opposite bank

سدھارتھ نے دیکھا کہ کشتی مخالف کنارے پر پڑی ہے۔

Siddhartha had been shivering with grief

سدھارتھ غم سے کانپ رہا تھا۔

the ranting speeches the boy had made touched him

لڑکے نے جو کرخت تقریریں کیں وہ اسے چھو گئیں۔

"I must follow him," said Siddhartha

"مجھے اس کی پیروی کرنی چاہیے،" سدھارتھا نے کہا

"A child can't go through the forest all alone, he'll perish"

"ایک بچہ جنگل میں اکیلا نہیں جا سکتا، وہ ہلاک ہو جائے گا"

"We must build a raft, Vasudeva, to get over the water"

"ہمیں ایک بیڑا بنانا ہوگا، واسودیو، پانی پر چڑھنے کے لیے"

"We will build a raft" said Vasudeva

"ہم ایک بیڑا بنائیں گے" واسودیو نے کہا

"we will build it to get our boat back"

"ہم اسے اپنی کشتی واپس لانے کے لیے بنائیں گے"

"But you shall not run after your child, my friend"

"لیکن تم اپنے بچے کے پیچھے مت بھاگو، میرے دوست"

"he is no child anymore"

"اب وہ بچہ نہیں ہے"

"he knows how to get around"

"وہ جانتا ہے کہ کس طرح گھومنا ہے"
"He's looking for the path to the city"
"وہ شہر کا راستہ تلاش کر رہا ہے"
"and he is right, don't forget that"
"اور وہ صحیح ہے، اسے مت بھولنا"
"he's doing what you've failed to do yourself"
"وہ وہ کر رہا ہے جو آپ خود کرنے میں ناکام رہے ہیں"
"he's taking care of himself"
"وہ اپنا خیال رکھتا ہے"
"he's taking his course for himself"
"وہ اپنے لئے اپنا کورس لے رہا ہے"
"Alas, Siddhartha, I see you suffering"
"افسوس، سدھارتھا، میں تمہیں تکلیف میں دیکھ رہا ہوں"
"but you're suffering a pain at which one would like to laugh"
"لیکن آپ کو ایسا درد ہو رہا ہے جس پر کوئی ہنسنا چاہے گا"
"you're suffering a pain at which you'll soon laugh yourself"
"آپ کو ایسا درد ہو رہا ہے جس پر آپ جلد ہی ہنسیں گے"
Siddhartha did not answer his friend
سدھارتھ نے اپنے دوست کو کوئی جواب نہیں دیا۔
He already held the axe in his hands
اس نے پہلے ہی کلہاڑی اپنے ہاتھ میں پکڑ رکھی تھی۔
and he began to make a raft of bamboo
اور وہ بانس کا بیڑا بنانے لگا
Vasudeva helped him to tie the canes together with ropes of grass
واسودیو نے چھڑیوں کو گھاس کی رسیوں سے باندھنے میں اس کی مدد کی۔
When they crossed the river they drifted far off their course
جب انہوں نے دریا کو عبور کیا تو وہ اپنے راستے سے بہت دور چلے گئے۔
they pulled the raft upriver on the opposite bank
انہوں نے بیڑے کو مخالف کنارے پر کھینچ لیا۔
"Why did you take the axe along?" asked Siddhartha
"تم کلہاڑی ساتھ کیوں لے گئے؟ "سدھارتھ نے پوچھا
"It might have been possible that the oar of our boat got lost"
"ہوسکتا ہے کہ ہماری کشتی کا بال کھو گیا"
But Siddhartha knew what his friend was thinking
لیکن سدھارتھ جانتا تھا کہ اس کا دوست کیا سوچ رہا ہے۔
He thought, the boy would have thrown away the oar

اس نے سوچا، اس لڑکے نے اون کو پھینک دیا ہوگا۔

in order to get some kind of revenge

کسی قسم کا بدلہ لینے کے لیے

and in order to keep them from following him

اور ان کو اس کی پیروی سے باز رکھنے کے لیے

And in fact, there was no oar left in the boat

اور درحقیقت کشتی میں کوئی بال نہیں بچا تھا۔

Vasudeva pointed to the bottom of the boat

واسودیو نے کشتی کے نیچے کی طرف اشارہ کیا۔

and he looked at his friend with a smile

اور اس نے مسکراتے ہوئے اپنے دوست کی طرف دیکھا

he smiled as if he wanted to say something

وہ مسکرایا جیسے وہ کچھ کہنا چاہتا ہو۔

"Don't you see what your son is trying to tell you?"

"کیا تم نہیں دیکھتے کہ تمہارا بیٹا تمہیں کیا بتانا چاہتا ہے؟"

"Don't you see that he doesn't want to be followed?"

"کیا تم نہیں دیکھتے کہ وہ پیروی نہیں کرنا چاہتا؟"

But he did not say this in words

لیکن اس نے یہ بات لفظوں میں نہیں کہی۔

He started making a new oar

اس نے ایک نئی اوڑ بنانا شروع کر دی۔

But Siddhartha bid his farewell, to look for the run-away

لیکن سدھارتھ نے بھاگنے کی تلاش کے لیے اسے الوداع کہا

Vasudeva did not stop him from looking for his child

واسودیو نے اسے اپنے بچے کی تلاش سے نہیں روکا۔

Siddhartha had been walking through the forest for a long time

سدھارتھ کافی دیر تک جنگل میں چہل قدمی کر رہا تھا۔

the thought occurred to him that his search was useless

اسے خیال آیا کہ اس کی تلاش بیکار ہے۔

Either the boy was far ahead and had already reached the city

یا تو لڑکا بہت آگے تھا اور شہر پہنچ چکا تھا۔

or he would conceal himself from him

یا وہ اپنے آپ کو اس سے چھپائے گا۔

he continued thinking about his son

وہ اپنے بیٹے کے بارے میں سوچتا رہا۔

he found that he was not worried for his son

اس نے محسوس کیا کہ وہ اپنے بیٹے کے لیے فکر مند نہیں تھا۔
he knew deep inside that he had not perished
وہ اندر سے جانتا تھا کہ وہ ہلاک نہیں ہوا تھا۔
nor was he in any danger in the forest
اور نہ ہی اسے جنگل میں کوئی خطرہ تھا۔
Nevertheless, he ran without stopping
اس کے باوجود وہ رکے بغیر بھاگا۔
he was not running to save him
وہ اسے بچانے کے لیے نہیں بھاگ رہا تھا۔
he was running to satisfy his desire
وہ اپنی خواہش پوری کرنے کے لیے بھاگ رہا تھا۔
he wanted to perhaps see him one more time
وہ شاید اسے ایک بار اور دیکھنا چاہتا تھا۔
And he ran up to just outside of the city
اور وہ بھاگتا ہوا شہر سے بالکل باہر چلا گیا۔
When, near the city, he reached a wide road
جب وہ شہر کے قریب ایک چوڑی سڑک پر پہنچا
he stopped, by the entrance of the beautiful pleasure-garden
وہ خوبصورت خوشی کے باغ کے دروازے پر رک گیا۔
the garden which used to belong to Kamala
وہ باغ جو کملا کا تھا۔
the garden where he had seen her for the first time
وہ باغ جہاں اس نے اسے پہلی بار دیکھا تھا۔
when she was sitting in her sedan-chair
جب وہ اپنی پالکی والی کرسی پر بیٹھی تھی۔
The past rose up in his soul
ماضی اس کی روح میں ابھرا۔
again, he saw himself standing there
ایک بار پھر اس نے خود کو وہاں کھڑا دیکھا
a young, bearded, naked Samana
ایک جوان، داڑھی والی، ننگی سمانہ
his hair hair was full of dust
اس کے بالوں کے بال دھول سے بھرے ہوئے تھے۔
For a long time, Siddhartha stood there
کافی دیر تک سدھارتھ وہیں کھڑا رہا۔
he looked through the open gate into the garden
اس نے کھلے دروازے سے باغ میں دیکھا
he saw monks in yellow robes walking among the beautiful trees

اس نے بھکشوؤں کو پیلے لباس میں خوبصورت درختوں کے درمیان چلتے ہوئے دیکھا

For a long time, he stood there, pondering

دیر تک وہ وہیں کھڑا سوچتا رہا

he saw images and listened to the story of his life

اس نے تصاویر دیکھی اور اپنی زندگی کی کہانی سنی

For a long time, he stood there looking at the monks

کافی دیر وہ وہیں کھڑا راہبوں کو دیکھتا رہا۔

he saw young Siddhartha in their place

اس نے ان کی جگہ نوجوان سدھارتھ کو دیکھا

he saw young Kamala walking among the high trees

اس نے کملا کو اونچے درختوں کے درمیان چلتے ہوئے دیکھا

Clearly, he saw himself being served food and drink by Kamala

واضح طور پر، اس نے خود کو کملا کی طرف سے کھانے پینے کی چیزیں پیش کرتے ہوئے دیکھا

he saw himself receiving his first kiss from her

اس نے خود کو اس سے اپنا پہلا بوسہ لیتے ہوئے دیکھا

he saw himself looking proudly and disdainfully back on his life as a Brahman

اس نے اپنے آپ کو ایک برہمن کے طور پر اپنی زندگی پر فخر اور حقارت سے دیکھا

he saw himself beginning his worldly life, proudly and full of desire

اس نے اپنے آپ کو اپنی دنیاوی زندگی کا آغاز، فخر اور خواہش سے بھرا ہوا دیکھا

He saw Kamaswami, the servants, the orgies

اس نے کامسوامی کو دیکھا، نوکروں کو، عضو تناسل کو

he saw the gamblers with the dice

اس نے جواریوں کو ڈائس کے ساتھ دیکھا

he saw Kamala's song-bird in the cage

اس نے پنجرے میں کملا کے گانے والی چڑیا کو دیکھا

he lived through all this again

وہ اس سب کے ذریعے دوبارہ زندہ رہا

he breathed Sansara and was once again old and tired

اس نے سنسارا کا سانس لیا اور ایک بار پھر بوڑھا اور تھکا ہوا تھا۔

he felt the disgust and the wish to annihilate himself again

اس نے نفرت محسوس کی اور اپنے آپ کو دوبارہ ختم کرنے کی خواہش کی۔

and he was healed again by the holy Om

اور وہ مقدس اوم کے ذریعہ دوبارہ صحت یاب ہو گیا۔

for a long time Siddhartha had stood by the gate
کافی دیر تک سدھارتھ گیٹ کے پاس کھڑا تھا۔

he realised his desire was foolish
اسے احساس ہوا کہ اس کی خواہش بے وقوفی تھی۔

he realized it was foolishness which had made him go up to this place
اسے احساس ہوا کہ یہ بے وقوفی تھی جس نے اسے اس مقام تک پہنچایا تھا۔

he realized he could not help his son
اسے احساس ہوا کہ وہ اپنے بیٹے کی مدد نہیں کر سکتا

and he realized that he was not allowed to cling to him
اور اسے احساس ہوا کہ اسے اس سے چمٹے رہنے کی اجازت نہیں ہے۔

he felt the love for the run-away deeply in his heart
اس نے بھاگنے کی محبت کو اپنے دل کی گہرائیوں سے محسوس کیا۔

the love for his son felt like a wound
اپنے بیٹے کے لیے محبت زخم کی طرح محسوس ہوئی۔

but this wound had not been given to him in order to turn the knife in it
لیکن یہ زخم اسے چھری پھیرنے کے لیے نہیں دیا گیا تھا۔

the wound had to become a blossom
زخم کو پھول بننا تھا۔

and his wound had to shine
اور اس کا زخم چمکنا تھا۔

That this wound did not blossom or shine yet made him sad
کہ یہ زخم نہ کھلا نہ چمکا پھر بھی اسے اداس کر دیا۔

Instead of the desired goal, there was emptiness
مطلوبہ ہدف کے بجائے خالی پن تھا۔

emptiness had drawn him here, and sadly he sat down
خالی پن نے اسے یہاں کھینچ لیا تھا اور وہ افسوس سے بیٹھ گیا۔

he felt something dying in his heart
اسے اپنے دل میں کچھ مرتا ہوا محسوس ہوا۔

he experienced emptiness and saw no joy any more
اس نے خالی پن کا تجربہ کیا اور مزید کوئی خوشی نہیں دیکھی۔

there was no goal for which to aim for
کوئی مقصد نہیں تھا جس کے لیے مقصد کرنا تھا۔

He sat lost in thought and waited
وہ سوچوں میں گم بیٹھا انتظار کرنے لگا

This he had learned by the river
یہ اس نے دریا سے سیکھا تھا۔

waiting, having patience, listening attentively

انتظار کرنا، صبر کرنا، توجہ سے سننا

And he sat and listened, in the dust of the road

اور وہ سڑک کی دھول میں بیٹھا سنتا رہا۔

he listened to his heart, beating tiredly and sadly

اس نے اپنے دل کی بات سنی، تھکے ہوئے اور اداسی سے دھڑکتے رہے۔

and he waited for a voice

اور وہ آواز کا انتظار کرنے لگا

Many an hour he crouched, listening

کئی گھنٹے وہ جھک کر سنتا رہا۔

he saw no images any more

اس نے مزید کوئی تصویر نہیں دیکھی۔

he fell into emptiness and let himself fall

وہ خالی پن میں گر گیا اور خود کو گرنے دیا۔

he could see no path in front of him

وہ اپنے سامنے کوئی راستہ نہیں دیکھ سکتا تھا۔

And when he felt the wound burning, he silently spoke the Om

اور جب اسے زخم جلتا ہوا محسوس ہوا تو وہ خاموشی سے اوم بولا۔

he filled himself with Om

اس نے اپنے آپ کو اوم سے بھر لیا۔

The monks in the garden saw him

باغ کے راہبوں نے اسے دیکھا

dust was gathering on his gray hair

اس کے سفید بالوں پر دھول اکھٹی ہو رہی تھی۔

since he crouched for many hours, one of monks placed two bananas in front of him

چونکہ وہ کئی گھنٹوں تک جھکتا رہا، ایک راہب نے اس کے سامنے دو کیلے رکھے

The old man did not see him

بوڑھے نے اسے نہیں دیکھا

From this petrified state, he was awoken by a hand touching his shoulder

اس گھبراہٹ کی کیفیت سے وہ کندھے کو ہاتھ لگنے سے بیدار ہوا۔

Instantly, he recognised this tender bashful touch

اس نے فوراً ہی اس نرم لمس کو پہچان لیا۔

Vasudeva had followed him and waited

واسودیو اس کا پیچھا کر کے انتظار کر رہا تھا۔

he regained his senses and rose to greet Vasudeva

اس نے اپنے حواس بحال کیے اور واسودیو کو سلام کرنے کے لیے اٹھ کھڑا ہوا۔

he looked into Vasudeva's friendly face

اس نے واسودیو کے دوستانہ چہرے کی طرف دیکھا

he looked into the small wrinkles

اس نے چھوٹی جھریوں میں دیکھا

his wrinkles were as if they were filled with nothing but his smile

اس کی جھریاں گویا اس کی مسکراہٹ کے سوا کچھ نہیں بھری ہوئی تھیں۔

he looked into the happy eyes, and then he smiled too

اس نے خوش آنکھوں میں دیکھا، پھر وہ بھی مسکرا دیا۔

Now he saw the bananas lying in front of him

اب اس نے اپنے سامنے پڑے کیلے کو دیکھا

he picked the bananas up and gave one to the ferryman

اس نے کیلے اٹھائے اور ایک کشتی والے کو دیا۔

After eating the bananas, they silently went back into the forest

کیلے کھانے کے بعد وہ خاموشی سے واپس جنگل میں چلے گئے۔

they returned home to the ferry

وہ فیری پر گھر واپس آئے

Neither one talked about what had happened that day

اس دن کیا ہوا تھا اس کے بارے میں کسی نے بھی بات نہیں کی۔

neither one mentioned the boy's name

کسی نے بھی لڑکے کا نام نہیں بتایا

neither one spoke about him running away

کسی نے بھی اس کے بھاگنے کے بارے میں بات نہیں کی۔

neither one spoke about the wound

کسی نے بھی زخم کے بارے میں بات نہیں کی۔

In the hut, Siddhartha lay down on his bed

جھونپڑی میں، سدھارتھ اپنے بستر پر لیٹ گیا۔

after a while Vasudeva came to him

تھوڑی دیر بعد واسودیو اس کے پاس آیا

he offered him a bowl of coconut-milk

اس نے اسے ناریل کے دودھ کا ایک پیالہ پیش کیا۔

but he was already asleep

لیکن وہ پہلے ہی سو رہا تھا۔

Om
اوم

For a long time the wound continued to burn
کافی دیر تک زخم جلتا رہا۔
Siddhartha had to ferry many travellers across the river
سدھارتھ کو بہت سے مسافروں کو دریا کے پار لانا پڑا
many of the travellers were accompanied by a son or a daughter
بہت سے مسافروں کے ساتھ ایک بیٹا یا بیٹی بھی تھی۔
and he saw none of them without envying them
اور اس نے ان میں سے کسی کو بھی ان پر رشک کیے بغیر دیکھا
he couldn't see them without thinking about his lost son
وہ اپنے کھوئے ہوئے بیٹے کے بارے میں سوچے بغیر انہیں دیکھ نہیں سکتا تھا۔
"So many thousands possess the sweetest of good fortunes"
"اتنے ہزاروں لوگوں کے پاس سب سے پیاری خوش قسمتی ہے"
"why don't I also possess this good fortune?"
"میں بھی یہ خوش نصیبی کیوں نہیں رکھتا؟"
"even thieves and robbers have children and love them"
"چوروں اور ڈاکوؤں کے بھی بچے ہوتے ہیں اور ان سے پیار کرتے ہیں"
"and they are being loved by their children"
"اور وہ اپنے بچوں سے پیار کر رہے ہیں"
"all are loved by their children except for me"
"سب اپنے بچوں سے پیار کرتے ہیں سوائے میرے"
he now thought like the childlike people, without reason
وہ اب بغیر کسی وجہ کے بچوں کی طرح سوچنے لگا
he had become one of the childlike people
وہ بچوں کی طرح لوگوں میں سے ایک بن گیا تھا
he looked upon people differently than before
اس نے لوگوں کو پہلے سے مختلف انداز میں دیکھا
he was less smart and less proud of himself
وہ کم ہوشیار اور خود پر کم فخر تھا۔
but instead, he was warmer and more curious
لیکن اس کے بجائے، وہ گرم اور زیادہ متجسس تھا۔
when he ferried travellers, he was more involved than before
جب وہ مسافروں کو لے کر جاتا تو وہ پہلے سے زیادہ شامل ہوتا
childlike people, businessmen, warriors, women
بچوں جیسے لوگ، تاجر، جنگجو، خواتین

these people did not seem alien to him, as they used to
یہ لوگ اسے اجنبی نہیں لگتے تھے، جیسا کہ وہ کرتے تھے۔
he understood them and shared their life
اس نے انہیں سمجھا اور ان کی زندگی کا اشتراک کیا۔
a life which was not guided by thoughts and insight
ایک ایسی زندگی جس کی رہنمائی خیالات اور بصیرت سے نہیں ہوتی تھی۔
but a life guided solely by urges and wishes
لیکن ایک ایسی زندگی جس کی رہنمائی صرف خواہشات اور خواہشات سے ہوتی ہے۔
he felt like the the childlike people
اس نے بچوں جیسے لوگوں کی طرح محسوس کیا۔
he was bearing his final wound
وہ اپنا آخری زخم برداشت کر رہا تھا۔
he was nearing perfection
وہ کمال کے قریب تھا
but the childlike people still seemed like his brothers
لیکن بچے جیسے لوگ اب بھی اپنے بھائیوں کی طرح لگ رہے تھے۔
their vanities, desires for possession were no longer ridiculous to him
ان کی باطل، قبضے کی خواہشیں اب اس کے لیے مضحکہ خیز نہیں تھیں۔
they became understandable and lovable
وہ قابل فہم اور پیارے ہو گئے۔
they even became worthy of veneration to him
یہاں تک کہ وہ اس کی تعظیم کے لائق ہو گئے۔
The blind love of a mother for her child
ماں کی اپنے بچے کے لیے اندھی محبت
the stupid, blind pride of a conceited father for his only son
اپنے اکلوتے بیٹے کے لیے ایک مغرور باپ کا بیوقوف، اندھا فخر
the blind, wild desire of a young, vain woman for jewellery
جواہرات کے لیے ایک جوان، بیکار عورت کی اندھی، جنگلی خواہش
her wish for admiring glances from men
مردوں سے نظروں کی تعریف کرنے کی اس کی خواہش
all of these simple urges were not childish notions
یہ تمام سادہ خواہشات بچگانہ تصورات نہیں تھیں۔
but they were immensely strong, living, and prevailing urges
لیکن وہ بے حد مضبوط، زندہ، اور مروجہ خواہشات تھے۔
he saw people living for the sake of their urges
اس نے لوگوں کو اپنی خواہشات کی خاطر جیتے دیکھا
he saw people achieving rare things for their urges

اس نے لوگوں کو اپنی خواہشات کے لیے نایاب چیزیں حاصل کرتے دیکھا

travelling, conducting wars, suffering

سفر کرنا، جنگیں کرنا، تکلیف دینا

they bore an infinite amount of suffering

انہوں نے لاتعداد تکلیفیں برداشت کیں۔

and he could love them for it, because he saw life

اور وہ اس کے لیے ان سے محبت کر سکتا تھا، کیونکہ اس نے زندگی کو دیکھا تھا۔

that what is alive was in each of their passions

کہ جو کچھ زندہ ہے ان کے ہر جذبے میں تھا۔

that what is is indestructible was in their urges, the Brahman

کہ جو کچھ ناقابلِ فنا ہے وہ ان کی خواہش میں تھا، برہمن

these people were worthy of love and admiration

یہ لوگ محبت اور تعریف کے لائق تھے۔

they deserved it for their blind loyalty and blind strength

وہ اپنی اندھی وفاداری اور اندھی طاقت کے لیے اس کے مستحق تھے۔

there was nothing that they lacked

ان میں کسی چیز کی کمی نہیں تھی۔

Siddhartha had nothing which would put him above the rest, except one thing

سدھار کے پاس ایک چیز کے علاوہ کچھ بھی نہیں تھا جو اسے باقیوں سے اوپر رکھتا

there still was a small thing he had which they didn't

اس کے پاس اب بھی ایک چھوٹی سی چیز تھی جو ان کے پاس نہیں تھی۔

he had the conscious thought of the oneness of all life

وہ تمام زندگی کی وحدانیت کا شعوری خیال رکھتا تھا۔

but Siddhartha even doubted whether this knowledge should be valued so highly

لیکن سدھارتھ نے یہاں تک شک کیا کہ کیا اس علم کی اتنی زیادہ قدر کی جانی چاہیے۔

it might also be a childish idea of the thinking people

یہ سوچنے والے لوگوں کا بچکانہ خیال بھی ہو سکتا ہے۔

the worldly people were of equal rank to the wise men

دنیا والے عقلمندوں کے برابر درجہ کے تھے۔

animals too can in some moments seem to be superior to humans

جانور بھی کچھ لمحوں میں انسانوں سے برتر معلوم ہوتے ہیں۔

they are superior in their tough, unrelenting performance of what is necessary

وہ اپنی سخت، بے لگام کارکردگی میں اعلیٰ ہیں جو ضروری ہے۔

an idea slowly blossomed in Siddhartha

سدھارتھ میں ایک خیال آہستہ آہستہ کھلا۔

and the idea slowly ripened in him

اور یہ خیال آہستہ آہستہ اس میں پک گیا۔

he began to see what wisdom actually was

اس نے دیکھنا شروع کیا کہ اصل میں حکمت کیا ہے۔

he saw what the goal of his long search was

اس نے دیکھا کہ اس کی طویل تلاش کا مقصد کیا ہے۔

his search was nothing but a readiness of the soul

اس کی تلاش روح کی تیاری کے سوا کچھ نہیں تھی۔

a secret art to think every moment, while living his life

اپنی زندگی گزارتے ہوئے ہر لمحہ سوچنے کا ایک خفیہ فن

it was the thought of oneness

یہ توحید کی سوچ تھی۔

to be able to feel and inhale the oneness

وحدت کو محسوس کرنے اور سانس لینے کے قابل ہونا

Slowly this awareness blossomed in him

دھیرے دھیرے اس کے اندر یہ شعور پیدا ہوا۔

it was shining back at him from Vasudeva's old, childlike face

یہ واسودیو کے بوڑھے، بچوں جیسے چہرے سے اس پر چمک رہا تھا۔

harmony and knowledge of the eternal perfection of the world

ہم آہنگی اور دنیا کے ابدی کمال کا علم

smiling and to be part of the oneness

مسکرانا اور وحدانیت کا حصہ بننا

But the wound still burned

لیکن زخم پھر بھی جلتا رہا۔

longingly and bitterly Siddhartha thought of his son

تڑپتے اور تلخی سے سدھارتھ نے اپنے بیٹے کے بارے میں سوچا۔

he nurtured his love and tenderness in his heart

اس نے اپنے دل میں اپنی محبت اور کو ملتا کو پالا۔

he allowed the pain to gnaw at him

اس نے درد کو اس پر چبھنے دیا۔

he committed all foolish acts of love

اس نے محبت کی تمام احمقانہ حرکتیں کیں۔

this flame would not go out by itself

یہ شعلہ خود بخود نہیں بجھ جائے گا۔

one day the wound burned violently

ایک دن زخم شدید جل گیا۔

driven by a yearning, Siddhartha crossed the river

تڑپ کے باعث سدھارتھ نے دریا کو پار کیا۔

he got off the boat and was willing to go to the city

وہ کشتی سے اترا اور شہر جانے کو تیار تھا۔

he wanted to look for his son again

وہ اپنے بیٹے کو دوبارہ تلاش کرنا چاہتا تھا۔

The river flowed softly and quietly

دریا نرمی اور خاموشی سے بہتا تھا۔

it was the dry season, but its voice sounded strange

یہ خشک موسم تھا، لیکن اس کی آواز عجیب لگ رہی تھی

it was clear to hear that the river laughed

یہ سن کر واضح تھا کہ دریا ہنس پڑا

it laughed brightly and clearly at the old ferryman

یہ بوڑھے فیری مین پر چمکدار اور واضح طور پر ہنسا۔

he bent over the water, in order to hear even better

وہ پانی پر جھک گیا، تاکہ اور بھی بہتر سن سکے۔

and he saw his face reflected in the quietly moving waters

اور اس نے اپنے چہرے کو خاموشی سے چلتے ہوئے پانی میں جھلکتے دیکھا

in this reflected face there was something

اس جھلکتے چہرے میں کچھ تھا۔

something which reminded him, but he had forgotten

کچھ جس نے اسے یاد دلایا، لیکن وہ بھول گیا تھا۔

as he thought about it, he found it

جیسا کہ اس نے اس کے بارے میں سوچا، اسے مل گیا۔

this face resembled another face which he used to know and love

یہ چہرہ دوسرے چہرے سے مشابہت رکھتا تھا جسے وہ جانتا اور پیار کرتا تھا۔

but he also used to fear this face

لیکن وہ اس چہرے سے بھی ڈرتا تھا۔

It resembled his father's face, the Brahman

یہ اس کے والد برہمن کے چہرے سے مشابہت رکھتا تھا۔

he remembered how he had forced his father to let him go

اسے یاد آیا کہ کس طرح اس نے اپنے والد کو اسے جانے پر مجبور کیا تھا۔

he remembered how he had bid his farewell to him

اسے یاد آیا کہ اس نے اسے کیسے الوداع کیا تھا۔

he remembered how he had gone and had never come back

اسے یاد تھا کہ وہ کیسے گیا تھا اور کبھی واپس نہیں آیا تھا۔

Had his father not also suffered the same pain for him?

کیا اس کے باپ کو بھی اس کے لیے یہی تکلیف نہیں ہوئی تھی؟

was his father's pain not the pain Siddhartha is suffering now?

کیا اس کے والد کا درد وہ درد نہیں تھا جو سدھارتھ اب بھگت رہے ہیں؟

Had his father not long since died?

کیا اس کے والد کو مرے زیادہ عرصہ نہیں گزرا تھا؟

had he died without having seen his son again?

کیا وہ اپنے بیٹے کو دوبارہ دیکھے بغیر مر گیا؟

Did he not have to expect the same fate for himself?

کیا اسے اپنے لیے بھی ایسے ہی انجام کی توقع نہیں تھی؟

Was it not a comedy in a fateful circle?

کیا یہ قسمت کے دائرے میں کامیڈی نہیں تھی؟

The river laughed about all of this

دریا اس سب پر ہنس پڑا

everything came back which had not been suffered

وہ سب کچھ واپس آ گیا جو برداشت نہیں کیا گیا تھا

everything came back which had not been solved

سب کچھ واپس آ گیا جو حل نہیں ہوا تھا

the same pain was suffered over and over again

ایک ہی درد بار بار سہنا پڑا

Siddhartha went back into the boat

سدھارتھ واپس کشتی میں چلا گیا۔

and he returned back to the hut

اور وہ جھونپڑی میں واپس لوٹ گیا۔

he was thinking of his father and of his son

وہ اپنے باپ اور اپنے بیٹے کے بارے میں سوچ رہا تھا۔

he thought of having been laughed at by the river

اس نے سوچا کہ دریا کی طرف سے ہنسا گیا ہے۔

he was at odds with himself and tending towards despair

وہ خود سے متضاد تھا اور مایوسی کی طرف مائل تھا۔

but he was also tempted to laugh

لیکن وہ بھی ہنسنے پر آمادہ ہوا۔

he could laugh at himself and the entire world

وہ اپنے آپ پر اور پوری دنیا پر ہنس سکتا تھا۔

Alas, the wound was not blossoming yet

افسوس ابھی زخم نہیں پھولا تھا۔

his heart was still fighting his fate

اس کا دل اب بھی اپنی قسمت سے لڑ رہا تھا۔

cheerfulness and victory were not yet shining from his suffering

خوشی اور فتح ابھی اس کے مصائب سے چمک نہیں رہی تھی۔

Nevertheless, he felt hope along with the despair

اس کے باوجود اس نے مایوسی کے ساتھ امید بھی محسوس کی۔

once he returned to the hut he felt an undefeatable desire to open up to Vasudeva

ایک بار جب وہ جھونپڑی میں واپس آیا تو اسے واسودیو کے سامنے کھلنے کی ناقابل شکست خواہش محسوس ہوئی۔

he wanted to show him everything

وہ اسے سب کچھ دکھانا چاہتا تھا۔

he wanted to say everything to the master of listening

وہ سننے کے مالک سے سب کچھ کہنا چاہتا تھا۔

Vasudeva was sitting in the hut, weaving a basket

واسودیو جھونپڑی میں بیٹھا ٹوکری بنا رہا تھا۔

He no longer used the ferry-boat

وہ اب فیری بوٹ استعمال نہیں کرتا تھا۔

his eyes were starting to get weak

اس کی آنکھیں کمزور ہونے لگیں

his arms and hands were getting weak as well

اس کے بازو اور ہاتھ بھی کمزور ہو رہے تھے۔

only the joy and cheerful benevolence of his face was unchanging

صرف اس کے چہرے کی خوشی اور خوش مزاجی غیر متغیر تھی۔

Siddhartha sat down next to the old man

سدھارتھ بوڑھے کے پاس بیٹھ گیا۔

slowly, he started talking about what they had never spoke about

آہستہ آہستہ، اس نے اس کے بارے میں بات کرنا شروع کردی جس کے بارے میں انہوں نے کبھی بات نہیں کی تھی۔

he told him of his walk to the city

اس نے اسے شہر کی سیر کے بارے میں بتایا

he told at him of the burning wound

اس نے اسے جلتے ہوئے زخم کے بارے میں بتایا

he told him about the envy of seeing happy fathers

اس نے اسے خوش باپوں کو دیکھنے کی حسد کے بارے میں بتایا

his knowledge of the foolishness of such wishes

اس کی ایسی خواہشات کی حماقت کا علم

his futile fight against his wishes

اس کی خواہشات کے خلاف اس کی بیکار لڑائی

he was able to say everything, even the most embarrassing parts

وہ سب کچھ کہہ سکتا تھا، یہاں تک کہ انتہائی شرمناک حصے بھی

he told him everything he could tell him

اس نے اسے وہ سب کچھ بتایا جو وہ اسے بتا سکتا تھا۔

he showed him everything he could show him

اس نے اسے وہ سب کچھ دکھایا جو وہ اسے دکھا سکتا تھا۔

He presented his wound to him

اس نے اپنا زخم اس کے سامنے پیش کیا۔

he also told him how he had fled today

اس نے اسے یہ بھی بتایا کہ وہ آج کیسے بھاگا تھا۔

he told him how he ferried across the water

اس نے اسے بتایا کہ وہ پانی کے اس پار کیسے پہنچا

a childish run-away, willing to walk to the city

ایک بچکانہ بھاگنا، شہر جانے کے لیے تیار

and he told him how the river had laughed

اور اس نے اسے بتایا کہ دریا کس طرح ہنسا تھا۔

he spoke for a long time

وہ بہت دیر تک بولا

Vasudeva was listening with a quiet face

واسودیو خاموش چہرے سے سن رہا تھا۔

Vasudeva's listening gave Siddhartha a stronger sensation than ever before

واسودیو کی بات سن کر سدھارتھ کو پہلے سے زیادہ مضبوط احساس ہوا۔

he sensed how his pain and fears flowed over to him

اس نے محسوس کیا کہ کس طرح اس کا درد اور خوف اس پر بہتے ہیں۔

he sensed how his secret hope flowed over him

اس نے محسوس کیا کہ کس طرح اس کی خفیہ امید اس پر بہتی ہے۔

To show his wound to this listener was the same as bathing it in the river

اس سننے والے کو اپنا زخم دکھانا اسے دریا میں نہلانے کے مترادف تھا۔

the river would have cooled Siddhartha's wound

دریا نے سدھارتھ کے زخم کو ٹھنڈا کر دیا ہو گا۔

the quiet listening cooled Siddhartha's wound

خاموشی سے سننے سے سدھارتھ کا زخم ٹھنڈا ہو گیا۔

it cooled him until he become one with the river

اس نے اسے ٹھنڈا کر دیا یہاں تک کہ وہ دریا کے ساتھ ایک ہو گیا۔

While he was still speaking, still admitting and confessing
جب وہ بول رہا تھا، اب بھی اعتراف اور اعتراف کر رہا تھا۔

Siddhartha felt more and more that this was no longer Vasudeva
سدھارتھ نے زیادہ سے زیادہ محسوس کیا کہ اب یہ واسودیو نہیں رہا۔

it was no longer a human being who was listening to him
اب کوئی انسان نہیں رہا جو اسے سن رہا تھا۔

this motionless listener was absorbing his confession into himself
یہ بے حرکت سامع اپنے اعتراف کو اپنے اندر جذب کر رہا تھا۔

this motionless listener was like a tree the rain
یہ بے حرکت سامع بارش کے درخت کی طرح تھا۔

this motionless man was the river itself
یہ بے حرکت انسان خود دریا تھا۔

this motionless man was God himself
یہ بے حرکت انسان خود خدا تھا۔

the motionless man was the eternal itself
بے حرکت انسان خود ابدی تھا۔

Siddhartha stopped thinking of himself and his wound
سدھارتھ نے اپنے اور اپنے زخم کے بارے میں سوچنا چھوڑ دیا۔

this realisation of Vasudeva's changed character took possession of him
واسودیو کے بدلے ہوئے کردار کے اس احساس نے ان پر قبضہ کر لیا۔

and the more he entered into it, the less wondrous it became
اور جتنا وہ اس میں داخل ہوا، اتنا ہی کم حیرت انگیز ہوتا گیا۔

the more he realised that everything was in order and natural
جتنا زیادہ اس نے محسوس کیا کہ سب کچھ ترتیب اور فطری تھا۔

he realised that Vasudeva had already been like this for a long time
اس نے محسوس کیا کہ واسودیو پہلے ہی ایک طویل عرصے سے ایسا ہی تھا۔

he had just not quite recognised it yet
اس نے ابھی تک اسے بالکل نہیں پہچانا تھا۔

yes, he himself had almost reached the same state
ہاں، وہ خود بھی تقریباً اسی حالت کو پہنچ چکا تھا۔

He felt, that he was now seeing old Vasudeva as the people see the gods
اس نے محسوس کیا کہ اب وہ بوڑھے واسودیو کو اسی طرح دیکھ رہے ہیں جیسے لوگ دیوتاؤں کو دیکھتے ہیں۔

and he felt that this could not last

اور اس نے محسوس کیا کہ یہ قائم نہیں رہ سکتا

in his heart, he started bidding his farewell to Vasudeva

دل ہی دل میں وہ واسودیو کو الوداع کہنے لگا

Throughout all this, he talked incessantly

اس سب کے دوران وہ بے تکلف باتیں کرتا رہا۔

When he had finished talking, Vasudeva turned his friendly eyes at him

جب وہ بات ختم کر چکا تو واسودیو نے دوستانہ نظریں اس کی طرف پھیر لیں۔

the eyes which had grown slightly weak

آنکھیں جو قدرے کمزور ہو گئی تھیں۔

he said nothing, but let his silent love and cheerfulness shine

اس نے کچھ نہیں کہا، لیکن اس کی خاموش محبت اور خوش مزاجی کو چمکنے دیں۔

his understanding and knowledge shone from him

اس کی سمجھ اور علم اس سے چمکا۔

He took Siddhartha's hand and led him to the seat by the bank

اس نے سدھارتھ کا ہاتھ پکڑا اور اسے بینک کے پاس والی سیٹ تک لے گیا۔

he sat down with him and smiled at the river

وہ اس کے ساتھ بیٹھ گیا اور دریا پر مسکرا دیا۔

"You've heard it laugh," he said

"آپ نے اسے ہنستے ہوئے سنا ہے،"اس نے کہا

"But you haven't heard everything"

"لیکن تم نے سب کچھ نہیں سنا"

"Let's listen, you'll hear more"

"آئیے سنتے ہیں، آپ مزید سنیں گے "

Softly sounded the river, singing in many voices

آہستہ سے دریا کو آواز دی، کئی آوازوں میں گانا

Siddhartha looked into the water

سدھارتھ نے پانی میں دیکھا

images appeared to him in the moving water

چلتے پانی میں اس کی تصویریں دکھائی دیں۔

his father appeared, lonely and mourning for his son

اس کا باپ نمودار ہوا، تنہا اور اپنے بیٹے کے لیے ماتم کر رہا تھا۔

he himself appeared in the moving water

وہ خود چلتے پانی میں نمودار ہوا۔

he was also being tied with the bondage of yearning to his distant son

وہ بھی اپنے دور کے بیٹے کی تڑپ کے بندھن میں بندھا جا رہا تھا۔

his son appeared, lonely as well

اس کا بیٹا بھی تنہا نظر آیا

the boy, greedily rushing along the burning course of his young wishes

لڑکا، لالچ سے اپنی جوان خواہشات کے جلتے ہوئے راستے پر دوڑ رہا ہے۔

each one was heading for his goal

ہر ایک اپنے مقصد کی طرف بڑھ رہا تھا۔

each one was obsessed by the goal

ہر ایک مقصد کی طرف سے جنون تھا

each one was suffering from the pursuit

ہر ایک تعاقب میں مبتلا تھا۔

The river sang with a voice of suffering

دریا نے مصائب کی آواز کے ساتھ گایا

longingly it sang and flowed towards its goal

خواہش کے ساتھ اس نے گایا اور اپنے مقصد کی طرف بہہ گیا۔

"Do you hear?" Vasudeva asked with a mute gaze

"کیا تم سن رہے ہو؟" واسودیو نے خاموش نظروں سے پوچھا

Siddhartha nodded in reply

سدھارتھ نے جواب میں سر ہلایا

"Listen better!" Vasudeva whispered

"بہتر سنو!" واسودیو نے سرگوشی کی۔

Siddhartha made an effort to listen better

سدھارتھ نے بہتر سننے کی کوشش کی۔

The image of his father appeared

اس کے والد کی تصویر سامنے آئی

his own image merged with his father's

اس کی اپنی تصویر اس کے والد کے ساتھ مل گئی۔

the image of his son merged with his image

اس کے بیٹے کی تصویر اس کی تصویر کے ساتھ مل گئی۔

Kamala's image also appeared and was dispersed

کملا کی تصویر بھی نمودار ہوئی اور منتشر ہو گئی۔

and the image of Govinda, and other images

اور گووندا کی تصویر، اور دیگر تصاویر

and all the imaged merged with each other

اور تمام امیجز ایک دوسرے کے ساتھ مل گئے۔

all the imaged turned into the river

تمام تصویریں دریا میں بدل گئیں۔

being the river, they all headed for the goal

دریا ہونے کے ناطے، وہ سب مقصد کی طرف بڑھے۔

longing, desiring, suffering flowed together

آرزو، خواہش، مصائب ایک ساتھ بہتے تھے۔

and the river's voice sounded full of yearning

اور دریا کی آواز تڑپ سے بھری ہوئی تھی۔

the river's voice was full of burning woe

دریا کی آواز دہکتی ہوئی دکھ سے بھری ہوئی تھی۔

the river's voice was full of unsatisfiable desire

دریا کی آواز غیر تسلی بخش خواہش سے بھری ہوئی تھی۔

For the goal, the river was heading

مقصد کے لیے دریا رواں تھا۔

Siddhartha saw the river hurrying towards its goal

سدھارتھ نے دریا کو اپنے مقصد کی طرف تیزی سے آتے دیکھا

the river of him and his loved ones and of all people he had ever seen

اس کا اور اس کے پیاروں کا اور ان تمام لوگوں کا دریا جو اس نے کبھی دیکھے تھے۔

all of these waves and waters were hurrying

یہ سب لہریں اور پانی جلدی کر رہے تھے۔

they were all suffering towards many goals

وہ سب بہت سے مقاصد کی طرف تکلیف میں تھے۔

the waterfall, the lake, the rapids, the sea

آبشار، جھیل، ریپڈس، سمندر

and all goals were reached

اور تمام اہداف تک پہنچ گئے

and every goal was followed by a new one

اور ہر مقصد کے بعد ایک نیا مقصد تھا۔

and the water turned into vapour and rose to the sky

اور پانی بخارات میں تبدیل ہو کر آسمان کی طرف بڑھ گیا۔

the water turned into rain and poured down from the sky

پانی بارش میں بدل گیا اور آسمان سے برسا۔

the water turned into a source

پانی ایک ذریعہ میں بدل گیا

then the source turned into a stream

پھر ذریعہ ایک ندی میں بدل گیا۔

the stream turned into a river

ندی دریا میں بدل گئی۔

and the river headed forwards again

اور دریا پھر سے آگے بڑھ گیا۔

But the longing voice had changed
لیکن خواہش کی آواز بدل چکی تھی۔
It still resounded, full of suffering, searching
یہ اب بھی گونج رہا تھا، مصائب سے بھرا ہوا، تلاش کر رہا تھا۔
but other voices joined the river
لیکن دوسری آوازیں دریا میں شامل ہو گئیں۔
there were voices of joy and of suffering
خوشی اور تکلیف کی آوازیں تھیں۔
good and bad voices, laughing and sad ones
اچھی اور بری آوازیں، ہنسی اور اداس آوازیں۔
a hundred voices, a thousand voices
ایک سو آوازیں، ہزار آوازیں۔
Siddhartha listened to all these voices
سدھارتھ نے ان تمام آوازوں کو سنا
He was now nothing but a listener
اب وہ سننے والے کے سوا کچھ نہیں تھا۔
he was completely concentrated on listening
وہ پوری طرح سننے پر مرکوز تھا۔
he was completely empty now
وہ اب بالکل خالی تھا
he felt that he had now finished learning to listen
اسے لگا کہ اب اس نے سننا سیکھ لیا ہے۔
Often before, he had heard all this
پہلے بھی اکثر وہ یہ سب سن چکا تھا۔
he had heard these many voices in the river
اس نے دریا میں یہ بہت سی آوازیں سنی تھیں۔
today the voices in the river sounded new
آج دریا کی آوازیں نئی لگ رہی تھیں۔
Already, he could no longer tell the many voices apart
پہلے سے ہی، وہ اب بہت سی آوازوں کو الگ نہیں بتا سکتا تھا۔
there was no difference between the happy voices and the weeping ones
خوشی کی آوازوں اور رونے والوں میں کوئی فرق نہیں تھا۔
the voices of children and the voices of men were one
بچوں کی آوازیں اور مردوں کی آوازیں ایک تھیں۔
all these voices belonged together
یہ تمام آوازیں ایک ساتھ تھیں۔
the lamentation of yearning and the laughter of the knowledgeable one

تڑپ کا نوحہ اور علم والے کا قہقہہ

the scream of rage and the moaning of the dying ones

غصے کی چیخ اور مرنے والوں کی آہیں

everything was one and everything was intertwined

سب کچھ ایک تھا اور سب کچھ آپس میں جڑا ہوا تھا۔

everything was connected and entangled a thousand times

ہر چیز ہزار بار جڑی اور الجھی ہوئی تھی۔

everything together, all voices, all goals

سب کچھ ایک ساتھ، تمام آوازیں، تمام مقاصد

all yearning, all suffering, all pleasure

تمام تڑپ، تمام مصائب، تمام لذت

all that was good and evil

وہ سب اچھا اور برا تھا۔

all of this together was the world

یہ سب مل کر دنیا تھی۔

All of it together was the flow of events

یہ سب ایک ساتھ واقعات کا بہاؤ تھا۔

all of it was the music of life

یہ سب زندگی کی موسیقی تھی۔

when Siddhartha was listening attentively to this river

جب سدھارتھ اس ندی کو توجہ سے سن رہا تھا۔

the song of a thousand voices

ہزار آوازوں کا گانا

when he neither listened to the suffering nor the laughter

جب اس نے نہ تکلیف سنی نہ ہنسی۔

when he did not tie his soul to any particular voice

جب اس نے اپنی روح کو کسی خاص آواز سے نہیں باندھا۔

when he submerged his self into the river

جب اس نے اپنے نفس کو دریا میں ڈبو دیا۔

but when he heard them all he perceived the whole, the oneness

لیکن جب اُس نے اُن سب کو سنا تو اُس نے پوری وحدانیت کو محسوس کیا۔

then the great song of the thousand voices consisted of a single word

پھر ہزار آوازوں کا عظیم گانا ایک لفظ پر مشتمل تھا۔

this word was Om; the perfection

یہ لفظ اوم تھا۔ کمال

"Do you hear" Vasudeva's gaze asked again

"کیا تم سن رہے ہو؟" واسودیو کی نظروں نے پھر پوچھا

Brightly, Vasudeva's smile was shining

چمکدار، واسودیو کی مسکراہٹ چمک رہی تھی۔

it was floating radiantly over all the wrinkles of his old face

یہ اس کے بوڑھے چہرے کی تمام جھریوں پر چمکتا ہوا تیر رہا تھا۔

the same way the Om was floating in the air over all the voices of the river

اسی طرح اوم دریا کی تمام آوازوں پر ہوا میں تیر رہا تھا۔

Brightly his smile was shining, when he looked at his friend

اس کی مسکراہٹ چمک رہی تھی، جب اس نے اپنے دوست کی طرف دیکھا

and brightly the same smile was now starting to shine on Siddhartha's face

اور چمکیلی وہی مسکراہٹ اب سدھارتھ کے چہرے پر چمکنے لگی تھی۔

His wound had blossomed and his suffering was shining

اس کا زخم پھول چکا تھا اور اس کی تکلیف چمک رہی تھی۔

his self had flown into the oneness

اس کا نفس وحدانیت میں اڑ گیا تھا۔

In this hour, Siddhartha stopped fighting his fate

اس گھڑی میں سدھارتھ نے اپنی قسمت سے لڑنا چھوڑ دیا۔

at the same time he stopped suffering

ایک ہی وقت میں اس نے تکلیف چھوڑ دی۔

On his face flourished the cheerfulness of a knowledge

اس کے چہرے پر ایک علم کی خوشی جھلک رہی تھی۔

a knowledge which was no longer opposed by any will

ایک ایسا علم جس کی اب کسی مرضی سے مخالفت نہیں کی گئی۔

a knowledge which knows perfection

ایک علم جو کمال کو جانتا ہے۔

a knowledge which is in agreement with the flow of events

ایک علم جو واقعات کے بہاؤ کے ساتھ متفق ہے۔

a knowledge which is with the current of life

ایک علم جو موجودہ زندگی کے ساتھ ہے۔

full of sympathy for the pain of others

دوسروں کے درد کے لئے ہمدردی سے بھرا ہوا

full of sympathy for the pleasure of others

دوسروں کی خوشی کے لئے ہمدردی سے بھرا ہوا

devoted to the flow, belonging to the oneness

بہاؤ کے لیے وقف، وحدانیت سے تعلق رکھنے والا

Vasudeva rose from the seat by the bank

واسودیو بینک کی سیٹ سے اٹھ کھڑا ہوا۔

he looked into Siddhartha's eyes
اس نے سدھارتھ کی آنکھوں میں دیکھا
and he saw the cheerfulness of the knowledge shining in his eyes
اور اس نے اپنی آنکھوں میں علم کی خوشی کو چمکتے دیکھا
he softly touched his shoulder with his hand
اس نے آہستہ سے اپنے ہاتھ سے اس کے کندھے کو چھوا۔
"I've been waiting for this hour, my dear"
"میں اس گھڑی کا انتظار کر رہا ہوں، میرے پیارے"
"Now that it has come, let me leave"
"اب وہ آ گیا ہے تو مجھے جانے دو"
"For a long time, I've been waiting for this hour"
"ایک عرصے سے، میں اس گھڑی کا انتظار کر رہا ہوں"
"for a long time, I've been Vasudeva the ferryman"
"ایک طویل عرصے سے، میں واسودیو فیری مین رہا ہوں"
"Now it's enough. Farewell"
"اب بہت ہو گیا، الوداع"
"farewell river, farewell Siddhartha!"
"الوداعی ندی، الوداعی سدھارتھ"!
Siddhartha made a deep bow before him who bid his farewell
سدھارتھ نے اس کے سامنے ایک گہری جھکائی جس نے اسے الوداع کیا۔
"I've known it," he said quietly
"میں جان گیا ہوں۔ "اس نے خاموشی سے کہا
"You'll go into the forests?"
"آپ جنگلوں میں جائیں گے؟"
"I'm going into the forests"
"میں جنگلوں میں جا رہا ہوں"
"I'm going into the oneness" spoke Vasudeva with a bright smile
"میں وحدانیت میں جا رہا ہوں "واسودیو نے چمکیلی مسکراہٹ کے ساتھ کہا
With a bright smile, he left
ایک روشن مسکراہٹ کے ساتھ وہ چلا گیا۔
Siddhartha watched him leaving
سدھارتھ نے اسے جاتے ہوئے دیکھا
With deep joy, with deep solemnity he watched him leave
گہری خوشی کے ساتھ، گہری سنجیدگی کے ساتھ اس نے اسے جاتے ہوئے دیکھا
he saw his steps were full of peace

اس نے دیکھا کہ اس کے قدم سکون سے بھرے ہوئے ہیں۔

he saw his head was full of lustre

اس نے دیکھا کہ اس کا سر چمک سے بھرا ہوا تھا۔

he saw his body was full of light

اس نے دیکھا کہ اس کا جسم روشنی سے بھرا ہوا ہے۔

Govinda
گووندا

Govinda had been with the monks for a long time
گووندا طویل عرصے سے راہبوں کے ساتھ رہے تھے۔

when not on pilgrimages, he spent his time in the pleasure-garden
جب حج پر نہیں جاتے تھے تو اس نے اپنا وقت خوشیوں کے باغ میں گزارا تھا۔

the garden which the courtesan Kamala had given the followers of Gotama
وہ باغ جو درباری کملا نے گوتم کے پیروکاروں کو دیا تھا۔

he heard talk of an old ferryman, who lived a day's journey away
اس نے ایک بوڑھے فیری مین کی بات سنی، جو ایک دن کا سفر دور رہتا تھا۔

he heard many regarded him as a wise man
اس نے سنا ہے کہ بہت سے لوگ اسے ایک عقلمند آدمی سمجھتے ہیں۔

When Govinda went back, he chose the path to the ferry
جب گووندا واپس چلا گیا تو اس نے فیری کا راستہ چنا

he was eager to see the ferryman
وہ کشتی والے کو دیکھنے کے لیے بے چین تھا۔

he had lived his entire life by the rules
اس نے اپنی پوری زندگی قوانین کے مطابق گزاری تھی۔

he was looked upon with veneration by the younger monks
چھوٹے راہبوں کی طرف سے اسے تعظیم کی نگاہ سے دیکھا جاتا تھا۔

they respected his age and modesty
وہ اس کی عمر اور شائستگی کا احترام کرتے تھے۔

but his restlessness had not perished from his heart
لیکن اس کی بے چینی اس کے دل سے ختم نہیں ہوئی تھی۔

he was searching for what he had not found
وہ ڈھونڈ رہا تھا جو اسے نہیں ملا تھا۔

He came to the river and asked the old man to ferry him over
وہ دریا پر آیا اور بوڑھے سے کہا کہ وہ اسے لے جائے۔

when they got off the boat on the other side, he spoke with the old man
جب وہ دوسری طرف کشتی سے اترے تو اس نے بوڑھے سے بات کی۔

"You're very good to us monks and pilgrims"
"آپ ہمارے لیے بہت اچھے ہیں راہب اور زائرین"

"you have ferried many of us across the river"

"آپ نے ہم میں سے بہت سے لوگوں کو دریا کے پار پہنچا دیا ہے"

"Aren't you too, ferryman, a searcher for the right path?"

"کیا تم بھی نہیں ہو، فیری مین، صحیح راستے کی تلاش کرنے والے؟"

smiling from his old eyes, Siddhartha spoke

اپنی بوڑھی آنکھوں سے مسکراتے ہوئے سدھارتھ بولا۔

"oh venerable one, do you call yourself a searcher?"

"اوہ قابل احترام، کیا تم اپنے آپ کو تلاش کرنے والا کہتے ہو؟"

"are you still a searcher, although already well in years?"

"کیا آپ اب بھی تلاش کرنے والے ہیں، حالانکہ سالوں میں پہلے ہی ٹھیک ہیں؟"

"do you search while wearing the robe of Gotama's monks?"

"کیا تم گوتم کے راہبوں کا لباس پہن کر تلاش کرتے ہو؟"

"It's true, I'm old," spoke Govinda

"یہ سچ ہے، میں بوڑھا ہو گیا ہوں، "گووندا نے کہا

"but I haven't stopped searching"

"لیکن میں نے تلاش کرنا بند نہیں کیا"

"I will never stop searching"

"میں تلاش کرنا کبھی نہیں روکوں گا"

"this seems to be my destiny"

"یہ میرا مقدر لگتا ہے"

"You too, so it seems to me, have been searching"

"تم بھی، تو لگتا ہے مجھے ڈھونڈ رہے ہیں"

"Would you like to tell me something, oh honourable one?"

"کیا آپ مجھے کچھ بتانا پسند کریں گے، اوہ معزز؟"

"What might I have that I could tell you, oh venerable one?"

"میرے پاس کیا ہے جو میں آپ کو بتا سکتا ہوں، اوہ قابل احترام؟"

"Perhaps I could tell you that you're searching far too much?"

"شاید میں آپ کو بتا سکتا ہوں کہ آپ بہت زیادہ تلاش کر رہے ہیں؟"

"Could I tell you that you don't make time for finding?"

"کیا میں آپ کو بتا سکتا ہوں کہ آپ تلاش کرنے کے لیے وقت نہیں نکالتے؟"

"How come?" asked Govinda

"کیسے آئے؟ "گووندا نے پوچھا

"When someone is searching they might only see what they search for"

"جب کوئی تلاش کر رہا ہے تو وہ صرف وہی دیکھ سکتا ہے جس کی وہ تلاش کر رہا ہے"

"he might not be able to let anything else enter his mind"

"وہ اپنے دماغ میں کسی اور چیز کو داخل کرنے کے قابل نہیں ہوسکتا ہے "

"he doesn't see what he is not searching for"

"وہ نہیں دیکھتا جس کی وہ تلاش نہیں کر رہا ہے "

"because he always thinks of nothing but the object of his search"

"کیونکہ وہ ہمیشہ اپنی تلاش کے مقصد کے سوا کچھ نہیں سوچتا"

"he has a goal, which he is obsessed with"

"اس کا ایک مقصد ہے ، جس کا وہ جنون میں مبتلا ہے"

"Searching means having a goal"

"تلاش کا مطلب ہے ایک مقصد حاصل کرنا"

"But finding means being free, open, and having no goal"

"لیکن تلاش کرنے کا مطلب ہے آزاد، کھلا، اور کوئی مقصد نہ ہونا"

"You, oh venerable one, are perhaps indeed a searcher"

"اوہ قابل احترام، آپ واقعی ایک تلاش کرنے والے ہیں"

"because, when striving for your goal, there are many things you don't see"

"کیونکہ، جب آپ اپنے مقصد کے لیے کوشش کرتے ہیں، تو بہت سی چیزیں ایسی ہوتی ہیں جو آپ کو نظر نہیں آتیں"

"you might not see things which are directly in front of your eyes"

"شاید آپ ایسی چیزیں نہ دیکھ سکیں جو آپ کی آنکھوں کے سامنے ہیں"

"I don't quite understand yet," said Govinda, "what do you mean by this?"

گووندا نے کہا،'' میں ابھی تک بالکل سمجھ نہیں پایا، ''اس سے تمہارا کیا مطلب ہے ؟

"oh venerable one, you've been at this river before, a long time ago"

"اوہ قابل احترام، آپ اس دریا پر پہلے بھی، کافی عرصہ پہلے جا چکے ہیں"

"and you have found a sleeping man by the river"

"اور تمہیں دریا کے کنارے ایک سوتا ہوا آدمی ملا ہے "

"you have sat down with him to guard his sleep"

"تم اس کے ساتھ اس کی نیند کی حفاظت کے لیے بیٹھ گئے ہو"

"but, oh Govinda, you did not recognise the sleeping man"

''لیکن اوہ گووندا تم نے سوئے ہوئے آدمی کو نہیں پہچانا''

Govinda was astonished, as if he had been the object of a magic spell

گووندا حیران رہ گیا، جیسے وہ کسی جادوئی منتر کا نشانہ بن گیا ہو۔

the monk looked into the ferryman's eyes

راہب نے کشتی والے کی آنکھوں میں دیکھا

"Are you Siddhartha?" he asked with a timid voice

"کیا تم سدھارتھ ہو؟" اس نے ڈرپوک آواز میں پوچھا

"I wouldn't have recognised you this time either!"

"میں اس بار بھی تمہیں پہچان نہیں پاتا"!

"from my heart, I'm greeting you, Siddhartha"

"میرے دل سے، میں آپ کو سلام کرتا ہوں، سدھارتھا"

"from my heart, I'm happy to see you once again!"

"میرے دل سے، میں آپ کو ایک بار پھر دیکھ کر خوش ہوں"!

"You've changed a lot, my friend"

"تم بہت بدل گئے ہو میرے دوست"

"and you've now become a ferryman?"

"اور تم اب فیری مین بن گئے ہو؟"

In a friendly manner, Siddhartha laughed

دوستانہ انداز میں سدھارتھ نے قہقہہ لگایا

"yes, I am a ferryman"

"ہاں، میں فیری مین ہوں"

"Many people, Govinda, have to change a lot"

"بہت سے لوگ، گووندا، بہت کچھ بدلنا ہے"

"they have to wear many robes"

"انہیں بہت سے کپڑے پہننے ہوں گے"

"I am one of those who had to change a lot"

"میں ان لوگوں میں سے ہوں جنہیں بہت کچھ بدلنا پڑا"

"Be welcome, Govinda, and spend the night in my hut"

"خوش آمدید گووندا، اور رات میری جھونپڑی میں گزارو"

Govinda stayed the night in the hut

گووندا نے جھونپڑی میں رات گزاری۔

he slept on the bed which used to be Vasudeva's bed

وہ اس بستر پر سوتا تھا جو واسودیو کا بستر ہوا کرتا تھا۔

he posed many questions to the friend of his youth

اس نے اپنی جوانی کے دوست کے سامنے بہت سے سوالات کئے

Siddhartha had to tell him many things from his life

سدھارتھ کو اسے اپنی زندگی کی بہت سی باتیں بتانی پڑیں۔

then the next morning came

پھر اگلی صبح آئی

the time had come to start the day's journey

دن کا سفر شروع کرنے کا وقت آ گیا تھا۔

without hesitation, Govinda asked one more question
بغیر کسی ہچکچاہٹ کے، گووندا نے ایک اور سوال کیا۔

"Before I continue on my path, Siddhartha, permit me to ask one more question"
"اس سے پہلے کہ میں اپنے راستے پر چلوں، سدھارتھ، مجھے ایک اور سوال کرنے کی اجازت دیں"

"Do you have a teaching that guides you?"
"کیا آپ کے پاس کوئی ایسی تعلیم ہے جو آپ کی رہنمائی کرے؟"

"Do you have a faith or a knowledge you follow"
"کیا آپ کے پاس کوئی ایمان یا علم ہے جس کی آپ پیروی کرتے ہیں"

"is there a knowledge which helps you to live and do right?"
"کیا کوئی علم ہے جو آپ کو جینے اور صحیح کرنے میں مدد کرتا ہے؟"

"You know well, my dear, I have always been distrustful of teachers"
"آپ اچھی طرح جانتے ہیں، میرے پیارے، میں ہمیشہ اساتذہ پر اعتماد کرتا رہا ہوں"

"as a young man I already started to doubt teachers"
"ایک نوجوان کے طور پر میں نے پہلے ہی اساتذہ پر شک کرنا شروع کر دیا تھا"

"when we lived with the penitents in the forest, I distrusted their teachings"
"جب ہم جنگل میں توبہ کرنے والوں کے ساتھ رہتے تھے تو مجھے ان کی تعلیمات پر یقین نہیں تھا"

"and I turned my back to them"
"اور میں نے ان کی طرف منہ موڑ لیا"

"I have remained distrustful of teachers"
"میں اساتذہ پر بد اعتمادی کا شکار رہا ہوں"

"Nevertheless, I have had many teachers since then"
"اس کے باوجود، میرے پاس اس کے بعد سے بہت سے اساتذہ ہیں"

"A beautiful courtesan has been my teacher for a long time"
"ایک خوبصورت ویگن ایک طویل عرصے سے میری استاد رہی ہے"

"a rich merchant was my teacher"
"ایک امیر سوداگر میرا استاد تھا"

"and some gamblers with dice taught me"
"اور نرد والے کچھ جواریوں نے مجھے سکھایا"

"Once, even a follower of Buddha has been my teacher"
"ایک بار، بدھ کا پیروکار بھی میرا استاد رہا ہے"

"he was travelling on foot, pilgering"
"وہ پیدل سفر کر رہا تھا، سفر کر رہا تھا"

"and he sat with me when I had fallen asleep in the forest"
"اور وہ میرے ساتھ بیٹھا جب میں جنگل میں سو گیا تھا"
"I've also learned from him, for which I'm very grateful"
"میں نے بھی اس سے سیکھا ہے، جس کے لیے میں بہت مشکور ہوں"
"But most of all, I have learned from this river"
"لیکن سب سے زیادہ میں نے اس دریا سے سیکھا ہے"
"and I have learned most from my predecessor, the ferryman Vasudeva"
"اور میں نے اپنے پیشرو، فیری مین واسودیوا سے سب سے زیادہ سیکھا ہے"
"He was a very simple person, Vasudeva, he was no thinker"
"وہ بہت سادہ آدمی تھا، واسودیو، وہ کوئی مفکر نہیں تھا"
"but he knew what is necessary just as well as Gotama"
"لیکن وہ جانتا تھا کہ کیا ضروری ہے گوتما کے ساتھ ساتھ"
"he was a perfect man, a saint"
"وہ ایک کامل آدمی تھا، ایک ولی تھا"
"Siddhartha still loves to mock people, it seems to me"
"سدھارتھا اب بھی لوگوں کا مذاق اڑانا پسند کرتا ہے، مجھے لگتا ہے"
"I believe in you and I know that you haven't followed a teacher"
"میں آپ پر یقین رکھتا ہوں اور میں جانتا ہوں کہ آپ نے کسی استاد کی پیروی نہیں کی"
"But haven't you found something by yourself?"
"لیکن کیا تم نے خود سے کچھ نہیں پایا؟"
"though you've found no teachings, you still found certain thoughts"
"اگرچہ آپ کو کوئی تعلیم نہیں ملی، پھر بھی آپ کو کچھ خیالات ملے"
"certain insights, which are your own"
"کچھ بصیرتیں، جو آپ کی اپنی ہیں"
"insights which help you to live"
"بصیرت جو آپ کو جینے میں مدد دیتی ہے"
"Haven't you found something like this?"
"کیا آپ کو ایسا کچھ نہیں ملا؟"
"If you would like to tell me, you would delight my heart"
"اگر آپ مجھے بتانا چاہیں گے تو آپ میرا دل خوش کریں گے"
"you are right, I have had thoughts and gained many insights"

"آپ ٹھیک کہتے ہیں، میں نے سوچا ہے اور بہت سی بصیرتیں حاصل کی ہیں"
"Sometimes I have felt knowledge in me for an hour"
"بعض اوقات میں نے ایک گھنٹے تک اپنے اندر علم محسوس کیا ہے"
"at other times I have felt knowledge in me for an entire day"
"دوسرے اوقات میں نے پورے دن میں اپنے اندر علم محسوس کیا ہے"
"the same knowledge one feels when one feels life in one's heart"
"وہی علم جو انسان محسوس کرتا ہے جب کوئی اپنے دل میں زندگی محسوس کرتا ہے"
"There have been many thoughts"
"بہت سے خیالات تھے"
"but it would be hard for me to convey these thoughts to you"
"لیکن میرے لیے ان خیالات کو آپ تک پہنچانا مشکل ہو گا"
"my dear Govinda, this is one of my thoughts which I have found"
"میرے پیارے گووندا، یہ میرے خیالات میں سے ایک ہے جو مجھے ملا ہے"
"wisdom cannot be passed on"
"حکمت کو منتقل نہیں کیا جا سکتا"
"Wisdom which a wise man tries to pass on always sounds like foolishness"
"حکمت جسے ایک عقلمند آدمی منتقل کرنے کی کوشش کرتا ہے وہ ہمیشہ حماقت کی طرح لگتا ہے"
"Are you kidding?" asked Govinda
"مذاق کر رہے ہو؟ "گووندا نے پوچھا
"I'm not kidding, I'm telling you what I have found"
"میں مذاق نہیں کر رہا ہوں، میں آپ کو بتا رہا ہوں کہ مجھے کیا ملا ہے"
"Knowledge can be conveyed, but wisdom can't"
"علم پہنچایا جا سکتا ہے، لیکن حکمت نہیں"
"wisdom can be found, it can be lived"
"حکمت پائی جا سکتی ہے، اسے جیا جا سکتا ہے"
"it is possible to be carried by wisdom"
"حکمت سے چلنا ممکن ہے"
"miracles can be performed with wisdom"
"معجزے حکمت کے ساتھ دکھائے جا سکتے ہیں"

"but wisdom cannot be expressed in words or taught"
"لیکن حکمت کو الفاظ میں بیان یا سکھایا نہیں جا سکتا"
"This was what I sometimes suspected, even as a young man"
"یہ وہی تھا جس پر مجھے کبھی کبھی شبہ ہوتا تھا، یہاں تک کہ ایک نوجوان کے طور پر"
"this is what has driven me away from the teachers"
"یہ وہی ہے جس نے مجھے اساتذہ سے دور کیا"
"I have found a thought which you'll regard as foolishness"
"مجھے ایک خیال ملا ہے جسے تم بے وقوفی سمجھو گے"
"but this thought has been my best"
"لیکن یہ سوچ میری بہترین رہی"
"The opposite of every truth is just as true!"
"ہر سچ کا مخالف بھی اتنا ہی سچ ہے!"
"any truth can only be expressed when it is one-sided"
"کسی بھی سچ کا اظہار تب ہی کیا جا سکتا ہے جب وہ یک طرفہ ہو"
"only one sided things can be put into words"
"صرف ایک طرفہ چیزوں کو الفاظ میں بیان کیا جا سکتا ہے"
"Everything which can be thought is one-sided"
"جو کچھ سوچا جا سکتا ہے وہ یکطرفہ ہے"
"it's all one-sided, so it's just one half"
"یہ سب یک طرفہ ہے، تو یہ صرف ایک آدھا ہے"
"it all lacks completeness, roundness, and oneness"
"اس میں مکملیت، گولائی اور وحدانیت کا فقدان ہے"
"the exalted Gotama spoke in his teachings of the world"
"بلند گوتما نے دنیا کی اپنی تعلیمات میں بات کی"
"but he had to divide the world into Sansara and Nirvana"
"لیکن اسے دنیا کو سنسارا اور نروان میں تقسیم کرنا پڑا"
"he had divided the world into deception and truth"
"اس نے دنیا کو دھوکے اور سچ میں تقسیم کیا تھا"
"he had divided the world into suffering and salvation"
"اس نے دنیا کو مصائب اور نجات میں تقسیم کیا تھا"
"the world cannot be explained any other way"
"دنیا کو کسی اور طریقے سے بیان نہیں کیا جا سکتا"
"there is no other way to explain it, for those who want to teach"

"اس کی وضاحت کرنے کا کوئی دوسرا طریقہ نہیں ہے، ان لوگوں کے لیے جو سکھانا چاہتے ہیں"

"But the world itself is never one-sided"

"لیکن دنیا خود کبھی یکطرفہ نہیں ہوتی"

"the world exists around us and inside of us"

"دنیا ہمارے ارد گرد اور ہمارے اندر موجود ہے"

"A person or an act is never entirely Sansara or entirely Nirvana"

"ایک شخص یا عمل کبھی بھی مکمل طور پر سنسارا یا مکمل طور پر نروان نہیں ہوتا"

"a person is never entirely holy or entirely sinful"

"ایک شخص کبھی بھی مکمل طور پر مقدس یا مکمل طور پر گناہ گار نہیں ہوتا"

"It seems like the world can be divided into these opposites"

"ایسا لگتا ہے کہ دنیا کو ان مخالفوں میں تقسیم کیا جا سکتا ہے"

"but that's because we are subject to deception"

"لیکن اس کی وجہ یہ ہے کہ ہم دھوکے کا شکار ہیں"

"it's as if the deception was something real"

"یہ ایسا ہے جیسے دھوکہ کچھ حقیقی تھا"

"Time is not real, Govinda"

"وقت حقیقی نہیں ہے، گووندا"

"I have experienced this often and often again"

"میں نے اکثر اور بار بار اس کا تجربہ کیا ہے"

"when time is not real, the gap between the world and the eternity is also a deception"

"جب وقت حقیقی نہیں ہے تو دنیا اور ابد کے درمیان فاصلہ بھی ایک دھوکہ ہے"

"the gap between suffering and blissfulness is not real"

"تکلیف اور خوشی کے درمیان فرق حقیقی نہیں ہے"

"there is no gap between evil and good"

"برائی اور اچھائی میں کوئی فرق نہیں ہے"

"all of these gaps are deceptions"

"یہ تمام خلاء فریب ہیں"

"but these gaps appear to us nonetheless"

"لیکن یہ خلا ہمیں اس کے باوجود ظاہر ہوتا ہے"

"How come?" asked Govinda timidly

"کیسے آئے؟" گووندا نے ڈرتے ڈرتے پوچھا

"Listen well, my dear," answered Siddhartha

"اچھی طرح سے سنو میرے پیارے،" سدھارتھ نے جواب دیا۔
"The sinner, which I am and which you are, is a sinner"
"گنہگار، جو میں ہوں اور جو تم ہو، وہ گنہگار ہے"
"but in times to come the sinner will be Brahma again"
"لیکن آنے والے وقت میں گنہگار دوبارہ برہما ہو گا"
"he will reach the Nirvana and be Buddha"
"وہ نروان تک پہنچے گا اور بدھ بن جائے گا"
"the times to come are a deception"
"آنے والا وقت دھوکہ ہے"
"the times to come are only a parable!"
"آنے والا وقت صرف ایک تمثیل ہے!"
"The sinner is not on his way to become a Buddha"
"گنہگار بدھ بننے کے راستے پر نہیں ہے"
"he is not in the process of developing"
"وہ ترقی کے عمل میں نہیں ہے"
"our capacity for thinking does not know how else to picture these things"
"ہماری سوچنے کی صلاحیت نہیں جانتی کہ ان چیزوں کی تصویر کشی کیسے کی جائے"
"No, within the sinner there already is the future Buddha"
"نہیں، گنہگار کے اندر پہلے سے ہی مستقبل کا بدھ موجود ہے"
"his future is already all there"
"اس کا مستقبل پہلے ہی موجود ہے"
"you have to worship the Buddha in the sinner"
"تمہیں گنہگار میں بدھا کی پوجا کرنی ہے"
"you have to worship the Buddha hidden in everyone"
"تمہیں سب میں چھپے بدھا کی پوجا کرنی ہے"
"the hidden Buddha which is coming into being the possible"
"چھپا ہوا بدھ جو ممکن ہو رہا ہے"
"The world, my friend Govinda, is not imperfect"
"دنیا، میرے دوست گووندا، نامکمل نہیں ہے"
"the world is on no slow path towards perfection"
"دنیا کمال کی طرف سست راستے پر نہیں ہے"
"no, the world is perfect in every moment"
"نہیں، دنیا ہر لمحے پرفیکٹ ہے"

"all sin already carries the divine forgiveness in itself"

"تمام گناہ پہلے ہی اپنے آپ میں الہی بخشش کو لے جاتے ہیں"

"all small children already have the old person in themselves"

"تمام چھوٹے بچوں کے پاس پہلے سے ہی بوڑھا شخص ہوتا ہے"

"all infants already have death in them"

"تمام شیر خوار بچوں کی موت پہلے سے ہی ہے"

"all dying people have the eternal life"

"تمام مرنے والے لوگوں کے پاس ابدی زندگی ہے"

"we can't see how far another one has already progressed on his path"

"ہم نہیں دیکھ سکتے کہ ایک اور پہلے ہی اس کے راستے پر کتنا آگے بڑھ چکا ہے"

"in the robber and dice-gambler, the Buddha is waiting"

"ڈاکو اور جواری میں، بدھ انتظار کر رہا ہے"

"in the Brahman, the robber is waiting"

"برہمن میں ڈاکو انتظار کر رہا ہے"

"in deep meditation, there is the possibility to put time out of existence"

"گہرے مراقبہ میں، وقت کو ختم کرنے کا امکان ہے"

"there is the possibility to see all life simultaneously"

"ایک ساتھ تمام زندگی کو دیکھنے کا امکان ہے"

"it is possible to see all life which was, is, and will be"

"اس تمام زندگی کو دیکھنا ممکن ہے جو تھی، ہے، اور ہوگی"

"and there everything is good, perfect, and Brahman"

"اور وہاں سب کچھ اچھا، کامل اور برہمن ہے"

"Therefore, I see whatever exists as good"

"لہذا، میں جو کچھ بھی موجود ہے اسے اچھا سمجھتا ہوں"

"death is to me like life"

"موت میرے لیے زندگی جیسی ہے"

"to me sin is like holiness"

"میرے نزدیک گناہ پاکیزگی کی طرح ہے"

"wisdom can be like foolishness"

"حکمت حماقت کی طرح ہو سکتی ہے"

"everything has to be as it is"

"سب کچھ جیسا ہے ویسا ہونا چاہیے"

"everything only requires my consent and willingness"

"ہر چیز کو صرف میری رضامندی اور رضامندی کی ضرورت ہے"
"all that my view requires is my loving agreement to be good for me"

"میرے نظریے کے لیے میرا پیار بھرا معاہدہ میرے لیے اچھا ہونا ضروری ہے"
"my view has to do nothing but work for my benefit"

"میرے خیال میں میرے فائدے کے لیے کام کرنے کے سوا کچھ نہیں ہے"
"and then my perception is unable to ever harm me"

"اور پھر میرا خیال مجھے کبھی نقصان پہنچانے سے قاصر ہے"
"I have experienced that I needed sin very much"

"میں نے تجربہ کیا ہے کہ مجھے گناہ کی بہت ضرورت تھی"
"I have experienced this in my body and in my soul"

"میں نے اپنے جسم اور اپنی روح میں اس کا تجربہ کیا ہے"
"I needed lust, the desire for possessions, and vanity"

"مجھے ہوس، مال کی خواہش اور باطل کی ضرورت تھی"
"and I needed the most shameful despair"

"اور مجھے انتہائی شرمناک مایوسی کی ضرورت تھی"
"in order to learn how to give up all resistance"

"تمام مزاحمت کو ترک کرنے کا طریقہ سیکھنے کے لیے"
"in order to learn how to love the world"

"دنیا سے محبت کرنا سیکھنے کے لیے"
"in order to stop comparing things to some world I wished for"

"چیزوں کا کسی ایسی دنیا سے موازنہ کرنا بند کرنے کے لیے جس کی میں نے خواہش کی تھی"
"I imagined some kind of perfection I had made up"

"میں نے کسی قسم کے کمال کا تصور کیا تھا جسے میں نے بنایا تھا"
"but I have learned to leave the world as it is"

"لیکن میں نے دنیا کو ویسے ہی چھوڑنا سیکھ لیا ہے"
"I have learned to love the world as it is"

"میں نے دنیا سے محبت کرنا سیکھا ہے جیسا کہ یہ ہے"
"and I learned to enjoy being a part of it"

"اور میں نے اس کا حصہ بننے سے لطف اندوز ہونا سیکھا"
"These, oh Govinda, are some of the thoughts which have come into my mind"

"اوہ گووندا، یہ کچھ خیالات ہیں جو میرے ذہن میں آنے ہیں۔"

Siddhartha bent down and picked up a stone from the ground

سدھارتھ نے جھک کر زمین سے ایک پتھر اٹھایا

he weighed the stone in his hand

اس نے اپنے ہاتھ میں پتھر کا وزن کیا۔

"This here," he said playing with the rock, "is a stone"

"یہ یہاں، "اس نے چٹان سے کھیلتے ہوئے کہا،" پتھر ہے"

"this stone will, after a certain time, perhaps turn into soil"

"یہ پتھر، ایک خاص وقت کے بعد، شاید مٹی میں بدل جائے گا"

"it will turn from soil into a plant or animal or human being"

"یہ مٹی سے پودے یا جانور یا انسان میں بدل جائے گا"

"In the past, I would have said this stone is just a stone"

"ماضی میں، میں کہتا تھا کہ یہ پتھر صرف ایک پتھر ہے"

"I might have said it is worthless"

"میں نے کہا ہو گا کہ یہ بیکار ہے"

"I would have told you this stone belongs to the world of the Maya"

"میں تمہیں بتاتا کہ یہ پتھر مایا کی دنیا کا ہے"

"but I wouldn't have seen that it has importance"

"لیکن میں نے یہ نہیں دیکھا ہوگا کہ اس کی اہمیت ہے"

"it might be able to become a spirit in the cycle of transformations"

"یہ تبدیلیوں کے چکر میں روح بننے کے قابل ہو سکتا ہے"

"therefore I also grant it importance"

"اس لیے میں بھی اسے اہمیت دیتا ہوں"

"Thus, I would perhaps have thought in the past"

"اس طرح، میں نے شاید ماضی میں سوچا ہوگا"

"But today I think differently about the stone"

"لیکن آج میں پتھر کے بارے میں مختلف سوچتا ہوں"

"this stone is a stone, and it is also animal, god, and Buddha"

"یہ پتھر ایک پتھر ہے، اور یہ جانور، خدا اور بدھ بھی ہے"

"I do not venerate and love it because it could turn into this or that"

"میں اس کی تعظیم اور محبت نہیں کرتا کیونکہ یہ اس یا اس میں بدل سکتا ہے"

"I love it because it is those things"

"میں اس سے محبت کرتا ہوں کیونکہ یہ وہ چیزیں ہیں"

"this stone is already everything"

"یہ پتھر پہلے ہی سب کچھ ہے"
"it appears to me now and today as a stone"
"یہ مجھے آج اور آج پتھر کی طرح دکھائی دیتا ہے"
"that is why I love this"
"اسی لیے مجھے یہ پسند ہے"
"that is why I see worth and purpose in each of its veins and cavities"
"اسی لیے میں اس کی ہر رگ اور گہا میں قدر اور مقصد دیکھتا ہوں"
"I see value in its yellow, gray, and hardness"
"میں اس کی زرد، سرمئی اور سختی میں قدر دیکھتا ہوں"
"I appreciated the sound it makes when I knock at it"
"میں نے اس آواز کی تعریف کی جب میں اس پر دستک دیتا ہوں"
"I love the dryness or wetness of its surface"
"مجھے اس کی سطح کی خشکی یا گیلی پن پسند ہے"
"There are stones which feel like oil or soap"
"ایسے پتھر ہیں جو تیل یا صابن کی طرح محسوس ہوتے ہیں"
"and other stones feel like leaves or sand"
"اور دوسرے پتھر پتے یا ریت کی طرح محسوس کرتے ہیں"
"and every stone is special and prays the Om in its own way"
"اور ہر پتھر خاص ہے اور اپنے طریقے سے اوم کی دعا کرتا ہے"
"each stone is Brahman"
"ہر پتھر برہمن ہے"
"but simultaneously, and just as much, it is a stone"
"لیکن بیک وقت، اور اتنا ہی، یہ ایک پتھر ہے"
"it is a stone regardless of whether it's oily or juicy"
"یہ ایک پتھر ہے قطع نظر اس سے کہ یہ تیل ہے یا رسیلی"
"and this why I like and regard this stone"
"اور یہی وجہ ہے کہ میں اس پتھر کو پسند کرتا ہوں اور اس کا احترام کرتا ہوں"
"it is wonderful and worthy of worship"
"یہ شاندار اور عبادت کے لائق ہے"
"But let me speak no more of this"
"لیکن مجھے اس کے بارے میں مزید بات نہیں کرنے دو"
"words are not good for transmitting the secret meaning"
"خفیہ معنی کی ترسیل کے لیے الفاظ اچھے نہیں ہیں"
"everything always becomes a bit different, as soon as it is put into words"

"ہر چیز ہمیشہ تھوڑا مختلف ہو جاتی ہے، جیسے ہی اسے الفاظ میں ڈالا جاتا ہے"
"everything gets distorted a little by words"

"ہر چیز لفظوں سے تھوڑی سی مسخ ہو جاتی ہے"
"and then the explanation becomes a bit silly"

"اور پھر وضاحت قدرے احمقانہ ہو جاتی ہے"
"yes, and this is also very good, and I like it a lot"

"ہاں، اور یہ بھی بہت اچھا ہے، اور مجھے یہ بہت پسند ہے"
"I also very much agree with this"

"میں بھی اس سے بہت متفق ہوں"
"one man's treasure and wisdom always sounds like foolishness to another person"

"ایک آدمی کا خزانہ اور حکمت ہمیشہ دوسرے شخص کو بیوقوفی کی طرح لگتا ہے"
Govinda listened silently to what Siddhartha was saying

گووندا خاموشی سے سدھارتھ کی بات سنتے رہے۔
there was a pause and Govinda hesitantly asked a question

ایک وقفہ ہوا اور گووندا نے جھجکتے ہوئے سوال کیا۔
"Why have you told me this about the stone?"

"تم نے مجھے پتھر کے بارے میں یہ کیوں بتایا؟"
"I did it without any specific intention"

"میں نے یہ کسی خاص ارادے کے بغیر کیا"
"perhaps what I meant was, that I love this stone and the river"

"شاید میرا مطلب یہ تھا کہ میں اس پتھر اور دریا سے محبت کرتا ہوں"
"and I love all these things we are looking at"

"اور مجھے یہ سب چیزیں پسند ہیں جو ہم دیکھ رہے ہیں"
"and we can learn from all these things"

"اور ہم ان سب چیزوں سے سیکھ سکتے ہیں"
"I can love a stone, Govinda"

"میں پتھر سے پیار کر سکتا ہوں، گووندا"
"and I can also love a tree or a piece of bark"

"اور میں درخت یا چھال کے ٹکڑے سے بھی پیار کر سکتا ہوں"
"These are things, and things can be loved"

"یہ چیزیں ہیں، اور چیزوں سے محبت کی جا سکتی ہے"
"but I cannot love words"

"لیکن میں الفاظ سے محبت نہیں کر سکتا"
"therefore, teachings are no good for me"

"لہذا، تعلیمات میرے لئے اچھی نہیں ہیں"

"teachings have no hardness, softness, colours, edges, smell, or taste"

"تعلیم میں کوئی سختی، نرمی، رنگ، کنارے، بو یا ذائقہ نہیں ہوتا"

"teachings have nothing but words"

"تعلیم میں الفاظ کے سوا کچھ نہیں ہوتا"

"perhaps it is words which keep you from finding peace"

"شاید یہ الفاظ ہیں جو آپ کو سکون تلاش کرنے سے روکتے ہیں"

"because salvation and virtue are mere words"

"کیونکہ نجات اور فضیلت محض الفاظ ہیں"

"Sansara and Nirvana are also just mere words, Govinda"

"سنسارا اور نروان بھی محض الفاظ ہیں، گووندا"

"there is no thing which would be Nirvana"

"ایسی کوئی چیز نہیں ہے جو نروان ہو"

"therefore Nirvana is just the word"

"لہذا نروان صرف لفظ ہے"

Govinda objected, "Nirvana is not just a word, my friend"

گووندا نے اعتراض کیا،'' نروان صرف ایک لفظ نہیں ہے، میرے دوست''.

"Nirvana is a word, but also it is a thought"

"نروان ایک لفظ ہے، لیکن یہ ایک سوچ بھی ہے"

Siddhartha continued, "it might be a thought"

سدھارتھ نے بات جاری رکھی،" یہ ایک خیال ہو سکتا ہے"

"I must confess, I don't differentiate much between thoughts and words"

"مجھے اعتراف کرنا چاہیے، میں خیالات اور الفاظ میں زیادہ فرق نہیں کرتا"

"to be honest, I also have no high opinion of thoughts"

"سچ کہوں تو میری بھی کوئی اعلیٰ سوچ نہیں ہے"

"I have a better opinion of things than thoughts"

"میں چیزوں کے بارے میں خیالات سے بہتر رائے رکھتا ہوں"

"Here on this ferry-boat, for instance, a man has been my predecessor"

"یہاں اس فیری بوٹ پر، مثال کے طور پر، ایک آدمی میرا پیشرو رہا ہے"

"he was also one of my teachers"

"وہ بھی میرے استادوں میں سے تھے"

"a holy man, who has for many years simply believed in the river"

"ایک مقدس آدمی، جو کئی سالوں سے صرف دریا پر یقین رکھتا ہے"

"and he believed in nothing else"

"اور وہ کسی اور چیز پر یقین نہیں رکھتا تھا"

"He had noticed that the river spoke to him"

"اس نے دیکھا تھا کہ دریا اس سے بات کرتا ہے"

"he learned from the river"

"اس نے دریا سے سیکھا"

"the river educated and taught him"

"دریا نے اسے پڑھایا اور سکھایا"

"the river seemed to be a god to him"

"دریا اسے خدا لگتا تھا"

"for many years he did not know that everything was as divine as the river"

"کئی سالوں سے وہ نہیں جانتا تھا کہ ہر چیز دریا کی طرح الہی ہے"

"the wind, every cloud, every bird, every beetle"

"ہوا، ہر بادل، ہر پرندہ، ہر چقندر"

"they can teach just as much as the river"

"وہ اتنا ہی سکھا سکتے ہیں جتنا دریا"

"But when this holy man went into the forests, he knew everything"

"لیکن جب یہ مقدس آدمی جنگلوں میں گیا تو اسے سب کچھ معلوم تھا"

"he knew more than you and me, without teachers or books"

"وہ آپ اور مجھ سے زیادہ جانتا تھا، اساتذہ یا کتابوں کے بغیر"

"he knew more than us only because he had believed in the river"

"وہ ہم سے زیادہ صرف اس لیے جانتا تھا کہ وہ دریا پر یقین رکھتا تھا"

Govinda still had doubts and questions

گووندا کو اب بھی شک اور سوالات تھے۔

"But is that what you call things actually something real?"

"لیکن کیا وہی چیز ہے جسے آپ حقیقت میں کچھ کہتے ہیں؟"

"do these things have existence?"

"کیا ان چیزوں کا کوئی وجود ہے؟"

"Isn't it just a deception of the Maya"

کیا یہ صرف مایا کا دھوکہ نہیں ہے؟

"aren't all these things an image and illusion?"

"کیا یہ سب چیزیں ایک تصویر اور وہم نہیں ہیں؟"

"Your stone, your tree, your river"

"آپ کا پتھر، آپ کا درخت، آپ کا دریا"

"are they actually a reality?"

"کیا وہ واقعی ایک حقیقت ہے؟"

"This too," spoke Siddhartha, "I do not care very much about"

"یہ بھی،" سدھارتھ نے کہا، "مجھے اس کی زیادہ پرواہ نہیں ہے۔"

"Let the things be illusions or not"

"چیزوں کو وہم رہنے دو یا نہیں"

"after all, I would then also be an illusion"

"آخر میں، میں بھی ایک وہم ہی رہوں گا"

"and if these things are illusions then they are like me"

"اور اگر یہ چیزیں وہم ہیں تو وہ میری طرح ہیں"

"This is what makes them so dear and worthy of veneration for me"

"یہی چیز ہے جو انہیں میرے لیے بہت عزیز اور قابل احترام بناتی ہے"

"these things are like me and that is how I can love them"

"یہ چیزیں میری طرح ہیں اور میں ان سے محبت کر سکتا ہوں"

"this is a teaching you will laugh about"

"یہ ایک ایسی تعلیم ہے جس پر آپ ہنسیں گے"

"love, oh Govinda, seems to me to be the most important thing of all"

"محبت، اوہ گووندا، مجھے سب سے اہم چیز لگتی ہے"

"to thoroughly understand the world may be what great thinkers do"

"دنیا کو اچھی طرح سمجھنا وہ کام ہو سکتا ہے جو عظیم مفکرین کرتے ہیں"

"they explain the world and despise it"

"وہ دنیا کی وضاحت کرتے ہیں اور اسے حقیر سمجھتے ہیں"

"But I'm only interested in being able to love the world"

"لیکن میں صرف دنیا سے محبت کرنے میں دلچسپی رکھتا ہوں"

"I am not interested in despising the world"

"مجھے دنیا کو حقیر سمجھنے کا کوئی شوق نہیں"

"I don't want to hate the world"

"میں دنیا سے نفرت نہیں کرنا چاہتا"

"and I don't want the world to hate me"

"اور میں نہیں چاہتا کہ دنیا مجھ سے نفرت کرے"

"I want to be able to look upon the world and myself with love"

"میں دنیا اور اپنے آپ کو پیار سے دیکھنے کے قابل ہونا چاہتا ہوں"

"I want to look upon all beings with admiration"

"میں تمام مخلوقات کو تعریف کے ساتھ دیکھنا چاہتا ہوں"

"I want to have a great respect for everything"

"میں ہر چیز کا بہت احترام کرنا چاہتا ہوں"

"This I understand," spoke Govinda

"یہ میں سمجھتا ہوں،" گووندا بولا۔

"But this very thing was discovered by the exalted one to be a deception"

"لیکن یہ بات تو اس بزرگ نے دھوکہ ہی سمجھی"۔

"He commands benevolence, clemency, sympathy, tolerance"

"وہ احسان، نرمی، ہمدردی، رواداری کا حکم دیتا ہے"

"but he does not command love"

"لیکن وہ محبت کا حکم نہیں دیتا"

"he forbade us to tie our heart in love to earthly things"

"اس نے ہمیں اپنے دل کو زمینی چیزوں سے جوڑنے سے منع کیا"

"I know it, Govinda," said Siddhartha, and his smile shone golden

"میں جانتا ہوں، گووندا،" سدھارتھا نے کہا، اور اس کی مسکراہٹ سنہری ہوگئی

"And behold, with this we are right in the thicket of opinions"

"اور دیکھو، اس کے ساتھ ہم رائے کے جھاڑی میں ٹھیک ہیں"

"now we are in the dispute about words"

"اب ہم الفاظ کے جھگڑے میں ہیں"

"For I cannot deny, my words of love are a contradiction"

"کیونکہ میں انکار نہیں کر سکتا، میری محبت کی باتیں تضاد ہیں"

"they seem to be in contradiction with Gotama's words"

"وہ گوتم کے الفاظ کے خلاف لگتے ہیں"

"For this very reason, I distrust words so much"

"اسی وجہ سے، میں الفاظ پر بہت اعتماد کرتا ہوں"

"because I know this contradiction is a deception"

"کیونکہ میں جانتا ہوں کہ یہ تضاد دھوکہ ہے"

"I know that I am in agreement with Gotama"

"میں جانتا ہوں کہ میں گوتم سے متفق ہوں"

"How could he not know love when he has discovered all elements of human existence"

"جب وہ انسانی وجود کے تمام عناصر کو تلاش کر چکا ہے تو وہ محبت کو کیسے نہیں جان سکتا تھا"!

"he has discovered their transitoriness and their meaninglessness"

"اس نے ان کی عبوری اور ان کی بے معنییت کو دریافت کیا ہے"

"and yet he loved people very much"

"اور پھر بھی وہ لوگوں سے بہت پیار کرتا تھا"

"he used a long, laborious life only to help and teach them!"

"اس نے ایک طویل، محنتی زندگی صرف ان کی مدد اور سکھانے کے لیے استعمال کی"!

"Even with your great teacher, I prefer things over the words"

"آپ کے عظیم استاد کے ساتھ بھی، میں الفاظ پر چیزوں کو ترجیح دیتا ہوں"

"I place more importance on his acts and life than on his speeches"

"میں اس کی تقریروں سے زیادہ اس کے اعمال اور زندگی کو اہمیت دیتا ہوں"

"I value the gestures of his hand more than his opinions"

"میں اس کے ہاتھ کے اشاروں کو اس کی رائے سے زیادہ اہمیت دیتا ہوں"

"for me there was nothing in his speech and thoughts"

"میرے لیے اس کی باتوں اور خیالات میں کچھ نہیں تھا"

"I see his greatness only in his actions and in his life"

"میں اس کی عظمت صرف اس کے اعمال اور اس کی زندگی میں دیکھتا ہوں"

For a long time, the two old men said nothing

کافی دیر تک دونوں بوڑھے کچھ نہ بولے۔

Then Govinda spoke, while bowing for a farewell

پھر گووندا نے الوداع کے لیے جھکتے ہوئے کہا

"I thank you, Siddhartha, for telling me some of your thoughts"

"میں آپ کا شکریہ ادا کرتا ہوں، سدھارتھا، مجھے آپ کے کچھ خیالات بتانے کے لیے"

"These thoughts are partially strange to me"

"یہ خیالات میرے لیے جزوی طور پر عجیب ہیں"

"not all of these thoughts have been instantly understandable to me"

"یہ تمام خیالات میرے لیے فوری طور پر قابل فہم نہیں ہیں"
"This being as it may, I thank you"
"یہ جیسا ہو سکتا ہے، میں آپ کا شکریہ ادا کرتا ہوں"
"and I wish you to have calm days"
"اور میری خواہش ہے کہ آپ کے دن پرسکون رہیں"
But secretly he thought something else to himself
لیکن چپکے سے اس نے اپنے آپ کو کچھ اور ہی سوچا۔
"This Siddhartha is a bizarre person"
"یہ سدھارتھ عجیب آدمی ہے"
"he expresses bizarre thoughts"
"وہ عجیب و غریب خیالات کا اظہار کرتا ہے"
"his teachings sound foolish"
"اس کی تعلیمات بے وقوف لگتی ہیں"
"the exalted one's pure teachings sound very different"
"بلند کی خالص تعلیمات بہت مختلف لگتی ہیں"
"those teachings are clearer, purer, more comprehensible"
"وہ تعلیمات واضح، پاکیزہ، زیادہ قابل فہم ہیں"
"there is nothing strange, foolish, or silly in those teachings"
"ان تعلیمات میں کچھ بھی عجیب، احمقانہ یا احمقانہ نہیں ہے"
"But Siddhartha's hands seemed different from his thoughts"
"لیکن سدھارتھ کے ہاتھ اس کے خیالات سے مختلف لگ رہے تھے"
"his feet, his eyes, his forehead, his breath"
"اس کے پاؤں، اس کی آنکھیں، اس کی پیشانی، اس کی سانس"
"his smile, his greeting, his walk"
"اس کی مسکراہٹ، اس کا سلام، اس کا چلنا"
"I haven't met another man like him since Gotama became one with the Nirvana"
"جب سے گوتما نروان سے ایک ہو گیا ہے تب سے میں اس جیسا دوسرا آدمی نہیں ملا۔"
"since then I haven't felt the presence of a holy man"
"اس کے بعد سے میں نے کسی مقدس آدمی کی موجودگی کو محسوس نہیں کیا"
"I have only found Siddhartha, who is like this"
"میں نے صرف سدھارتھ کو پایا ہے، جو ایسا ہے"
"his teachings may be strange and his words may sound foolish"
"اس کی تعلیمات عجیب ہو سکتی ہیں اور اس کی باتیں احمقانہ لگ سکتی ہیں"

"but purity shines out of his gaze and hand"

"لیکن پاکیزگی اس کی نگاہوں اور ہاتھ سے چمکتی ہے "

"his skin and his hair radiates purity"

"اس کی جلد اور اس کے بال پاکیزگی پھیلاتے ہیں"

"purity shines out of every part of him"

"اس کے ہر حصے سے پاکیزگی چمکتی ہے"

"a calmness, cheerfulness, mildness and holiness shines from him"

"ایک سکون، خوش مزاجی، نرمی اور تقدس اس سے چمکتا ہے"

"something which I have seen in no other person"

"ایسی چیز جو میں نے کسی اور میں نہیں دیکھی"

"I have not seen it since the final death of our exalted teacher"

"میں نے اسے اپنے استاد محترم کی آخری موت کے بعد سے نہیں دیکھا"

While Govinda thought like this, there was a conflict in his heart

گووندا ایسا سوچتے ہی ان کے دل میں ایک کشمکش پیدا ہو گئی۔

he once again bowed to Siddhartha

اس نے ایک بار پھر سدھارتھ کو جھکایا

he felt he was drawn forward by love

اس نے محسوس کیا کہ وہ محبت کی طرف سے آگے بڑھا گیا ہے

he bowed deeply to him who was calmly sitting

اس نے اس کے سامنے گہرائیوں سے جھکایا جو سکون سے بیٹھا تھا۔

"Siddhartha," he spoke, "we have become old men"

"سدھارتھ، "وہ بولا،" ہم بوڑھے ہو گئے ہیں"

"It is unlikely for one of us to see the other again in this incarnation"

"یہ امکان نہیں ہے کہ ہم میں سے ایک دوسرے کو اس اوتار میں دوبارہ دیکھے "

"I see, beloved, that you have found peace"

"میں دیکھ رہا ہوں، محبوب، آپ کو سکون ملا ہے "

"I confess that I haven't found it"

"میں اعتراف کرتا ہوں کہ مجھے یہ نہیں ملا"

"Tell me, oh honourable one, one more word"

"اوہ محترم، ایک لفظ اور بتاؤ"

"give me something on my way which I can grasp"

"مجھے راستے میں کچھ دو جسے میں سمجھ سکتا ہوں"

"give me something which I can understand!"

"مجھے کچھ دو جو میں سمجھ سکوں"!

"give me something I can take with me on my path"

"مجھے کچھ دو جو میں اپنے ساتھ اپنے راستے پر لے جا سکوں"

"my path is often hard and dark, Siddhartha"

"میرا راستہ اکثر مشکل اور تاریک ہوتا ہے، سدھارتھ"

Siddhartha said nothing and looked at him

سدھارتھ نے کچھ نہیں کہا اور اس کی طرف دیکھا

he looked at him with his ever unchanged, quiet smile

اس نے اپنی غیر تبدیل شدہ، خاموش مسکراہٹ کے ساتھ اس کی طرف دیکھا

Govinda stared at his face with fear

گووندا نے خوف سے اس کے چہرے کو دیکھا

there was yearning and suffering in his eyes

اس کی آنکھوں میں تڑپ اور تکلیف تھی۔

the eternal search was visible in his look

ابدی تلاش اس کی شکل میں نظر آرہی تھی۔

you could see his eternal inability to find

آپ اس کی تلاش کرنے کی ابدی نااہلی کو دیکھ سکتے تھے۔

Siddhartha saw it and smiled

سدھارتھ نے اسے دیکھا اور مسکرا دیا۔

"Bend down to me!" he whispered quietly in Govinda's ear

"میرے پاس جھک جاؤ "!اس نے گووندا کے کان میں خاموشی سے سرگوشی کی۔

"Like this, and come even closer!"

"اس طرح، اور قریب آو"!

"Kiss my forehead, Govinda!"

"میری پیشانی چومو، گووندا"!

Govinda was astonished, but drawn on by great love and expectation

گووندا حیران تھا، لیکن بڑی محبت اور توقعات کی طرف متوجہ ہوا۔

he obeyed his words and bent down closely to him

اس نے اس کی بات مانی اور اس کے قریب جھک گیا۔

and he touched his forehead with his lips

اور اس نے اپنی پیشانی کو اپنے ہونٹوں سے چھوا۔

when he did this, something miraculous happened to him

جب اس نے یہ کیا تو اس کے ساتھ کچھ معجزہ ہوا۔

his thoughts were still dwelling on Siddhartha's wondrous words

اس کے خیالات ابھی تک سدھارتھ کے حیرت انگیز الفاظ پر محیط تھے۔

he was still reluctantly struggling to think away time

وہ اب بھی ہچکچاتے ہوئے وقت کے بارے میں سوچنے کی جدوجہد کر رہا تھا۔

he was still trying to imagine Nirvana and Sansara as one

وہ اب بھی نروان اور سنسارا کو ایک تصور کرنے کی کوشش کر رہا تھا۔

there was still a certain contempt for the words of his friend

اس کے دوست کی باتوں پر ابھی بھی ایک خاص حقارت باقی تھی۔

those words were still fighting in him

وہ الفاظ ابھی تک اس میں لڑ رہے تھے۔

those words were still fighting against an immense love and veneration

وہ الفاظ اب بھی بے پناہ محبت اور تعظیم کے خلاف لڑ رہے تھے۔

and during all these thoughts, something else happened to him

اور ان تمام سوچوں کے دوران، اس کے ساتھ کچھ اور ہوا

He no longer saw the face of his friend Siddhartha

اس نے اب اپنے دوست سدھارتھ کا چہرہ نہیں دیکھا

instead of Siddhartha's face, he saw other faces

سدھارتھ کے چہرے کے بجائے اس نے دوسرے چہرے دیکھے۔

he saw a long sequence of faces

اس نے چہروں کا ایک طویل سلسلہ دیکھا

he saw a flowing river of faces

اس نے چہروں کا بہتا دریا دیکھا

hundreds and thousands of faces, which all came and disappeared

سینکڑوں اور ہزاروں چہرے، جو سب آئے اور غائب ہو گئے۔

and yet they all seemed to be there simultaneously

اور پھر بھی وہ سب ایک ساتھ وہاں موجود دکھائی دے رہے تھے۔

they constantly changed and renewed themselves

وہ مسلسل تبدیل اور خود کو تجدید

they were themselves and they were still all Siddhartha's face

وہ خود تھے اور وہ سب ابھی تک سدھارتھ کا چہرہ تھے۔

he saw the face of a fish with an infinitely painfully opened mouth

اس نے ایک مچھلی کا چہرہ دیکھا جس کا منہ بے حد دردناک طور پر کھلا تھا۔

the face of a dying fish, with fading eyes

مرتی ہوئی مچھلی کا چہرہ، دھندلی آنکھوں کے ساتھ

he saw the face of a new-born child, red and full of wrinkles

اس نے ایک نوزائیدہ بچے کا چہرہ دیکھا، سرخ اور جھریوں سے بھرا ہوا تھا۔

it was distorted from crying

یہ رونے سے بگڑا ہوا تھا

he saw the face of a murderer

اس نے ایک قاتل کا چہرہ دیکھا

he saw him plunging a knife into the body of another person

اس نے اسے دوسرے شخص کے جسم میں چاقو گھونپتے ہوئے دیکھا

he saw, in the same moment, this criminal in bondage

اس نے اسی لمحے اس مجرم کو غلامی میں دیکھا

he saw him kneeling before a crowd

اس نے اسے ایک بھیڑ کے سامنے گھٹنے ٹیکتے دیکھا

and he saw his head being chopped off by the executioner

اور اس نے دیکھا کہ اس کا سر جلاد نے کاٹا ہے۔

he saw the bodies of men and women

اس نے مردوں اور عورتوں کی لاشیں دیکھیں

they were naked in positions and cramps of frenzied love

وہ عہدوں اور پاگل محبت کے درد میں ننگے تھے۔

he saw corpses stretched out, motionless, cold, void

اس نے لاشوں کو پھیلا ہوا، بے حرکت، ٹھنڈا، خالی دیکھا

he saw the heads of animals

اس نے جانوروں کے سر دیکھے۔

heads of boars, of crocodiles, and of elephants

سؤروں، مگرمچھوں اور ہاتھیوں کے سر

he saw the heads of bulls and of birds

اس نے بیلوں اور پرندوں کے سر دیکھے۔

he saw gods; Krishna and Agni

اُس نے دیوتاؤں کو دیکھا۔ کرشنا اور اگنی

he saw all of these figures and faces in a thousand relationships with one another

اس نے ان تمام شخصیات اور چہروں کو ایک دوسرے کے ساتھ ہزار رشتوں میں دیکھا

each figure was helping the other

ہر شخصیت دوسرے کی مدد کر رہی تھی۔

each figure was loving their relationship

ہر شخصیت اپنے رشتے سے پیار کر رہی تھی۔

each figure was hating their relationship, destroying it

ہر شخصیت اپنے رشتے سے نفرت کر رہی تھی، اسے تباہ کر رہی تھی۔

and each figure was giving re-birth to their relationship

اور ہر ایک شخصیت ان کے رشتے کو دوبارہ جنم دے رہی تھی۔

each figure was a will to die

ہر شخصیت مرنے کی مرضی تھی۔

they were passionately painful confessions of transitoriness

وہ عارضی طور پر دردناک اعترافات تھے۔

and yet none of them died, each one only transformed

اور ابھی تک ان میں سے کوئی بھی نہیں مر گیا، ہر ایک صرف تبدیل ہوا۔

they were always reborn and received more and more new faces

وہ ہمیشہ دوبارہ جنم لیتے تھے اور زیادہ سے زیادہ نئے چہرے حاصل کرتے تھے۔

no time passed between the one face and the other

ایک چہرے اور دوسرے کے درمیان کوئی وقت نہیں گزرا۔

all of these figures and faces rested

ان تمام اعداد و شمار اور چہرے آرام

they flowed and generated themselves

وہ بہہ گئے اور خود کو پیدا کیا۔

they floated along and merged with each other

وہ ساتھ تیرتے اور ایک دوسرے کے ساتھ مل گئے۔

and they were all constantly covered by something thin

اور وہ سب مسلسل کسی پتلی چیز سے ڈھکے ہوئے تھے۔

they had no individuality of their own

ان کی اپنی کوئی انفرادیت نہیں تھی۔

but yet they were existing

لیکن ابھی تک وہ موجود تھے

they were like a thin glass or ice

وہ ایک پتلے شیشے یا برف کی طرح تھے۔

they were like a transparent skin

وہ ایک شفاف جلد کی طرح تھے۔

they were like a shell or mould or mask of water

وہ ایک خول یا سڑنا یا پانی کے ماسک کی طرح تھے۔

and this mask was smiling

اور یہ ماسک مسکرا رہا تھا۔

and this mask was Siddhartha's smiling face

اور یہ ماسک سدھارتھ کا مسکراتا چہرہ تھا۔

the mask which Govinda was touching with his lips

وہ ماسک جسے گووندا اپنے ہونٹوں سے چھو رہے تھے۔

And, Govinda saw it like this

اور، گووندا نے اسے اس طرح دیکھا

the smile of the mask

ماسک کی مسکراہٹ

the smile of oneness above the flowing forms

بہتی ہوئی شکلوں کے اوپر وحدانیت کی مسکراہٹ

the smile of simultaneousness above the thousand births and deaths

ہزار پیدائشوں اور موتوں کے اوپر بیک وقت کی مسکراہٹ

the smile of Siddhartha's was precisely the same

سدھارتھ کی مسکراہٹ بالکل وہی تھی۔

Siddhartha's smile was the same as the quiet smile of Gotama, the Buddha

سدھارتھ کی مسکراہٹ گوتم بدھ کی خاموش مسکراہٹ جیسی تھی۔

it was delicate and impenetrable smile

یہ نازک اور ناقابل تسخیر مسکراہٹ تھی۔

perhaps it was benevolent and mocking, and wise

شاید یہ خیر خواہ اور تمسخرانہ اور عقلمند تھا۔

the thousand-fold smile of Gotama, the Buddha

گوتم بدھ کی ہزار گنا مسکراہٹ

as he had seen it himself with great respect a hundred times

جیسا کہ اس نے خود اسے سو بار بڑے احترام سے دیکھا تھا۔

Like this, Govinda knew, the perfected ones are smiling

اس طرح گووندا جانتے تھے، کمال والے مسکراتے ہیں۔

he did not know anymore whether time existed

وہ اب نہیں جانتا تھا کہ وقت موجود ہے یا نہیں

he did not know whether the vision had lasted a second or a hundred years

وہ نہیں جانتا تھا کہ یہ وژن ایک سیکنڈ تک رہا یا سو سال

he did not know whether a Siddhartha or a Gotama existed

وہ نہیں جانتا تھا کہ سدھارتھ ہے یا گوتم

he did not know if a me or a you existed

وہ نہیں جانتا تھا کہ میں ہوں یا تم

he felt in his as if he had been wounded by a divine arrow

اسے اپنے اندر ایسا محسوس ہوا جیسے وہ کسی الٰہی تیر سے زخمی ہو گیا ہو۔

the arrow pierced his innermost self

تیر اس کے باطن کو چھید گیا۔

the injury of the divine arrow tasted sweet

الٰہی تیر کی چوٹ میٹھی لگی

Govinda was enchanted and dissolved in his innermost self

گووندا مسحور ہو کر اپنے باطن میں گھل گئے۔

he stood still for a little while

وہ تھوڑی دیر کے لیے کھڑا رہا۔

he bent over Siddhartha's quiet face, which he had just kissed

وہ سدھارتھ کے خاموش چہرے پر جھکا، جسے اس نے ابھی بوسہ دیا تھا۔

the face in which he had just seen the scene of all manifestations

وہ چہرہ جس میں اس نے تمام مظاہر کا منظر دیکھا تھا۔

the face of all transformations and all existence

تمام تبدیلیوں اور تمام وجود کا چہرہ

the face he was looking at was unchanged

جس چہرے کو وہ دیکھ رہا تھا وہ بدلا ہوا تھا۔

under its surface, the depth of the thousand folds had closed up again

اس کی سطح کے نیچے، ہزار تہوں کی گہرائی دوبارہ بند ہو گئی تھی۔

he smiled silently, quietly, and softly

وہ خاموشی سے، خاموشی سے اور نرمی سے مسکرایا

perhaps he smiled very benevolently and mockingly

شاید وہ بہت احسان مندی اور طنزیہ انداز میں مسکرایا تھا۔

precisely this was how the exalted one smiled

بعینہٖ اس طرح وہ عالی مقام مسکرایا

Deeply, Govinda bowed to Siddhartha

دل کی گہرائیوں سے، گوونڈا نے سدھارتھ کو جھکایا

tears he knew nothing of ran down his old face

آنسو وہ کچھ نہیں جانتا تھا کہ اس کے بوڑھے چہرے پر بہے۔

his tears burned like a fire of the most intimate love

اس کے آنسو سب سے گہری محبت کی آگ کی طرح جل رہے تھے۔

he felt the humblest veneration in his heart

اس نے اپنے دل میں عاجزانہ تعظیم محسوس کی۔

Deeply, he bowed, touching the ground

گہرائیوں سے، وہ زمین کو چھوتے ہوئے جھک گیا۔

he bowed before him who was sitting motionlessly

وہ اس کے سامنے جھک گیا جو بے حرکت بیٹھا تھا۔

his smile reminded him of everything he had ever loved in his life

اس کی مسکراہٹ نے اسے وہ سب کچھ یاد دلایا جس سے اس نے اپنی زندگی میں کبھی پیار کیا تھا۔

his smile reminded him of everything in his life that he found valuable and holy

اس کی مسکراہٹ نے اسے اپنی زندگی کی ہر وہ چیز یاد دلائی جو اسے قیمتی اور مقدس ملی

www.ingramcontent.com/pod-product-compliance
Lightning Source LLC
Chambersburg PA
CBHW012003090526
44590CB00026B/3856